COLLECTION

DES

MEILLEURS OUVRAGES

DE LA LANGUE FRANÇAISE

EN PROSE ET EN VERS.

OEUVRES

COMPLÈTES

DE MOLIÈRE.

PARIS. — DE L'IMPRIMERIE DE RIGNOUX,
rue des Francs-Bourgeois-S.-Michel, n° 8.

ŒUVRES
COMPLÈTES
DE MOLIÈRE

AVEC UNE NOTICE

PAR M. L. B. PICARD

DE L'ACADÉMIE FRANÇOISE.

TOME TROISIÈME.

PARIS,
BAUDOUIN FRÈRES, ÉDITEURS,
RUE DE VAUGIRARD, N° 17.

MDCCCXXVII.

LA PRINCESSE D'ÉLIDE,

COMÉDIE-BALLET EN CINQ ACTES,

AVEC UN PROLOGUE ET DES INTERMÈDES,

Représentée à Versailles le 8 mai 1664, et à Paris, sur le théâtre du Palais-Royal, le 9 octobre de la même année.

PERSONNAGES DU PROLOGUE.

L'AURORE.
LYCISCAS, valet des chiens.
TROIS VALETS DE CHIENS, chantants.
VALETS DE CHIENS, dansants.

PERSONNAGES DE LA COMÉDIE.

IPHITAS, prince d'Élide, père de la princesse [1].
LA PRINCESSE D'ÉLIDE [2].
EURYALE, prince d'Ithaque [3].
ARISTOMÈNE, prince de Messène [4].
THÉOCLE, prince de Pyle [5].
AGLANTE [6],
CYNTHIE [7], } cousines de la princesse.
ARBATE, gouverneur du prince d'Ithaque [8].
PHILIS, suivante de la princesse [9].
MORON, plaisant de la princesse [10].
LYCAS, suivant d'Iphitas [11].

ACTEURS.

[1] HUBERT. — [2] Armande BÉJART. — [3] LA GRANGE. — [4] DU CROISY. — [5] BÉJART. — [6] Mademoiselle DUPARC. — [7] Mademoiselle DE BRIE. — [8] LA THORILLIÈRE. — [9] Madeleine BÉJART — [10] MOLIÈRE. — [11] PRÉVOT.

PERSONNAGES DES INTERMÈDES.

PREMIER INTERMÈDE.

MORON.
CHASSEURS, dansants.

SECOND INTERMÈDE.

PHILIS.
MORON.
UN SATYRE, chantant.
SATYRES, dansants.

TROISIÈME INTERMÈDE.

PHILIS.
TIRCIS, berger chantant.
MORON.

QUATRIÈME INTERMÈDE.

LA PRINCESSE.
PHILIS.
CLIMÈNE.

CINQUIÈME INTERMÈDE.

BERGERS ET BERGÈRES, chantants.
BERGERS ET BERGÈRES, dansants.

La scène est en Élide.

PROLOGUE.

SCÈNE I.

L'AURORE, LYCISCAS, ET PLUSIEURS AUTRES VALETS DE CHIENS, *endormis et couchés sur l'herbe.*

L'AURORE *chante.*
Quand l'amour à vos yeux offre un choix agréable,
 Jeunes beautés, laissez-vous enflammer;
Moquez-vous d'affecter cet orgueil indomptable
 Dont on vous dit qu'il est beau de s'armer :
  Dans l'âge où l'on est aimable
  Rien n'est si beau que d'aimer.

Soupirez librement pour un amant fidèle,
 Et bravez ceux qui voudroient vous blâmer.
Un cœur tendre est aimable; et le nom de cruelle
 N'est pas un nom à se faire estimer :
  Dans le temps où l'on est belle
  Rien n'est si beau que d'aimer.

SCÈNE II.

LYCISCAS, et autres VALETS DE CHIENS,
endormis.

TROIS VALETS DE CHIENS, *réveillés par l'Aurore, chantent ensemble.*

Holà, holà! debout, debout, debout.
Pour la chasse ordonnée il faut préparer tout.
Holà, ho! debout, vite, debout.

PREMIER.

Jusqu'aux plus sombres lieux le jour se communique.

DEUXIÈME.

L'air sur les fleurs en perles se résout.

TROISIÈME.

Les rossignols commencent leur musique,
Et leurs petits concerts retentissent partout.

TOUS TROIS ENSEMBLE.

Sus, sus, debout, vite, debout.
(*à Lyciscas endormi.*)
Qu'est-ce-ci, Lyciscas? Quoi! tu ronfles encore,
Toi qui promettois tant de devancer l'aurore?
Allons, debout, vite, debout.
Pour la chasse ordonnée il faut préparer tout.
Debout, vite, debout; dépêchons, ho, debout.

LYCISCAS, *en s'éveillant.*

Par la morbleu! vous êtes de grands braillards, vous autres, et vous avez la gueule ouverte de bon matin.

PROLOGUE.

TOUS TROIS ENSEMBLE.

Ne vois-tu pas le jour qui se répand partout!
Allons, debout; Lyciscas, debout.

LYCISCAS.

Hé! laissez-moi dormir encore un peu, je vous conjure.

TOUS TROIS ENSEMBLE.

Non, non, debout; Lyciscas, debout.

LYCISCAS.

Je ne vous demande plus qu'un petit quart d'héure.

TOUS TROIS ENSEMBLE.

Point, point, debout, vite, debout.

LYCISCAS.

Hé! je vous prie.

TOUS TROIS ENSEMBLE.

Debout.

LYCISCAS.

Un moment.

TOUS TROIS ENSEMBLE.

Debout.

LYCISCAS.

De grace.

TOUS TROIS ENSEMBLE.

Debout.

LYCISCAS.

Hé!

TOUS TROIS ENSEMBLE.

Debout.

LYCISCAS.

Je...

PROLOGUE.

TOUS TROIS ENSEMBLE.
Debout.

LYCISCAS.

J'aurai fait incontinent.

TOUS TROIS ENSEMBLE.
Non, non, debout, Lyciscas, debout.
Pour la chasse ordonnée il faut préparer tout.
Vite, debout; dépêchons, debout.

LYCISCAS.

Hé bien, laissez-moi; je vais me lever. Vous êtes d'étranges gens de me tourmenter comme cela! Vous serez cause que je ne me porterai pas bien de toute la journée : car, voyez-vous, le sommeil est nécessaire à l'homme; et lorsqu'on ne dort pas sa réfection[1], il arrive que... on n'est...

(*Il se rendort.*)

PREMIER.
Lyciscas.

DEUXIÈME.
Lyciscas.

TROISIÈME.
Lyciscas.

TOUS TROIS ENSEMBLE.
Lyciscas.

LYCISCAS.
Diable soient les brailleurs! je voudrois que vous eussiez la gueule pleine de bouillie bien chaude.

TOUS TROIS ENSEMBLE.
Debout, debout,

---

[1] *Sa réfection*, c'est-à-dire *assez pour se refaire.*

PROLOGUE.

Vite, debout; dépêchons, debout.

LYCISCAS.

Ah, quelle fatigue de ne pas dormir son soûl!

PREMIER.

Holà, ho!

DEUXIÈME.

Holà, ho!

TROISIÈME.

Holà, ho!

TOUS TROIS ENSEMBLE.

Ho, ho, ho, ho!

LYCISCAS.

Ho, ho! La peste soit des gens avec leurs chiens de hurlements! je me donne au diable si je ne vous assomme. Mais voyez un peu quel diable d'enthousiasme[1] il leur prend de me venir chanter aux oreilles comme cela. Je...

TOUS TROIS ENSEMBLE.

Debout.

LYCISCAS.

Encore!

TOUS TROIS ENSEMBLE.

Debout.

LYCISCAS.

Le diable vous emporte!

TOUS TROIS ENSEMBLE.

Debout.

LYCISCAS, *en se levant.*

Quoi, toujours! a-t-on jamais vu une pareille furie

---

[1] *Enthousiasme* est ici pour *fantaisie, vertigo.*

de chanter? Par la sambleu! j'enrage. Puisque me voilà éveillé, il faut que j'éveille les autres, et que je les tourmente comme on m'a fait. Allons, oh! messieurs, debout, debout, vite; c'est trop dormir. Je vais faire un bruit du diable partout. (*Il crie de toute sa force.*) Debout, debout, debout. Allons, vite, ho, ho, ho! debout, debout! Pour la chasse ordonnée il faut préparer tout. Debout, debout! Lyciscas, debout! Ho, ho, ho, ho, ho!

(*Plusieurs cors et trompes de chasse se font entendre; les valets de chiens que Lyciscas a réveillés dansent une entrée.*)

FIN DU PROLOGUE.

LA PRINCESSE D'ÉLIDE[1].

ACTE PREMIER.

SCÈNE I.

EURYALE, ARBATE.

ARBATE.

Ce silence rêveur, dont la sombre habitude
Vous fait à tous moments chercher la solitude,
Ces longs soupirs que laisse échapper votre cœur,
Et ces fixes regards si chargés de langueur,
Disent beaucoup sans doute à des gens de mon âge;
Et je pense, seigneur, entendre ce langage :
Mais, sans votre congé, de peur de trop risquer,
Je n'ose m'enhardir jusques à l'expliquer.

---

[1] Cette pièce fit partie des fêtes que Louis XIV donna à la reine sa mère, à Marie-Thérèse, son épouse, sous le titre des *Plaisirs de l'Ile enchantée*. Ces fêtes célèbres, où l'on a cru voir aussi un hommage secret à mademoiselle de La Vallière, offrirent, pendant sept jours, tout ce que la magnificence et le bon goût du prince, le génie et les talents de tous ceux qui le servoient, pouvoient enfanter de plus merveilleux et de plus varié. L'Italien Vigarani, un des plus ingénieux décorateurs et des plus surprenants machinistes qu'on ait vus; le célèbre Lulli, qui annonça dans cette fête les

EURYALE.

Explique, explique, Arbate, avec toute licence
Ces soupirs, ces regards, et ce morne silence.
Je te permets ici de dire que l'Amour
M'a rangé sous ses lois, et me brave à son tour;
Et je consens encor que tu me fasses honte
Des foiblesses d'un cœur qui souffre qu'on le dompte.

ARBATE.

Moi, vous blâmer, seigneur, des tendres mouvements
Où je vois qu'aujourd'hui penchent vos sentiments!
Le chagrin des vieux jours ne peut aigrir mon ame
Contre les doux transports de l'amoureuse flamme;
Et, bien que mon sort touche à ses derniers soleils,
Je dirai que l'amour sied bien à vos pareils,
Que ce tribut qu'on rend aux traits d'un beau visage
De la beauté d'une ame est un clair témoignage,
Et qu'il est malaisé que, sans être amoureux,
Un jeune prince soit et grand et généreux.
C'est une qualité que j'aime en un monarque :
La tendresse du cœur est une grande marque
Que d'un prince à votre âge on peut tout présumer,

---

charmes de sa mélodie; le président de Périgny, chargé des vers consacrés aux éloges des reines; Benserade, si connu par son double talent de lier la louange du personnage dramatique avec celle de l'acteur; Molière enfin, qui fit les honneurs de la seconde journée par *la Princesse d'Élide*, et ceux de la sixième par les trois premiers actes de *Tartufe;* tout cela rendit cette fête une des plus étonnantes que l'Europe ait jamais vues. Molière emprunta la fable de *la Princesse d'Élide* d'Agostino Moreto, auteur espagnol très estimé; et ce fut une galanterie fine de la part de Molière de présenter à deux reines, Espagnoles de naissance, l'imitation d'un des meilleurs ouvrages du théâtre de leur nation.

Dès qu'on voit que son ame est capable d'aimer.
Oui, cette passion, de toutes la plus belle,
Traîne dans un esprit cent vertus après elle;
Aux nobles actions elle pousse les cœurs,
Et tous les grands héros ont senti ses ardeurs.
Devant mes yeux, seigneur, a passé votre enfance,
Et j'ai de vos vertus vu fleurir l'espérance;
Mes regards observoient en vous des qualités
Où je reconnoissois le sang dont vous sortez;
J'y découvrois un fonds d'esprit et de lumière;
Je vous trouvois bien fait, l'air grand, et l'ame fière;
Votre cœur, votre adresse, éclatoient chaque jour:
Mais je m'inquiétois de ne point voir d'amour;
Et, puisque les langueurs d'une plaie invincible
Nous montrent que votre ame à ses traits est sensible,
Je triomphe; et mon cœur, d'alégresse rempli,
Vous regarde à présent comme un prince accompli.

EURYALE.

Si de l'Amour un temps j'ai bravé la puissance,
Hélas! mon cher Arbate, il en prend bien vengeance;
Et, sachant dans quels maux mon cœur s'est abymé,
Toi-même tu voudrois qu'il n'eût jamais aimé.
Car enfin, vois le sort où mon astre me guide:
J'aime, j'aime ardemment la princesse d'Élide,
Et tu sais quel orgueil, sous des traits si charmants,
Arme contre l'amour ses jeunes sentiments,
Et comment elle fuit en cette illustre fête
Cette foule d'amants qui briguent sa conquête.
Ah! qu'il est bien peu vrai que ce qu'on doit aimer,
Aussitôt qu'on le voit, prend droit de nous charmer,

Et qu'un premier coup d'œil allume en nous les flammes
Où le ciel en naissant a destiné nos ames !
A mon retour d'Argos je passai dans ces lieux,
Et ce passage offrit la princesse à mes yeux ;
Je vis tous les appas dont elle est revêtue,
Mais de l'œil dont on voit une belle statue :
Leur brillante jeunesse, observée à loisir,
Ne porta dans mon ame aucun secret désir ;
Et d'Ithaque en repos je revis le rivage,
Sans m'en être en deux ans rappelé nulle image.
Un bruit vient cependant à répandre à ma cour
Le célèbre mépris qu'elle fait de l'amour ;
On publie en tous lieux que son ame hautaine
Garde pour l'hyménée une invincible haine,
Et qu'un arc à la main, sur l'épaule un carquois,
Comme une autre Diane elle hante les bois,
N'aime rien que la chasse, et de toute la Grèce
Fait soupirer en vain l'héroïque jeunesse.
Admire nos esprits, et la fatalité !
Ce que n'avoient point fait sa vue et sa beauté,
Le bruit de ses fiertés en mon ame fit naître
Un transport inconnu dont je ne fus point maître :
Ce dédain si fameux eut des charmes secrets
A me faire avec soin rappeler tous ses traits ;
Et mon esprit, jetant de nouveaux yeux sur elle,
M'en refit une image et si noble et si belle,
Me peignit tant de gloire et de telles douceurs
A pouvoir triompher de toutes ses froideurs,
Que mon cœur, aux brillants d'une telle victoire,
Vit de sa liberté s'évanouir la gloire :

Contre une telle amorce il eut beau s'indigner,
Sa douceur sur mes sens prit tel droit de régner,
Qu'entraîné par l'effort d'une occulte puissance,
J'ai d'Ithaque en ces lieux fait voile en diligence;
Et je couvre un effet de mes vœux enflammés
Du désir de paroître à ces jeux renommés
Où l'illustre Iphitas, père de la princesse,
Assemble la plupart des princes de la Grèce.

ARBATE.

Mais à quoi bon, seigneur, les soins que vous prenez?
Et pourquoi ce secret où vous vous obstinez?
Vous aimez, dites-vous, cette illustre princesse,
Et venez à ses yeux signaler votre adresse;
Et nuls empressements, paroles ni soupirs,
Ne l'ont instruite encor de vos brûlants désirs!
Pour moi, je n'entends rien à cette politique
Qui ne veut point souffrir que votre cœur s'explique;
Et je ne sais quel fruit peut prétendre un amour
Qui fuit tous les moyens de se produire au jour.

EURYALE.

Et que ferai-je, Arbate, en déclarant ma peine,
Qu'attirer les dédains de cette ame hautaine,
Et me jeter au rang de ces princes soumis
Que le titre d'amants lui peint en ennemis?
Tu vois les souverains de Messène et de Pyle
Lui faire de leurs cœurs un hommage inutile,
Et de l'éclat pompeux des plus hautes vertus
En appuyer en vain les respects assidus :
Ce rebut de leurs soins sous un triste silence
Retient de mon amour toute la violence;

Je me tiens condamné dans ces rivaux fameux,
Et je lis mon arrêt au mépris qu'on fait d'eux.

ARBATE.

Et c'est dans ce mépris et dans cette humeur fière
Que votre ame à ses vœux doit voir plus de lumière,
Puisque le sort vous donne à conquérir un cœur
Que défend seulement une simple froideur,
Et qui n'impose point à l'ardeur qui vous presse
De quelque attachement l'invincible tendresse.
Un cœur préoccupé résiste puissamment :
Mais quand une ame est libre, on la force aisément ;
Et toute la fierté de son indifférence
N'a rien dont ne triomphe un peu de patience.
Ne lui cachez donc plus le pouvoir de vos yeux,
Faites de votre flamme un éclat glorieux ;
Et, bien loin de trembler de l'exemple des autres,
Du rebut de leurs vœux fortifiez les vôtres.
Peut-être, pour toucher ses sévères appas,
Aurez-vous des secrets que les autres n'ont pas ;
Et, si de ses fiertés l'impérieux caprice
Ne vous fait éprouver un destin plus propice,
Au moins est-ce un bonheur, en ces extrémités,
Que de voir avec soi ses rivaux rebutés.

EURYALE.

J'aime à te voir presser cet aveu de ma flamme ;
Combattant mes raisons, tu chatouilles mon ame ;
Et par ce que j'ai dit je voulois pressentir
Si de ce que j'ai fait tu pourrois m'applaudir.
Car enfin, puisqu'il faut t'en faire confidence,
On doit à la princesse expliquer mon silence ;

Et peut-être, au moment où je t'en parle ici,
Le secret de mon cœur, Arbate, est éclairci.
Cette chasse où, pour fuir la foule qui l'adore,
Tu sais qu'elle est allée au lever de l'aurore,
Est le temps que Moron, pour déclarer mon feu,
A pris...

ARBATE.

Moron, seigneur?

EURYALE.

Ce choix t'étonne un peu.
Par son titre de fou tu crois le bien connoître :
Mais sache qu'il l'est moins qu'il ne le veut paroître,
Et que, malgré l'emploi qu'il exerce aujourd'hui,
Il a plus de bon sens que tel qui rit de lui.
La princesse se plaît à ses bouffonneries :
Il s'en est fait aimer par cent plaisanteries,
Et peut, dans cet accès, dire et persuader
Ce que d'autres que lui n'oseroient hasarder [1].
Je le vois propre enfin à ce que j'en souhaite;
Il a pour moi, dit-il, une amitié parfaite,
Et veut, dans mes états ayant reçu le jour,

---

[1] Les fous de cour étoient encore fort à la mode : c'étoit un reste de barbarie qui a duré plus long-temps en Allemagne qu'ailleurs. Le besoin des amusements, l'impuissance de s'en procurer d'agréables et d'honnêtes, dans les temps d'ignorance et de mauvais goût, avoient fait imaginer ce triste plaisir qui dégrade l'esprit humain. Le fou qui étoit alors auprès de Louis XIV avoit appartenu au prince de Condé : il s'appeloit l'Angeli. Le comte de Grammont disoit que de tous les fous qui avoient suivi M. le Prince, il n'y avoit que l'Angeli qui avoit fait fortune. Ce bouffon ne manquoit pas d'esprit; c'est lui qui dit qu'*il n'alloit pas au sermon, parce qu'il n'aimoit pas le brailler, et qu'il n'entendoit pas le raisonner.*

Contre tous mes rivaux appuyer mon amour.
Quelque argent mis en main pour soutenir ce zèle...

SCÈNE II.

EURYALE, ARBATE, MORON.

MORON, *derrière le théâtre.*

Au secours! sauvez-moi de la bête cruelle!

EURYALE.

Je pense ouïr sa voix.

MORON, *derrière le théâtre.*

A moi, de grace, à moi!

EURYALE.

C'est lui-même. Où court-il avec un tel effroi?

MORON, *entrant sans voir personne.*

Où pourrai-je éviter ce sanglier redoutable?
Grands dieux, préservez-moi de sa dent effroyable!
Je vous promets, pourvu qu'il ne m'attrape pas,
Quatre livres d'encens et deux veaux des plus gras.
(*rencontrant Euryale, que, dans sa frayeur, il prend
pour le sanglier qu'il évite.*)
Ah, je suis mort!

EURYALE.

Qu'as-tu?

MORON.

Je vous croyois la bête
Dont à me diffamer j'ai vu la gueule prête,
Seigneur; et je ne puis revenir de ma peur.

EURYALE.

Qu'est-ce?

MORON.

Oh! que la princesse est d'une étrange humeur,
Et qu'à suivre la chasse et ses extravagances
Il nous faut essuyer de sottes complaisances!
Quel diable de plaisir trouvent tous les chasseurs
De se voir exposés à mille et mille peurs?
Encore si c'étoit qu'on ne fût qu'à la chasse
Des lièvres, des lapins, et des jeunes daims, passe :
Ce sont des animaux d'un naturel fort doux,
Et qui prennent toujours la fuite devant nous.
Mais d'aller attaquer de ces bêtes vilaines
Qui n'ont aucun respect pour les faces humaines,
Et qui courent les gens qui les veulent courir,
C'est un sot passe-temps que je ne puis souffrir.

EURYALE.

Dis-nous donc ce que c'est?

MORON.

      Le pénible exercice
Où de notre princesse a volé le caprice!
J'en aurois bien juré qu'elle auroit fait le tour;
Et, la course des chars se faisant en ce jour,
Il falloit affecter ce contre-temps de chasse
Pour mépriser ces jeux avec meilleure grace,
Et faire voir... Mais chut. Achevons mon récit,
Et reprenons le fil de ce que j'avois dit.
Qu'ai-je dit?

EURYALE.

Tu parlois d'exercice pénible.

MORON.

Ah! oui. Succombant donc à ce travail horrible

(Car en chasseur fameux j'étois enharnaché,
Et dès le point du jour je m'étois découché),
Je me suis écarté de tous, en galant homme;
Et, trouvant un lieu propre à dormir d'un bon somme,
J'essayois ma posture, et, m'ajustant bientôt,
Prenois déja mon ton pour ronfler comme il faut,
Lorsqu'un murmure affreux m'a fait lever la vue,
Et j'ai, d'un vieux buisson de la forêt touffue,
Vu sortir un sanglier d'une énorme grandeur
Pour...

EURYALE.

Qu'est-ce?

MORON.

Ce n'est rien. N'ayez point de frayeur :
Mais laissez-moi passer entre vous deux pour cause,
Je serai mieux en main pour vous conter la chose.
J'ai donc vu ce sanglier qui, par nos gens chassé,
Avoit, d'un air affreux, tout son poil hérissé,
Ses deux yeux flamboyants ne lançoient que menace,
Et sa gueule faisoit une laide grimace,
Qui, parmi de l'écume, à qui l'osoit presser,
Montroit de certains crocs... je vous laisse à penser.
A ce terrible aspect, j'ai ramassé mes armes;
Mais le faux animal, sans en prendre d'alarmes,
Est venu droit à moi qui ne lui disois mot.

ARBATE.

Et tu l'as de pied ferme attendu?

MORON.

Quelque sot...
J'ai jeté tout par terre, et couru comme quatre.

ACTE I, SCÈNE II.

ARBATE.

Fuir devant un sanglier, ayant de quoi l'abattre ?
Ce trait, Moron, n'est pas généreux.

MORON.

J'y consens;
Il n'est pas généreux, mais il est de bon sens.

ARBATE.

Mais par quelques exploits si l'on ne s'éternise...

MORON.

Je suis votre valet. J'aime mieux que l'on dise :
C'est ici qu'en fuyant, sans se faire prier,
Moron sauva ses jours des fureurs d'un sanglier,
Que si l'on y disoit : Voilà l'illustre place
Où le brave Moron, d'une héroïque audace,
Affrontant d'un sanglier l'impétueux effort,
Par un coup de ses dents vit terminer son sort.

EURYALE.

Fort bien.

MORON.

Oui, j'aime mieux, n'en déplaise à la gloire,
Vivre au monde deux jours que mille ans dans l'histoire.

EURYALE.

En effet, ton trépas fâcheroit tes amis.
Mais, si de ta frayeur ton esprit est remis,
Puis-je te demander si du feu qui me brûle...

MORON.

Il ne faut pas, seigneur, que je vous dissimule :
Je n'ai rien fait encore, et n'ai point rencontré
De temps pour lui parler qui fût selon mon gré.
L'office de bouffon a des prérogatives;

Mais souvent on rabat nos libres tentatives.
Le discours de vos feux est un peu délicat,
Et c'est chez la princesse un affaire d'état.
Vous savez de quel titre elle se glorifie,
Et qu'elle a dans la tête une philosophie
Qui déclare la guerre au conjugal lien,
Et vous traite l'Amour de déité de rien.
Pour n'effaroucher point son humeur de tigresse,
Il me faut manier la chose avec adresse;
Car on doit regarder comme l'on parle aux grands,
Et vous êtes parfois d'assez fâcheuses gens.
Laissez-moi doucement conduire cette trame.
Je me sens là pour vous un zèle tout de flamme.
Vous êtes né mon prince, et quelques autres nœuds
Pourroient contribuer au bien que je vous veux :
Ma mère, dans son temps, passoit pour être belle,
Et naturellement n'étoit pas fort cruelle;
Feu votre père, alors, ce prince généreux,
Sur la galanterie étoit fort dangereux;
Et je sais qu'Elpénor, qu'on appeloit mon père
A cause qu'il étoit le mari de ma mère,
Contoit pour grand honneur aux pasteurs d'aujourd'hui
Que le prince autrefois étoit venu chez lui,
Et que, durant ce temps, il avoit l'avantage
De se voir saluer de tous ceux du village.
Baste. Quoi qu'il en soit, je veux, par mes travaux...
Mais voici la princesse et deux de vos rivaux.

SCÈNE III.

LA PRINCESSE, AGLANTE, CYNTHIE, ARISTOMÈNE, THÉOCLE, EURYALE, PHILIS, ARBATE, MORON.

ARISTOMÈNE.

Reprochez-vous, madame, à nos justes alarmes
Ce péril dont tous deux avons sauvé vos charmes?
J'aurois pensé, pour moi, qu'abattre sous nos coups
Ce sanglier qui portoit sa fureur jusqu'à vous
Étoit une aventure, ignorant votre chasse,
Dont à nos bons destins nous dussions rendre grace;
Mais à cette froideur je connois clairement
Que je dois concevoir un autre sentiment;
Et quereller du sort la fatale puissance
Qui me fait avoir part à ce qui vous offense.

THÉOCLE.

Pour moi, je tiens, madame, à sensible bonheur
L'action où pour vous a volé tout mon cœur,
Et ne puis consentir, malgré votre murmure,
A quereller le sort d'une telle aventure.
D'un objet odieux je sais que tout déplaît;
Mais, dût votre courroux être plus grand qu'il n'est,
C'est extrême plaisir, quand l'amour est extrême,
De pouvoir d'un péril affranchir ce qu'on aime.

LA PRINCESSE.

Et pensez-vous, seigneur, puisqu'il me faut parler,
Qu'il eût eu, ce péril, de quoi tant m'ébranler?

Que l'arc et que le dard, pour moi si pleins de charmes,
Ne soient entre mes mains que d'inutiles armes?
Et que je fasse enfin mes plus fréquents emplois
De parcourir nos monts, nos plaines et nos bois,
Pour n'oser en chassant concevoir l'espérance
De suffire, moi seule, à ma propre défense?
Certes, ~c le temps, j'aurois bien profité
De ces soins assidus dont je fais vanité,
S'il falloit que mon bras, dans une telle quête,
Ne pût pas triompher d'une chétive bête!
Du moins, si pour prétendre à de sensibles coups,
Le commun de mon sexe est trop mal avec vous,
D'un étage plus haut accordez-moi la gloire,
Et me faites tous deux cette grace de croire,
Seigneurs, que, quel que fût le sanglier d'aujourd'hui,
J'en ai mis bas, sans vous, de plus méchants que lui.

####### THÉOCLE.

Mais, madame...

####### LA PRINCESSE.

Hé bien, soit. Je vois que votre envie
Est de persuader que je vous dois la vie;
J'y consens. Oui, sans vous c'étoit fait de mes jours.
Je rends de tout mon cœur grace à ce grand secours;
Et je vais de ce pas au prince pour lui dire
Les bontés que pour moi votre amour vous inspire.

SCÈNE IV.

EURYALE, ARBATE, MORON.

MORON.

Eh! a-t-on jamais vu de plus farouche esprit?
De ce vilain sanglier l'heureux trépas l'aigrit.
Oh! comme volontiers j'aurois, d'un beau salaire,
Récompensé tantôt qui m'en eût su défaire!

ARBATE, *à Euryale*.

Je vous vois tout pensif, seigneur, de ses dédains;
Mais ils n'ont rien qui doive empêcher vos desseins.
Son heure doit venir; et c'est à vous, possible [1],
Qu'est réservé l'honneur de la rendre sensible.

MORON.

Il faut qu'avant la course elle apprenne vos feux :
Et je...

EURYALE.

Non. Ce n'est plus, Moron, ce que je veux;
Garde-toi de rien dire, et me laisse un peu faire :
J'ai résolu de prendre un chemin tout contraire.
Je vois trop que son cœur s'obstine à dédaigner
Tous ces profonds respects qui pensent la gagner;
Et le dieu qui m'engage à soupirer pour elle
M'inspire pour la vaincre une adresse nouvelle.
Oui, c'est lui d'où me vient ce soudain mouvement;

---

[1] *Possible* est mis là pour *peut-être*.

Et j'en attends de lui l'heureux événement.

ARBATE.

Peut-on savoir, seigneur, par où votre espérance...

EURYALE.

Tu le vas voir. Allons, et garde le silence.

FIN DU PREMIER ACTE.

PREMIER INTERMÈDE.

SCÈNE I.

MORON.

Jusqu'au revoir. Pour moi, je reste ici, et j'ai une petite conversation à faire avec ces arbres et ces rochers.

Bois, prés, fontaines, fleurs, qui voyez mon teint blême,
Si vous ne le savez, je vous apprends que j'aime.
    Philis est l'objet charmant
    Qui tient mon cœur à l'attache;
    Et je devins son amant
    La voyant traire une vache.
Ses doigts, tout pleins de lait, et plus blancs mille fois,
Pressoient les bouts du pis d'une grace admirable.
    Ouf! cette idée est capable
    De me réduire aux abois.

Ah, Philis, Philis, Philis!

SCÈNE II.

MORON, UN ÉCHO.

L'ÉCHO.

Philis.

MORON.

Ah!

L'ÉCHO.

Ah.

MORON.

Hem.

L'ÉCHO.

Hem.

MORON.

Ah, ah!

L'ÉCHO.

Ah.

MORON.

Hi, Hi.

L'ÉCHO.

Hi.

MORON.

Oh!

L'ÉCHO.

Oh.

MORON.

Oh!

L'ÉCHO.

Oh.

MORON.
Voilà un écho qui est bouffon.

L'ÉCHO.

On.

MORON.

Hon.

L'ÉCHO.

Hon.

MORON.

Ah!

L'ÉCHO.

Ah.

MORON.

Hu.

L'ÉCHO.

Hu.

MORON.

Voilà un écho qui est bouffon.

SCÈNE III.

MORON, *apercevant un ours qui vient à lui.*

Ah, monsieur l'ours! je suis votre serviteur de tout mon cœur. De grace, épargnez-moi; je vous assure que je ne vaux rien du tout à manger; je n'ai que la peau et les os, et je vois de certaines gens là-bas qui seroient bien mieux votre affaire. Hé, hé, hé! monseigneur, tout doux, s'il vous plaît.

(*Il caresse l'ours, et tremble de frayeur.*)

Là, la, la, la. Ah, monseigneur, que votre altesse est jolie et bien faite! Elle a tout-à-fait l'air galant, et la taille la plus mignonne du monde. Ah, beau poil! belle tête! beaux yeux brillants et bien fendus! Ah! beau petit nez! belle petite bouche! petites quenottes jolies! Ah, belle gorge! belles petites menottes! petits ongles bien faits!

(*L'ours se lève sur ses pates de derrière.*)

A l'aide! au secours! je suis mort! miséricorde! Pauvre Moron! ah, mon dieu! Hé, vite à moi! je suis perdu! (*Moron monte sur un arbre.*)

SCÈNE IV.

MORON, CHASSEURS.

MORON, *monté sur un arbre, aux chasseurs.*

Hé, messieurs, ayez pitié de moi!

(*Les chasseurs combattent l'ours.*)

Bon, messieurs! tuez-moi ce vilain animal-là. O ciel, daigne les assister! Bon! le voilà qui fuit. Le voilà qui s'arrête, et qui se jette sur eux. Bon! en voilà un qui vient de lui donner un coup dans la gueule. Les voilà tous à l'entour de lui. Courage, ferme, allons, mes amis! Bon, poussez fort! Encore! Ah! le voilà qui est à terre; c'en est fait, il est mort. Descendons maintenant pour lui donner cent coups.

(*Moron descend de l'arbre.*)

Serviteur, messieurs; je vous rends grace de m'avoir délivré de cette bête. Maintenant que vous l'avez tuée, je m'en vais l'achever, et en triompher avec vous. (*Moron donne mille coups à l'ours, qui est mort.*)

ENTRÉE DE BALLET.

Les chasseurs dansent pour témoigner leur joie d'avoir remporté la victoire.

FIN DU PREMIER INTERMÈDE.

ACTE SECOND.

SCÈNE I.

LA PRINCESSE, AGLANTE, CYNTHIE, PHILIS.

LA PRINCESSE.

Oui, j'aime à demeurer dans ces paisibles lieux ;
On n'y découvre rien qui n'enchante les yeux,
Et de tous nos palais la savante structure
Cède aux simples beautés qu'y forme la nature.
Ces arbres, ces rochers, cette eau, ces gazons frais,
Ont pour moi des appas à ne lasser jamais.

AGLANTE.

Je chéris comme vous ces retraites tranquilles
Où l'on se vient sauver de l'embarras des villes :
De mille objets charmants ces lieux sont embellis ;
Et ce qui doit surprendre est qu'aux portes d'Élis
La douce passion de fuir la multitude
Rencontre une si belle et vaste solitude.
Mais, à vous dire vrai, dans ces jours éclatants,
Vos retraites ici me semblent hors de temps ;
Et c'est fort mal traiter l'appareil magnifique
Que chaque prince a fait pour la fête publique.
Ce spectacle pompeux de la course des chars
Devroit bien mériter l'honneur de vos regards.

LA PRINCESSE D'ÉLIDE.

LA PRINCESSE.

Quel droit ont-ils chacun d'y vouloir ma présence?
Et que dois-je, après tout, à leur magnificence?
Ce sont soins que produit l'ardeur de m'acquérir,
Et mon cœur est le prix qu'ils veulent tous courir.
Mais, quelque espoir qui flatte un projet de la sorte,
Je me tromperois fort, si pas un d'eux l'emporte.

CYNTHIE.

Jusques à quand ce cœur veut-il s'effaroucher
Des innocents desseins qu'on a de le toucher,
Et regarder les soins que pour vous on se donne
Comme autant d'attentats contre votre personne?
Je sais qu'en défendant le parti de l'amour
On s'expose chez vous à faire mal sa cour:
Mais ce que par le sang j'ai l'ho... de vous être
S'oppose aux duretés que vous fa... oître;
Et je ne puis nourrir d'un flatteur
Vos résolutions de n'aimer jamais rien
Est-il rien de plus beau que l'innocent... me
Qu'un mérite éclatant allume dans une ame?
Et seroit-ce un bonheur de respirer le jour,
Si d'entre les mortels on bannissoit l'amour?
Non, non, tous les plaisirs se goûtent à le suivre;
Et vivre sans aimer n'est pas proprement vivre [1].

AGLANTE.

Pour moi, je tiens que cette passion est la plus

---

[1] Le dessein de l'auteur était de traiter toute la comédie en vers; mais un commandement du roi, qui pressa cette affaire, l'obligea d'achever le reste en prose, et de passer légèrement sur plusieurs scènes qu'... ...ndues davantage s'il avoit eu plus de loisir.

agréable affaire de la vie; qu'il est nécessaire d'aimer pour vivre heureusement, et que tous les plaisirs sont fades s'il ne s'y mêle un peu d'amour.

LA PRINCESSE.

Pouvez-vous bien toutes deux, étant ce que vous êtes, prononcer ces paroles? et ne devez-vous pas rougir d'appuyer une passion qui n'est qu'erreur, que foiblesse et qu'emportement, et dont tous les désordres ont tant de répugnance avec la gloire de notre sexe? J'en prétends soutenir l'honneur jusqu'au dernier moment de ma vie, et je ne veux point du tout me commettre à ces gens qui font les esclaves auprès de nous pour devenir un jour nos tyrans. Toutes ces larmes, tous ces soupirs, tous ces hommages, tous ces respects, sont des embûches qu'on tend à notre cœur, et qui souvent l'engagent à commettre des lâchetés. Pour moi, quand je regarde certains exemples, et les bassesses épouvantables où cette passion ravale les personnes sur qui elle étend sa puissance, je sens tout mon cœur qui s'émeut; et je ne puis souffrir qu'une ame qui fait profession d'un peu de fierté ne trouve pas une honte horrible à de telles foiblesses.

CYNTHIE.

Hé, madame, il est de certaines foiblesses qui ne sont point honteuses, et qu'il est beau même d'avoir dans les plus hauts degrés de gloire. J'espère que vous changerez un jour de pensée; et, s'il plaît au ciel, nous verrons votre cœur, avant qu'il soit peu...

LA PRINCESSE.

Arrêtez, n'achevez pas ce souhait étrange. J'ai une

horreur trop invincible pour ces sortes d'abaissements; et, si jamais j'étois capable d'y descendre, je serois personne, sans doute, à ne me le point pardonner.

AGLANTE.

Prenez garde, madame : l'Amour sait se venger des mépris que l'on fait de lui ; et peut-être...

LA PRINCESSE.

Non, non : je brave tous ses traits; et le grand pouvoir qu'on lui donne n'est rien qu'une chimère et qu'une excuse des foibles cœurs, qui le font invincible pour autoriser leur foiblesse.

CYNTHIE.

Mais enfin toute la terre reconnoît sa puissance, et vous voyez que les dieux mêmes sont assujétis à son empire. On nous fait voir que Jupiter n'a pas aimé pour une fois, et que Diane même, dont vous affectez tant l'exemple, n'a pas rougi de pousser des soupirs d'amour.

LA PRINCESSE.

Les croyances publiques sont toujours mêlées d'erreurs. Les dieux ne sont point faits comme les fait le vulgaire : et c'est leur manquer de respect que de leur attribuer les foiblesses des hommes.

SCÈNE II.

LA PRINCESSE, AGLANTE, CYNTHIE, PHILIS, MORON.

AGLANTE.

Viens, approche, Moron; viens nous aider à défendre l'Amour contre les sentiments de la princesse.

LA PRINCESSE.

Voilà votre parti fortifié d'un grand défenseur!

MORON.

Ma foi, madame, je crois qu'après mon exemple il n'y a plus rien à dire, et qu'il ne faut plus mettre en doute le pouvoir de l'Amour. J'ai bravé ses armes assez long-temps, et fait de mon drôle comme un autre; mais enfin ma fierté a baissé l'oreille, et vous avez une traîtresse (*il montre Philis*) qui m'a rendu plus doux qu'un agneau. Après cela on ne doit plus faire aucun scrupule d'aimer; et, puisque j'ai bien passé par là, il peut bien y en passer d'autres.

CYNTHIE.

Quoi! Moron se mêle d'aimer?

MORON.

Fort bien.

CYNTHIE.

Et de vouloir être aimé?

MORON.

Et pourquoi non? Est-ce qu'on n'est pas assez bien fait pour cela? Je pense que ce visage est assez passable, et que, pour le bel air, dieu merci, nous ne le cédons à personne.

CYNTHIE.

Sans doute, on aurait tort...

SCÈNE III.

LA PRINCESSE, AGLANTE, CYNTHIE, PHILIS, MORON, LYCAS.

LYCAS.

Madame, le prince votre père vient vous trouver ici, et conduit avec lui les princes de Pyle et d'Ithaque, et celui de Messène.

LA PRINCESSE.

Oh, ciel! que prétend-il faire en me les amenant? Auroit-il résolu ma perte? et voudroit-il bien me forcer au choix de quelqu'un d'eux?

SCÈNE IV.

IPHITAS, EURYALE, ARISTOMÈNE, THÉOCLE, LA PRINCESSE, AGLANTE, CYNTHIE. PHILIS, MORON.

LA PRINCESSE, *à Iphitas.*

Seigneur, je vous demande la licence de prévenir par deux paroles la déclaration des pensées que vous pouvez avoir. Il y a deux vérités, seigneur, aussi constantes l'une que l'autre, et dont je puis vous assurer également : l'une, que vous avez un absolu pouvoir sur moi, et que vous ne sauriez m'ordonner rien où je ne réponde aussitôt par une obéissance aveugle; l'autre, que je regarde l'hyménée ainsi que le trépas, et qu'il m'est impossible de forcer cette aversion naturelle. Me donner un mari, et me donner la mort, c'est une même chose; mais votre volonté va la première, et mon obéissance m'est bien plus chère que ma vie. Après cela, parlez, seigneur, prononcez librement ce que vous voulez.

IPHITAS.

Ma fille, tu as tort de prendre de telles alarmes; et je me plains de toi, qui peux mettre dans ta pensée que je sois assez mauvais père pour vouloir faire violence à tes sentiments, et me servir tyranniquement de la puissance que le ciel me donne sur toi. Je souhaite, à la vérité, que ton cœur puisse aimer quelqu'un. Tous mes vœux seroient satisfaits, si cela pouvoit arriver; et je n'ai proposé les fêtes et les jeux que je fais célébrer ici qu'afin d'y pouvoir attirer tout ce que la Grèce a d'illustre, et que, parmi cette noble jeunesse, tu puisses enfin rencontrer ou arrêter tes yeux et déterminer tes pensées. Je ne demande, dis-je, au ciel, autre bonheur que de te voir un époux. J'ai, pour obtenir cette grace, fait encore ce matin un sacrifice à Vénus; et, si je sais bien expliquer le langage des dieux, elle m'a promis un miracle. Mais, quoi qu'il en soit, je veux en user avec toi en père qui chérit sa fille. Si tu trouves où attacher tes vœux, ton choix sera le mien, et je ne considérerai ni intérêt d'état, ni avantages d'alliance; si ton cœur demeure insensible, je n'entreprendrai point de le forcer : mais au moins sois complaisante aux civilités qu'on te rend, et ne m'oblige point à faire les excuses de ta froideur; traite ces princes avec l'estime que tu leur dois; reçois avec reconnoissance les témoignages de leur zèle, et viens voir cette course où leur adresse va paroître.

THÉOCLE, *à la princesse.*

Tout le monde va faire des efforts pour remporter le prix de cette course; mais, à vous dire vrai, j'ai peu d'ardeur pour la victoire, puisque ce n'est pas votre cœur qu'on y doit disputer.

ARISTOMÈNE.

Pour moi, madame, vous êtes le seul prix que je me propose partout. C'est vous que je crois disputer dans ces combats d'adresse; et je n'aspire maintenant à remporter l'honneur de cette course que pour obtenir un degré de gloire qui m'approche de votre cœur.

EURYALE.

Pour moi, madame, je n'y vais point du tout avec cette pensée. Comme j'ai fait toute ma vie profession de ne rien aimer, tous les soins que je prends ne vont point où tendent les autres. Je n'ai aucune prétention sur votre cœur, et le seul honneur de la course est tout l'avantage où j'aspire.

SCÈNE V.

LA PRINCESSE, AGLANTE, CYNTHIE, PHILIS, MORON.

LA PRINCESSE.

D'où sort cette fierté, où l'on ne s'attendoit point? Princesses, que dites-vous de ce jeune prince? Avez-vous remarqué de quel ton il l'a pris?

AGLANTE.

Il est vrai que cela est un peu fier.

MORON, *à part*.

Ah, quelle brave botte il vient là de lui porter!

LA PRINCESSE.

Ne trouvez-vous pas qu'il y auroit plaisir d'abaisser son orgueil, et de soumettre un peu ce cœur qui tranche tant du brave?

CYNTHIE.

Comme vous êtes accoutumée à ne jamais recevoir que des hommages et des adorations de tout le monde, un compliment pareil au sien doit vous surprendre, à la vérité.

LA PRINCESSE.

Je vous avoue que cela m'a donné de l'émotion, et que je souhaiterois fort de trouver les moyens de châtier cette hauteur. Je n'avois pas beaucoup d'envie de me trouver à cette course; mais j'y veux aller exprès, et employer toute chose pour lui donner de l'amour.

CYNTHIE.

Prenez garde, madame, l'entreprise est périlleuse; et, lorsqu'on veut donner de l'amour, on court risque d'en recevoir.

LA PRINCESSE.

Ah! n'appréhendez rien, je vous prie. Allons, je vous réponds de moi.

FIN DU SECOND ACTE.

SECOND INTERMÈDE.

SCÈNE I.

PHILIS MORON.

MORON.

Philis, demeure ici.

PHILIS.

Non, laisse-moi suivre les autres.

MORON.

Ah, cruelle! si c'étoit Tircis qui t'en priât, tu demeurerois bien vite.

PHILIS.

Cela se pourroit faire : et je demeure d'accord que je trouve bien mieux mon compte avec l'un qu'avec l'autre ; car il me divertit avec sa voix, et toi, tu m'étourdis de ton caquet. Lorsque tu chanteras aussi bien que lui, je te promets de t'écouter.

MORON.

Hé! demeure un peu.

PHILIS.

Je ne saurois.

MORON.

De grace!

PHILIS.

Point, te dis-je.

MORON, *retenant Philis.*

Je ne te laisserai point aller.

PHILIS.

Ah, que de façons!

MORON.

Je ne demande qu'un moment à être avec toi.

PHILIS.

Hé bien, oui, j'y demeurerai, pourvu que tu me promettes une chose.

MORON.

Et quelle?

PHILIS.

De ne me point parler du tout.

MORON.

Hé, Philis!

PHILIS.

A moins que de cela, je ne demeurerai point avec toi.

MORON.

Veux-tu me...

PHILIS.

Laisse-moi aller.

MORON.

Hé bien, oui, demeure : je ne te dirai mot.

PHILIS.

Prends-y bien garde au moins; car, à la moindre parole, je prends la fuite.

MORON.

Soit.

(après avoir fait une scène de gestes.)
Ah, Philis... Hé...

SCÈNE II.

MORON.

Elle s'enfuit ; et je ne saurois l'attraper. Voilà ce que c'est : si je savois chanter, j'en ferois bien mieux mes affaires. La plupart des femmes aujourd'hui se laissent prendre par les oreilles : elles sont cause que tout le monde se mêle de musique, et l'on ne réussit auprès d'elles que par les petites chansons et les petits vers qu'on leur fait entendre. Il faut que j'apprenne à chanter, pour faire comme les autres. Bon ! voici justement mon homme.

SCÈNE III.

UN SATYRE, MORON.

LE SATYRE *chante.*

La, la, la.

MORON.

Ah, Satyre, mon ami ! tu sais bien ce que tu m'as promis il y a long-temps. Apprends-moi à chanter, je te prie.

LE SATYRE, *en chantant.*

Je le veux. Mais auparavant écoute une chanson que je viens de faire.

MORON, *bas, à part.*

Il est si accoutumé à chanter, qu'il ne sauroit par-

ler d'autre façon. (*haut.*) Allons, chante ; j'écoute.
LE SATYRE *chante.*

Je portois...
MORON.

Une chanson, dis-tu?
LE SATYRE.

Je portois...
MORON.

Une chanson à chanter?
LE SATYRE.

Je port...
MORON.

Chanson amoureuse? Peste!
LE SATYRE.

   Je portois dans une cage
   Deux moineaux que j'avois pris,
   Lorsque la jeune Chloris
   Fit, dans un sombre bocage,
   Briller à mes yeux surpris
   Les fleurs de son beau visage.
Hélas! dis-je aux moineaux, en recevant les coups
De ses yeux si savants à faire des conquêtes,
  Consolez-vous, pauvres petites bêtes,
Celui qui vous a pris est bien plus pris que vous.

MORON *demande au Satyre une chanson plus passionnée, et le prie de lui dire celle qu'il lui avoit ouï chanter quelques jours auparavant.*

LE SATYRE *chante.*

   Dans vos chants si doux
   Chantez à ma belle,

SECOND INTERMÈDE.

Oiseaux, chantez tous
Ma peine mortelle:
Mais si la cruelle
Se met en courroux
Au récit fidèle
Des maux que je sens pour elle,
Oiseaux, taisez-vous.

MORON.

Ah, qu'elle est belle! apprends-la-moi.

LE SATYRE.

La, la, la, la.

MORON.

La, la, la, la.

LE SATYRE.

Fa, fa, fa, fa.

MORON.

Fat, toi-même.

ENTRÉE DE BALLET.

Le Satyre, en colère, menace Moron, et plusieurs Satyres dansent une entrée plaisante.

FIN DU SECOND INTERMÈDE.

ACTE TROISIÈME.

SCÈNE I.

LA PRINCESSE, AGLANTE, CYNTHIE, PHILIS.

CYNTHIE.

Il est vrai, madame, que ce jeune prince a fait voir une adresse non commune, et que l'air dont il a paru a été quelque chose de surprenant. Il sort vainqueur de cette course; mais je doute fort qu'il en sorte avec le même cœur qu'il y a porté; car enfin vous lui avez tiré des traits dont il est difficile de se défendre; et, sans parler de tout le reste, la grace de votre danse et la douceur de votre voix ont eu des charmes aujourd'hui à toucher les plus insensibles.

LA PRINCESSE.

Le voici qui s'entretient avec Moron; nous saurons un peu de quoi il lui parle. Ne rompons point encore leur entretien, et prenons cette route pour revenir à leur rencontre.

SCÈNE II.

EURYALE, ARBATE, MORON.

EURYALE.

Ah, Moron! je te l'avoue, j'ai été enchanté, et jamais tant de charmes n'ont frappé tout ensemble mes yeux et mes oreilles! Elle est adorable en tout temps, il est vrai; mais ce moment l'a emporté sur tous les autres, et des graces nouvelles ont redoublé l'éclat de ses beautés. Jamais son visage ne s'est paré de plus vives couleurs, ni ses yeux ne se sont armés de traits plus vifs et plus perçants. La douceur de sa voix a voulu se faire paroître dans un air tout charmant qu'elle a daigné chanter; et les sons merveilleux qu'elle formoit passoient jusqu'au fond de mon ame, et tenoient tous mes sens dans un ravissement à ne pouvoir en revenir. Elle a fait éclater ensuite une disposition toute divine; et ses pieds amoureux sur l'émail d'un tendre gazon traçoient d'aimables caractères qui m'enlevoient hors de moi-même, et m'attachoient par des nœuds invincibles aux doux et justes mouvements dont tout son corps suivoit les mouvements de l'harmonie. Enfin, jamais ame n'a eu de plus puissantes émotions que la mienne; et j'ai pensé plus de vingt fois oublier ma résolution, pour me jeter à ses pieds, et lui faire un aveu sincère de l'ardeur que je sens pour elle.

MORON.

Donnez-vous-en bien de garde, seigneur, si vous m'en voulez croire. Vous avez trouvé la meilleure invention du monde, et je me trompe fort si elle ne vous réussit. Les femmes sont des animaux d'un naturel bizarre; nous les gâtons par nos douceurs; et je crois tout de bon que nous les verrions nous courir, sans tous ces respects et ces soumissions où les hommes les acoquinent.

ARBATE.

Seigneur, voici la princesse qui s'est un peu éloignée de sa suite.

MORON.

Demeurez ferme au moins dans le chemin que vous avez pris. Je m'en vais voir ce qu'elle me dira. Cependant promenez-vous ici dans ces petites routes, sans faire aucun semblant d'avoir envie de la joindre; et, si vous l'abordez, demeurez avec elle le moins qu'il vous sera possible.

SCÈNE III.

LA PRINCESSE, MORON.

LA PRINCESSE.

Tu as donc familiarité, Moron, avec le prince d'Ithaque?

MORON.

Ah, madame! il y a long-temps que nous nous connoissons.

LA PRINCESSE.

D'où vient qu'il n'est pas venu jusqu'ici, et qu'il a pris cette autre route quand il m'a vue?

MORON.

C'est un homme bizarre, qui ne se plaît qu'à entretenir ses pensées.

LA PRINCESSE.

Étois-tu tantôt au compliment qu'il m'a fait?

ACTE III, SCÈNE III.

MORON.

Oui, madame, j'y étois; et je l'ai trouvé un peu impertinent, n'en déplaise à sa principauté.

LA PRINCESSE.

Pour moi, je le confesse, Moron, cette fuite m'a choquée, et j'ai toutes les envies du monde de l'engager, pour rabattre un peu son orgueil.

MORON.

Ma foi, madame, vous ne feriez pas mal; il le mériteroit bien; mais, à vous dire vrai, je doute fort que vous y puissiez réussir.

LA PRINCESSE.

Comment!

MORON.

Comment! c'est le plus orgueilleux petit vilain que vous ayez jamais vu. Il lui semble qu'il n'y a personne au monde qui le mérite, et que la terre n'est pas digne de le porter.

LA PRINCESSE.

Mais encore, ne t'a-t-il point parlé de moi?

MORON.

Lui? non.

LA PRINCESSE.

Il ne t'a rien dit de ma voix et de ma danse?

MORON.

Pas le moindre mot.

LA PRINCESSE.

Certes, ce mépris est choquant; et je ne puis souffrir cette hauteur étrange, de ne rien estimer.

MORON.

Il n'estime et n'aime que lui.

LA PRINCESSE.

Il n'y a rien que je ne fasse pour le soumettre comme il faut.

MORON.

Nous n'avons point de marbre dans nos montagnes qui soit plus dur et plus insensible que lui.

LA PRINCESSE.

Le voilà.

MORON.

Voyez-vous comme il passe sans prendre garde à vous?

LA PRINCESSE.

De grace, Moron, va le faire aviser que je suis ici, et l'oblige à me venir aborder.

SCÈNE IV.

LA PRINCESSE, EURYALE, ARBATE, MORON.

MORON, *allant au devant d'Euryale, et lui parlant bas.*

Seigneur, je vous donne avis que tout va bien. La princesse souhaite que vous l'abordiez; mais songez bien à continuer votre rôle; et, de peur de l'oublier, ne soyez pas long-temps avec elle.

LA PRINCESSE.

Vous êtes bien solitaire, seigneur; et c'est une humeur bien extraordinaire que la vôtre, de renoncer ainsi à notre sexe, et de fuir, à votre âge, cette galanterie dont se piquent tous vos pareils.

EURYALE.

Cette humeur, madame, n'est pas si extraordinaire qu'on n'en trouvât des exemples sans aller loin d'ici; et vous ne sauriez condamner la résolution que j'ai prise de n'aimer jamais rien, sans condamner aussi vos sentiments.

LA PRINCESSE.

Il y a grande différence; et ce qui sied bien à un sexe ne sied pas bien à l'autre. Il est beau qu'une femme soit insensible, et conserve son cœur exempt des flammes de l'amour; mais ce qui est vertu en elle devient un crime dans un homme; et, comme la beauté est le partage de notre sexe, vous ne sauriez ne nous point aimer sans nous dérober les hommages qui nous sont dus, et commettre une offense dont nous devons toutes nous ressentir.

EURYALE.

Je ne vois pas, madame, que celles qui ne veulent point aimer doivent prendre aucun intérêt à ces sortes d'offenses.

LA PRINCESSE.

Ce n'est pas une raison, seigneur; et, sans vouloir aimer, on est toujours bien aise d'être aimée.

EURYALE.

Pour moi, je ne suis pas de même; et, dans le dessein de ne rien aimer, je serois fâché d'être aimé.

LA PRINCESSE.

Et la raison?

EURYALE.

C'est qu'on a obligation à ceux qui nous aiment, et que je serois fâché d'être ingrat.

LA PRINCESSE.

Si bien donc que, pour fuir l'ingratitude, vous aimeriez qui vous aimeroit.

EURYALE.

Moi, madame? point du tout. Je dis bien que je serois fâché d'être ingrat, mais je me résoudrois plutôt de l'être que d'aimer.

LA PRINCESSE.

Telle personne vous aimeroit peut-être, que votre cœur...

EURYALE

Non, madame, rien n'est capable de toucher mon cœur. Ma liberté est la seule maîtresse à qui je consacre mes vœux; et quand le ciel emploîroit ses soins à composer une beauté parfaite, quand il assembleroit en elle tous les dons les plus merveilleux et du corps et de l'ame, enfin quand il exposeroit à mes yeux un miracle d'esprit, d'adresse et de beauté, et que cette personne m'aimeroit avec toutes les tendresses imaginables, je vous l'avoue franchement, je ne l'aimerois pas.

LA PRINCESSE, *à part.*

A-t-on jamais rien vu de tel!

MORON, *à la princesse.*

Peste soit du petit brutal! J'aurois bien envie de lui bailler un coup de poing.

LA PRINCESSE, *à part.*

Cet orgueil me confond, et j'ai un tel dépit, que je ne me sens pas.

MORON, *bas, au prince.*

Bon! courage, seigneur; voilà qui va le mieux du monde.

EURYALE, *bas, à Moron.*

Ah, Moron! je n'en puis plus, et je me suis fait des efforts étranges.

LA PRINCESSE, *à Euryale.*

C'est avoir une insensibilité bien grande que de parler comme vous faites.

EURYALE.

Le ciel ne m'a pas fait d'une autre humeur. Mais, madame, j'interromps votre promenade, et mon respect doit m'avertir que vous aimez la solitude.

SCÈNE V.

LA PRINCESSE, MORON.

MORON.

Il ne vous en doit rien, madame, en dureté de cœur.

LA PRINCESSE.

Je donnerois volontiers tout ce que j'ai au monde pour avoir l'avantage d'en triompher.

MORON.

Je le crois.

LA PRINCESSE.

Ne pourrois-tu, Moron, me servir dans un tel dessein?

MORON.

Vous savez bien, madame, que je suis tout à votre service.

LA PRINCESSE.

Parle-lui de moi dans tes entretiens, vante-lui adroitement ma personne et les avantages de ma naissance, et tâche d'ébranler ses sentiments par la douceur de quelque espoir. Je te permets de dire tout ce que tu voudras, pour tâcher à me l'engager.

MORON.

Laissez-moi faire.

LA PRINCESSE.

C'est une chose qui me tient au cœur. Je souhaite ardemment qu'il m'aime.

MORON.

Il est bien fait, oui, ce petit pendard-là; il a bon air, bonne physionomie, et je crois qu'il seroit assez le fait d'une jeune princesse.

LA PRINCESSE.

Enfin tu peux tout espérer de moi, si tu trouves moyen d'enflammer pour moi son cœur.

MORON.

Il n'y a rien qui ne se puisse faire. Mais, madame, s'il venoit à vous aimer, que feriez-vous, s'il vous plaît?

LA PRINCESSE.

Ah! ce seroit lors que je prendrois plaisir à triompher pleinement de sa vanité, à punir son mépris par mes froideurs, et à exercer sur lui toutes les cruautés que je pourrois imaginer.

MORON.

Il ne se rendra jamais.

LA PRINCESSE.

Ah, Moron! il faut faire en sorte qu'il se rende.

MORON.

Non, il n'en fera rien. Je le connois; ma peine seroit inutile.

LA PRINCESSE.

Si faut-il pourtant tenter toute chose, et éprouver si son ame est entièrement insensible. Allons, je veux lui parler, et suivre une pensée qui vient de me venir.

FIN DU TROISIÈME ACTE.

TROISIÈME INTERMÈDE.

SCÈNE I.

PHILIS, TIRCIS.

PHILIS.

Viens, Tircis, laissons-les aller, et me dis un peu ton martyre de la façon que tu sais faire. Il y a longtemps que tes yeux me parlent; mais je suis plus aise d'ouïr ta voix.

TIRCIS *chante.*

Tu m'écoutes, hélas! dans ma triste langueur;
Mais je n'en suis pas mieux, ô beauté sans pareille;
    Et je touche ton oreille,
    Sans que je touche ton cœur.

PHILIS.

Va, va, c'est toujours quelque chose que de toucher l'oreille, et le temps amène tout. Chante-moi cependant quelque plainte nouvelle, que tu aies composée pour moi.

SCÈNE II.

MORON, PHILIS, TIRCIS.

MORON.

Ah, ah! je vous y prends, cruelle: vous vous écartez des autres pour ouïr mon rival.

PHILIS.

Oui, je m'écarte pour cela. Je te le dis encore, je me plais avec lui; et l'on écoute volontiers les amants lorsqu'ils se plaignent aussi agréablement qu'il fait. Que ne chantes-tu comme lui? je prendrois plaisir à t'écouter.

MORON.

Si je ne sais chanter, je sais faire autre chose; et quand...

PHILIS.

Tais-toi: je veux l'entendre. Dis, Tircis, ce que tu voudras.

MORON.

Ah! cruelle...

PHILIS.

Silence, dis-je, ou je me mettrai en colère.

TIRCIS *chante*.

Arbres épais, et vous, prés émaillés,
La beauté, dont l'hiver vous avoit dépouillés,
    Par le printemps vous est rendue;
    Vous reprenez tous vos appas,
    Mais mon ame ne reprend pas
    La joie, hélas! que j'ai perdue.

####### MORON.

Morbleu, que n'ai-je de la voix! Ah, nature marâtre! pourquoi ne m'as-tu pas donné de quoi chanter comme à un autre?

####### PHILIS.

En vérité, Tircis, il ne se peut rien de plus agréable, et tu l'emportes sur tous les rivaux que tu as.

####### MORON.

Mais pourquoi est-ce que je ne puis pas chanter? n'ai-je pas un estomac, un gosier, une langue comme un autre? Oui, oui, allons; je veux chanter aussi, et te montrer que l'amour fait faire toutes choses. Voici une chanson que j'ai faite pour toi.

####### PHILIS.

Oui! dis. Je veux bien t'écouter pour la rareté du fait.

####### MORON.

Courage, Moron! Il n'y a qu'à avoir de la hardiesse.
(*Il chante.*)
    Ton extrême rigueur
    S'acharne sur mon cœur.
    Ah, Philis! je trépasse;
    Daigne me secourir!
    En seras-tu plus grasse
    De m'avoir fait mourir?
Vivat Moron!

####### PHILIS.

Voilà qui est le mieux du monde. Mais, Moron, je souhaiterois bien d'avoir la gloire que quelque amant fût mort pour moi. C'est un avantage dont je n'ai pas encore joui, et je trouve que j'aimerois de tout mon cœur une personne qui m'aimeroit assez pour se donner la mort.

MORON.

Tu aimerois une personne qui se tueroit pour toi?

PHILIS.

Oui.

MORON.

Il ne faut que cela pour te plaire?

PHILIS.

Non.

MORON.

Voilà qui est fait. Je veux te montrer que je me sais tuer quand je veux.

TIRCIS *chante*.

Ah! quelle douceur extrême,
De mourir pour ce qu'on aime!

MORON, *à Tircis*.

C'est un plaisir que vous aurez quand vous voudrez.

TIRCIS *chante*.

Courage, Moron, meurs promptement
En généreux amant.

MORON, *à Tircis*.

Je vous prie de vous mêler de vos affaires, et de me laisser tuer à ma fantaisie. Allons, je vais faire honte à tous les amants. (*à Philis*.) Tiens, je ne suis pas homme à faire tant de façons. Vois ce poignard.

Prends bien garde comme je vais me percer le cœur...
Je suis votre serviteur. Quelque niais...

PHILIS.

Allons, Tircis, viens-t'en me redire à l'écho ce que tu m'as chanté.

FIN DU TROISIÈME INTERMÈDE.

ACTE QUATRIÈME.

SCÈNE I.

LA PRINCESSE, EURYALE, MORON.

LA PRINCESSE.

Prince, comme jusqu'ici nous avons fait paroître une conformité de sentiments, et que le ciel a semblé mettre en nous mêmes attachements pour notre liberté, et même aversion pour l'amour, je suis bien aise de vous ouvrir mon cœur, et de vous faire confidence d'un changement dont vous serez surpris. J'ai toujours regardé l'hymen comme une chose affreuse; et j'avois fait serment d'abandonner plutôt la vie que de me résoudre jamais à perdre cette liberté pour qui j'avois des tendresses si grandes; mais enfin un moment a dissipé toutes ces résolutions. Le mérite d'un prince m'a frappé aujourd'hui les yeux, et mon ame tout d'un coup, comme par un miracle, est devenue sensible aux traits de cette passion que j'avois toujours méprisée. J'ai trouvé d'abord des raisons pour autoriser ce changement, et je puis l'appuyer de ma volonté de répondre aux ardentes sollicitations d'un père et aux vœux de tout un état; mais, à vous dire vrai, je suis en peine du jugement que vous ferez de moi, et je voudrois savoir si vous condamnerez ou non le dessein que j'ai de me donner un époux.

EURYALE.

Vous pourriez faire un tel choix, madame, que je l'approuverois sans doute.

LA PRINCESSE.

Qui croyez-vous, à votre avis, que je veuille choisir?

EURYALE.

Si j'étois dans votre cœur, je pourrois vous le dire; mais comme je n'y suis pas, je n'ai garde de vous répondre.

LA PRINCESSE.

Devinez, pour voir, et nommez quelqu'un.

EURYALE.

J'aurois trop peur de me tromper.

LA PRINCESSE.

Mais encore, pour qui souhaiteriez-vous que je me déclarasse?

EURYALE.

Je sais bien, à vous dire vrai, pour qui je le souhaiterois; mais, avant que de m'expliquer, je dois savoir votre pensée.

LA PRINCESSE.

Hé bien, prince, je veux bien vous la découvrir. Je suis sûre que vous allez approuver mon choix; et, pour ne point vous tenir en suspens davantage, le prince de Messène est celui de qui le mérite s'est attiré mes vœux.

EURYALE, *à part.*

Oh, ciel !

LA PRINCESSE, *bas, à Moron.*

Mon invention a réussi, Moron. Le voilà qui se trouble.

MORON, *à la princesse.*

Bon, madame. (*au prince.*) Courage, seigneur. (*à la princesse.*) Il en tient. (*au prince.*) Ne vous défaites pas [1].

LA PRINCESSE, *à Euryale.*

Ne trouvez-vous pas que j'ai raison, et que ce prince a tout le mérite qu'on peut avoir ?

MORON, *bas, au prince.*

Remettez-vous, et songez à répondre.

LA PRINCESSE.

D'où vient, prince, que vous ne dites mot, et semblez interdit ?

EURYALE.

Je le suis, à la vérité ; et j'admire, madame, comme le ciel a pu former deux ames aussi semblables en tout que les nôtres, deux ames en qui l'on ait vu une plus grande conformité de sentiments, qui aient fait éclater dans le même temps une résolution à braver les traits de l'amour, et qui, dans le même moment, aient fait paroître une égale facilité à perdre le nom d'insensibles. Car enfin, madame, puisque votre exemple m'autorise, je ne feindrai point de vous dire que l'amour aujourd'hui s'est rendu maître de mon

---

[1] *Se défaire* pour *être embarrassé, rester interdit.*

cœur, et qu'une des princesses vos cousines, l'aimable et belle Aglante, a renversé d'un coup d'œil tous les projets de ma fierté. Je suis ravi, madame, que, par cette égalité de défaite, nous n'ayons rien à nous reprocher l'un à l'autre; et je ne doute point que, comme je vous loue infiniment de votre choix, vous n'approuviez aussi le mien. Il faut que ce miracle éclate aux yeux de tout le monde, et nous ne devons point différer à nous rendre tous deux contents. Pour moi, madame, je vous sollicite de vos suffrages pour obtenir celle que je souhaite, et vous trouverez bon que j'aille de ce pas en faire la demande au prince votre père.

MORON, *bas, à Euryale.*

Ah, digne! ah, brave cœur!

SCÈNE II.

LA PRINCESSE, MORON.

LA PRINCESSE.

Ah, Moron! je n'en puis plus; et ce coup, que je n'attendois pas, triomphe absolument de toute ma fermeté.

MORON.

Il est vrai que le coup est surprenant, et j'avois cru d'abord que votre stratagème avoit fait son effet.

LA PRINCESSE.

Ah! ce m'est un dépit à me désespérer, qu'une autre ait l'avantage de soumettre ce cœur que je voulois soumettre.

SCÈNE III.

LA PRINCESSE, AGLANTE, MORON.

LA PRINCESSE.

Princesse, j'ai à vous prier d'une chose qu'il faut absolument que vous m'accordiez. Le prince d'Ithaque vous aime, et veut vous demander au prince mon père.

AGLANTE.

Le prince d'Ithaque, madame?

LA PRINCESSE.

Oui. Il vient de m'en assurer lui-même, et m'a demandé mon suffrage pour vous obtenir; mais je vous conjure de rejeter cette proposition, et de ne point prêter l'oreille à tout ce qu'il pourra vous dire.

AGLANTE.

Mais, madame, s'il était vrai que ce prince m'aimât effectivement, pourquoi, n'ayant aucun dessein de vous engager, ne voudriez-vous pas souffrir...

LA PRINCESSE.

Non, Aglante, je vous le demande; faites-moi ce plaisir, je vous prie; et trouvez bon que, n'ayant pu avoir l'avantage de le soumettre, je lui dérobe la joie de vous obtenir.

AGLANTE.

Madame, il faut vous obéir; mais je croirois que la conquête d'un tel cœur ne seroit pas une victoire à dédaigner.

LA PRINCESSE.

Non, non, il n'aura pas la joie de me braver entièrement.

SCÈNE IV.

LA PRINCESSE, ARISTOMÈNE, AGLANTE, MORON.

ARISTOMÈNE.

Madame, je viens à vos pieds rendre grace à l'amour de mes heureux destins, et vous témoigner avec transport le ressentiment où je suis des bontés surprenantes dont vous daignez favoriser le plus soumis de vos captifs.

LA PRINCESSE.

Comment?

ARISTOMÈNE.

Le prince d'Ithaque, madame, vient de m'assurer tout-à-l'heure que votre cœur avoit eu la bonté de s'expliquer en ma faveur sur ce célèbre choix qu'attend toute la Grèce.

LA PRINCESSE.

Il vous a dit qu'il tenoit cela de ma bouche?

ARISTOMÈNE.

Oui, madame.

LA PRINCESSE.

C'est un étourdi : et vous êtes un peu trop crédule, prince, d'ajouter foi si promptement à ce qu'il vous a dit. Une pareille nouvelle méritoit bien, ce me semble, qu'on en doutât un peu de temps; et c'est tout ce que vous pourriez faire de la croire, si je vous l'avois dite moi-même.

ARISTOMÈNE.

Madame, si j'ai été trop prompt à me persuader...

LA PRINCESSE.

De grace, prince, brisons là ce discours, et, si vous voulez m'obliger, souffrez que je puisse jouir de deux moments de solitude.

SCÈNE V.

LA PRINCESSE, AGLANTE, MORON.

LA PRINCESSE.

Ah! qu'en cette aventure le ciel me traite avec une rigueur étrange! Au moins, princesse, souvenez-vous de la prière que je vous ai faite.

AGLANTE.

Je vous l'ai dit déja, madame, il faut vous obéir.

SCÈNE VI.

LA PRINCESSE, MORON.

MORON.

Mais, madame, s'il vous aimoit, vous n'en voudriez point; et cependant vous ne voulez pas qu'il soit à une autre. C'est faire justement comme le chien du jardinier.

LA PRINCESSE.

Non, je ne puis souffrir qu'il soit heureux avec une autre; et, si la chose étoit, je crois que j'en mourrois de déplaisir.

MORON.

Ma foi, madame, avouons la dette : vous voudriez qu'il fût à vous, et dans toutes vos actions il est aisé de voir que vous aimez un peu ce jeune prince.

LA PRINCESSE.

Moi, je l'aime! ô ciel, je l'aime! Avez-vous l'insolence de prononcer ces paroles? Sortez de ma vue, impudent, et ne vous présentez jamais devant moi.

MORON.

Madame...

LA PRINCESSE.

Retirez-vous d'ici, vous dis-je, ou je vous en ferai retirer d'une autre manière.

MORON, *bas, à part.*

Ma foi, son cœur en a sa provision, et...
(*Il rencontre un regard de la princesse qui l'oblige à se retirer.*)

SCÈNE VII.

LA PRINCESSE.

De quelle émotion inconnue sens-je mon cœur atteint? et quelle inquiétude secrète est venue troubler tout d'un coup la tranquillité de mon ame? Ne serait-ce point ce jeune prince? Ah! si cela étoit, je

ACTE IV, SCÈNE VII.

serois personne à me désespérer. Mais il est impossible que cela soit, et je vois bien que je ne puis pas l'aimer. Quoi! je serois capable de cette lâcheté. J'ai vu toute la terre à mes pieds avec la plus grande insensibilité du monde; les respects, les hommages et les soumissions n'ont jamais pu toucher mon ame : et la fierté et le dédain en auroient triomphé! J'ai méprisé tous ceux qui m'ont aimée, et j'aimerois le seul qui me méprise! Non, non, je sais bien que je ne l'aime pas. Il n'y a pas de raison à cela. Mais si ce n'est pas de l'amour que ce que je sens maintenant, qu'est-ce donc que ce peut être? et d'où vient ce poison qui me court par toutes les veines, et ne me laisse point en repos avec moi-même? Sors de mon cœur, qui que tu sois, ennemi qui te caches; attaque-moi visiblement, et deviens à mes yeux la plus affreuse bête de tous nos bois, afin que mon dard et mes flèches me puissent défaire de toi.

FIN DU QUATRIÈME ACTE.

QUATRIÈME INTERMÈDE.

SCÈNE I.

LA PRINCESSE.

O vous, admirables personnes qui, par la douceur de vos chants, avez l'art d'adoucir les plus fâcheuses inquiétudes, approchez-vous d'ici, de grace, et tâchez de charmer avec votre musique le chagrin où je suis.

SCÈNE II.

LA PRINCESSE, CLIMÈNE, PHILIS.

CLIMÈNE, *chante.*
Chère Philis, dis-moi, que crois-tu de l'amour?
PHILIS, *chante.*
Toi-même, qu'en crois-tu, ma compagne fidèle?
CLIMÈNE.
On m'a dit que sa flamme est pire qu'un vautour,
Et qu'on souffre, en aimant, une peine cruelle.
PHILIS.
On m'a dit qu'il n'est pas de passion plus belle,
Et que ne pas aimer, c'est renoncer au jour.
CLIMÈNE.
A qui des deux donnerons-nous victoire?

PHILIS.
Qu'en croirons-nous, ou le mal ou le bien ?
TOUTES DEUX ENSEMBLE.
Aimons, c'est le vrai moyen
De savoir ce qu'on en doit croire.
PHILIS.
Cloris vante partout l'amour et ses ardeurs.
CLIMÈNE.
Amarante pour lui verse en tous lieux des larmes.
PHILIS.
Si de tant de tourments il accable les cœurs,
D'où vient qu'on aime à lui rendre les armes ?
CLIMÈNE.
Si sa flamme, Philis, est si pleine de charmes,
Pourquoi nous défend-on d'en goûter les douceurs ?
PHILIS.
A qui des deux donnerons-nous victoire ?
CLIMÈNE.
Qu'en croirons-nous, ou le mal ou le bien ?
TOUTES DEUX ENSEMBLE.
Aimons, c'est le vrai moyen
De savoir ce qu'on en doit croire.
LA PRINCESSE.

Achevez seules, si vous le voulez. Je ne saurois demeurer en repos; et, quelque douceur qu'aient vos chants, ils ne font que redoubler mon inquiétude.

FIN DU QUATRIÈME INTERMÈDE.

ACTE CINQUIÈME.

SCÈNE I.

IPHITAS, EURYALE, AGLANTE, CYNTHIE, MORON.

MORON, *à Iphitas.*

Oui, seigneur, ce n'est point raillerie; j'en suis ce qu'on appelle disgracié. Il m'a fallu tirer mes chausses au plus vite, et jamais vous n'avez vu un emportement plus brusque que le sien.

IPHITAS, *à Euryale.*

Ah, prince! que je devrai de graces à ce stratagème amoureux, s'il faut qu'il ait trouvé le secret de toucher son cœur?

EURYALE.

Quelque chose, seigneur, que l'on vienne de vous en dire, je n'ose encore, pour moi, me flatter de ce doux espoir : mais enfin, si ce n'est pas à moi trop de témérité que d'oser aspirer à l'honneur de votre alliance, si ma personne et mes états...

IPHITAS.

Prince, n'entrons point dans ces complimens. Je trouve en vous de quoi remplir tous les souhaits d'un père; et, si vous avez le cœur de ma fille, il ne vous manque rien.

SCÈNE II.

LA PRINCESSE, IPHITAS, EURYALE, AGLANTE, CYNTHIE, MORON.

LA PRINCESSE.

O ciel! que vois-je ici?

IPHITAS, *à Euryale.*

Oui, l'honneur de votre alliance m'est d'un prix très considérable, et je souscris aisément de tous mes suffrages à la demande que vous me faites.

LA PRINCESSE, *à Iphitas.*

Seigneur, je me jette à vos pieds pour vous demander une grace. Vous m'avez toujours témoigné une tendresse extrême, et je crois vous devoir bien plus par les bontés que vous m'avez fait voir que par le jour que vous m'avez donné. Mais, si jamais vous avez eu de l'amitié pour moi, je vous en demande la plus sensible preuve que vous me puissiez accorder; c'est de n'écouter point, seigneur, la demande de ce prince, et de ne pas souffrir que la princesse Aglante soit unie avec lui.

IPHITAS.

Et par quelle raison, ma fille, voudrois-tu t'opposer à cette union?

LA PRINCESSE.

Par la raison que je hais ce prince, et que je veux, si je puis, traverser ses desseins.

IPHITAS.

Tu le hais, ma fille!

LA PRINCESSE.

Oui, et de tout mon cœur, je vous l'avoue.

IPHITAS.

Et que t'a-t-il fait?

LA PRINCESSE.

Il m'a méprisée.

IPHITAS.

Et comment?

LA PRINCESSE.

Il ne m'a pas trouvée assez bien faite pour m'adresser ses vœux.

IPHITAS.

Et quelle offense te fait cela? tu ne veux accepter personne.

LA PRINCESSE.

N'importe : il me devoit aimer comme les autres, et me laisser au moins la gloire de le refuser. Sa déclaration me fait un affront; et ce m'est une honte sensible qu'à mes yeux, et au milieu de votre cour, il ait recherché une autre que moi.

IPHITAS.

Mais quel intérêt dois-tu prendre à lui?

LA PRINCESSE.

J'en prends, seigneur, à me venger de son mépris; et comme je sais bien qu'il aime Aglante avec beaucoup d'ardeur, je veux empêcher, s'il vous plaît, qu'il ne soit heureux avec elle.

IPHITAS.

Cela te tient donc bien au cœur?

ACTE V, SCÈNE II.

LA PRINCESSE.

Oui, seigneur, sans doute; et, s'il obtient ce qu'il demande, vous me verrez expirer à vos yeux.

IPHITAS.

Va, va, ma fille, avoue franchement la chose : le mérite de ce prince t'a fait ouvrir les yeux, et tu l'aimes enfin, quoi que tu puisses dire.

LA PRINCESSE.

Moi, seigneur?

IPHITAS.

Oui, tu l'aimes.

LA PRINCESSE.

Je l'aime, dites-vous, et vous m'imputez cette lâcheté! O ciel, quelle est mon infortune! Puis-je bien, sans mourir, entendre ces paroles? et faut-il que je sois si malheureuse qu'on me soupçonne de l'aimer? Ah! si c'étoit un autre que vous, seigneur, qui me tînt ce discours, je ne sais pas ce que je ne ferois point.

IPHITAS.

Hé bien, oui, tu ne l'aimes pas: tu le hais, j'y consens, et je veux bien, pour te contenter, qu'il n'épouse pas la princesse Aglante.

LA PRINCESSE.

Ah, seigneur! vous me donnez la vie.

IPHITAS.

Mais, afin d'empêcher qu'il ne puisse être jamais à elle, il faut que tu le prennes pour toi.

LA PRINCESSE.

Vous vous moquez, seigneur, et ce n'est pas ce qu'il demande.

EURYALE.

Pardonnez-moi, madame, je suis assez téméraire pour cela, et je prends à témoin le prince votre père si ce n'est pas vous que j'ai demandée. C'est trop vous tenir dans l'erreur, il faut lever le masque; et, dussiez-vous vous en prévaloir contre moi, découvrir à vos yeux les véritables sentiments de mon cœur. Je n'ai jamais aimé que vous, et jamais je n'aimerai que vous. C'est vous, madame, qui m'avez enlevé cette qualité d'insensible que j'avois toujours affectée; et tout ce que j'ai pu vous dire n'a été qu'une feinte qu'un mouvement secret m'a inspirée, et que je n'ai suivie qu'avec toutes les violences imaginables. Il falloit qu'elle cessât bientôt sans doute; et je m'étonne seulement qu'elle ait pu durer la moitié d'un jour: car enfin je mourois, je brûlois dans l'ame, quand je vous déguisois mes sentiments, et jamais cœur n'a souffert une contrainte égale à la mienne. Que si cette feinte, madame, a quelque chose qui vous offense, je suis tout prêt à mourir pour vous en venger; vous n'avez qu'à parler, et ma main sur-le-champ fera gloire d'exécuter l'arrêt que vous prononcerez.

LA PRINCESSE.

Non, non, prince, je ne vous sais point mauvais gré de m'avoir abusée, et tout ce que vous m'avez dit, je l'aime bien mieux une feinte, que non pas une vérité.

IPHITAS.

Si bien donc, ma fille, que tu veux bien accepter ce prince pour époux?

LA PRINCESSE.

Seigneur, je ne sais pas encore ce que je veux. Donnez-moi le temps d'y songer, je vous prie, et m'épargnez un peu la confusion où je suis.

IPHITAS.

Vous jugez, prince, ce que cela veut dire; et vous vous pouvez fonder là-dessus.

EURYALE.

Je l'attendrai tant qu'il vous plaira, madame, cet arrrêt de ma destinée; et, s'il me condamne à la mort, je le suivrai sans murmure.

IPHITAS.

Viens, Moron. C'est ici un jour de paix, et je te remets en grace avec la princesse.

MORON.

Seigneur, je serai meilleur courtisan une autre fois, et je me garderai bien de dire ce que je pense.

SCÈNE III.

ARISTOMÈNE, THÉOCLE, IPHITAS, LA PRINCESSE, EURYALE, AGLANTE, CYNTHIE, MORON.

IPHITAS, *aux princes de Messène et de Pyle.*

Je crains bien, princes, que le choix de ma fille ne soit pas en votre faveur, mais voilà deux princesses qui peuvent bien vous consoler de ce petit malheur.

ARISTOMÈNE.

Seigneur, nous savons prendre notre parti; et si

ces aimables princesses n'ont point trop de mépris pour des cœurs qu'on a rebutés, nous pouvons revenir par elles à l'honneur de votre alliance.

SCÈNE IV.

IPHITAS, LA PRINCESSE, AGLANTE, CYNTHIE, PHILIS, EURYALE, ARISTOMÈNE, THÉOCLE, MORON.

PHILIS, *à Iphitas.*

Seigneur, la déesse Vénus vient d'annoncer partout le changement du cœur de la princesse. Tous les pasteurs et toutes les bergères en témoignent leur joie par des danses et des chansons; et si ce n'est point un spectacle que vous méprisiez, vous allez voir l'allégresse publique se répandre jusqu'ici.

FIN DU CINQUIÈME ACTE.

CINQUIÈME INTERMÈDE.

BERGERS ET BERGÈRES.

QUATRE BERGERS ET DEUX BERGÈRES HÉROÏQUES *chantent la chanson suivante, sur l'air de laquelle dansent d'autres bergers et bergères.*

Usez mieux, ô beautés fières,
Du pouvoir de tout charmer :
Aimez, aimables bergères ;
Nos cœurs sont faits pour aimer.
Quelque fort qu'on s'en défende,
Il y faut venir un jour ;
Il n'est rien qui ne se rende
Aux doux charmes de l'amour.

Songez de bonne heure à suivre
Le plaisir de s'enflammer ;
Un cœur ne commence à vivre
Que du jour qu'il sait aimer.
Quelque fort qu'on s'en défende,
Il y faut venir un jour ;
Il n'est rien qui ne se rende
Aux doux charmes de l'amour.

FIN DE LA PRINCESSE D'ÉLIDE.

LES PLAISIRS

DE

L'ILE ENCHANTÉE.

Course de bague; collation ornée de machines; comédie de Molière intitulée *la Princesse d'Élide*, mêlée de danse et de musique; ballet du palais d'Alcine; feu d'artifice, et autres fêtes galantes et magnifiques, faites par le roi à Versailles, le 7 mai 1664, et continuées plusieurs autres jours.

LES PLAISIRS

DE

L'ILE ENCHANTÉE[1].

Le roi, voulant donner aux reines et à toute sa cour le plaisir de quelques fêtes peu communes, dans un lieu orné de tous les agréments qui peuvent faire admirer une maison de campagne, choisit Versailles, à quatre lieues de Paris. C'est un château qu'on peut nommer un palais enchanté, tant les ajustements de l'art ont bien secondé les soins que la nature a pris pour le rendre parfait. Il charme de toutes manières; tout y rit dehors et dedans; l'or et le marbre y disputent de beauté et d'éclat; et, quoiqu'il n'y ait pas cette grande étendue qui se remarque en quelques autres palais de sa majesté, toutes choses y sont si polies, si bien entendues et si bien achevées, que rien ne peut les égaler. Sa symétrie, la richesse de ses meubles, la beauté de ses promenades, et le nombre infini de ses fleurs, comme de ses orangers, rendent les environs de ce lieu dignes de sa rareté singulière. La diversité des bêtes contenues dans les deux parcs

---

[1] Cette relation n'est pas de Molière: elle fut faite pour transmettre à la postérité la magnificence de Louis XIV. Elle est précieuse, dit M. Petitot, en ce qu'elle contient les véritables motifs qui firent suspendre le *Tartufe*.

et dans la ménagerie, où plusieurs cours en étoile sont accompagnées de viviers pour les animaux aquatiques, avec de grands bâtiments, joignent le plaisir avec la magnificence, et en font une maison accomplie.

PREMIÈRE JOURNÉE.

Ce fut en ce beau lieu, où toute la cour se rendit le cinquième de mai, que le roi traita plus de six cents personnes, jusqu'au quatorzième, outre une infinité de gens nécessaires à la danse et à la comédie, et d'artisans de toutes sortes, venus de Paris; si bien que cela paroissoit une petite armée.

Le ciel même sembla favoriser les desseins de sa majesté, puisqu'en une saison presque toujours pluvieuse on en fut quitte pour un peu de vent, qui sembla n'avoir augmenté qu'afin de faire voir que la prévoyance et la puissance du roi étoient à l'épreuve des plus grandes incommodités. De hautes toiles, des bâtiments de bois faits presque en un instant, et un nombre prodigieux de flambeaux de cire blanche, pour suppléer à plus de quatre mille bougies chaque journée, résistèrent à ce vent qui, partout ailleurs, eût rendu ces divertissements comme impossibles à achever.

M. de Vigarani, gentilhomme modénois, fort savant en toutes ces choses, inventa et proposa celles-ci; et le roi commanda au duc de Saint-Aignan, qui se trouva lors en fonction de premier gentilhomme de sa chambre, et qui avoit déja donné plusieurs sujets de ballets fort agréables, de faire un dessin où elles fussent toutes comprises avec liaison et avec ordre, de sorte qu'elles ne pouvoient manquer de bien réussir.

Il prit pour sujet le Palais d'Alcine, qui donna lieu au titre des *Plaisirs de l'Ile enchantée*, puisque, selon l'Arioste, le brave Roger et plusieurs autres bons chevaliers y furent retenus par les doubles charmes de la beauté, quoique empruntée, et du savoir de cette magicienne, et en furent délivrés, après beaucoup de temps consommé dans les délices, par la bague qui détruisoit les enchantements. C'étoit celle d'Angélique, que Mélisse, sous la forme du vieux Atlas, mit enfin au doigt de Roger.

On fit donc en peu de jours orner un rond, où quatre grandes allées aboutissoient entre de hautes palissades, de quatre portiques de trente-cinq pieds d'élévation et de vingt-deux en carré d'ouverture, et de plusieurs festons enrichis d'or et de diverses peintures, avec les armes de sa majesté.

Toute la cour s'y étant placée, le septième, il entra dans la place, sur les six heures du soir, un héraut d'armes représenté par M. des Bardins, vêtu d'un habit à l'antique, couleur de feu, en broderie d'argent, et fort bien monté.

Il étoit suivi de trois pages. Celui du roi (M. d'Artagnan) marchoit à la tête des deux autres, fort richement habillé de couleur de feu, livrée de sa majesté, portant sa lance et son écu, dans lequel brilloit un soleil de pierreries, avec ces mots :

Nec cesso, nec erro [1].

[1] Je ne me repose, ni ne m'égare.

faisant allusion à l'attachement de sa majesté aux affaires de son état, et à la manière avec laquelle il agit; ce qui étoit encore représenté par ces quatre vers du président de Périgny, auteur de la même devise :

« Ce n'est pas sans raison que la terre et les cieux
« Ont tant d'étonnement pour un objet si rare,
« Qui, dans son cours pénible autant que glorieux,
« Jamais ne se repose, et jamais ne s'égare. »

Les deux autres pages étoient aux ducs de Saint-Aignan et de Noailles; le premier, maréchal de camp, et l'autre, juge des courses.

Celui du duc de Saint-Aignan portoit l'écu de sa devise, et étoit habillé de sa livrée de toile d'argent enrichie d'or, avec des plumes incarnates et noires, et les rubans de même. Sa devise étoit un timbre d'horloge, avec ces mots :

De mis golpes, mi ruido [1].

Le page du duc de Noailles étoit vêtu de couleur de feu, argent et noir, et le reste de la livrée semblable. La devise qu'il portoit dans son écu étoit un aigle, avec ces mots :

Fidelis et audax [2].

---

[1] Le bruit est produit par mes coups.
[2] Fidèle et hardi.

Quatre trompettes et deux timballiers marchoient après ces pages, habillés de satin couleur de feu et argent, leurs plumes de la même livrée, et les caparaçons de leurs chevaux couverts d'une pareille broderie, avec des soleils d'or fort éclatants aux banderoles des trompettes et aux couvertures des timballes.

Le duc de Saint-Aignan, maréchal de camp, marchoit après eux, armé à la grecque, d'une cuirasse de toile d'argent, couverte de petites écailles d'or, aussi bien que son bas de saie, et son casque étoit orné d'un dragon et d'un grand nombre de plumes blanches, mêlées d'incarnat et de noir. Il montoit un cheval blanc, bardé de même, et représentoit Guidon le sauvage.

Pour le duc DE SAINT-AIGNAN, *représentant Guidon le sauvage.*

Les combats que j'ai faits en l'Ile dangereuse,
Quand de tant de guerriers je demeurai vainqueur,
    Suivis d'une épreuve amoureuse,
Ont signalé ma force aussi bien que mon cœur.
      La vigueur qui fait mon estime,
   Soit qu'elle embrasse un parti légitime,
    Ou qu'elle vienne à s'échapper,
Fait dire pour ma gloire, aux deux bouts de la terre,
    Qu'on n'en voit point en toute guerre,
     Ni plus souvent, ni mieux frapper.

POUR LE MÊME.

Seul contre dix guerriers, seul contre dix pucelles,
C'est avoir sur les bras deux étranges querelles.
Qui sort à son honneur de ce double combat,
Doit être, ce me semble, un terrible soldat.

Huit trompettes et deux timballiers, vêtus comme les premiers, marchoient après le maréchal de camp.

Le roi, représentant Roger, les suivoit, montant un des plus beaux chevaux du monde, dont le harnois, couleur de feu, éclatoit d'or, d'argent et de pierreries.

Sa majesté étoit armée à la façon des Grecs, comme tous ceux de sa quadrille, et portoit une cuirasse de lames d'argent, couverte d'une riche broderie d'or et de diamants. Son port et toute son action étoient dignes de son rang; son casque, tout couvert de plumes couleur de feu, avoit une grace incomparable; et jamais un air plus libre ni plus guerrier n'a mis un mortel au dessus des autres hommes.

Pour LE ROI, *représentant Roger.*

Quelle taille, quel port a ce fier conquérant!
Sa personne éblouit quiconque l'examine;
Et quoique par son poste il soit déja si grand,
Quelque chose de plus éclate dans sa mine.

Son front, de ses destins est l'auguste garant,
Par delà ses aïeux sa vertu l'achemine;
Il fait qu'on les oublie; et, de l'air qu'il s'y prend,
Bien loin derrière lui laisse son origine.

De ce cœur généreux c'est l'ordinaire emploi
D'agir plus volontiers pour autrui que pour soi;
Là principalement sa force est occupée:

Il efface l'éclat des héros anciens,
N'a que l'honneur en vue, et ne tire l'épée
Que pour des intérêts qui ne sont pas les siens.

Le duc de Noailles, juge du camp, sous le nom d'Oger le Danois, marchoit après le roi, portant la couleur de feu et le noir sous une riche broderie d'argent; et ses plumes, aussi bien que tout le reste de son équipage, étoient de cette même livrée.

Pour le duc DE NOAILLES, *juge du camp, représentant Oger le Danois.*

Ce paladin s'applique à cette seule affaire,
De servir dignement le plus puissant des rois.
Comme, pour bien juger, il faut savoir bien faire.
Je doute que personne appelle de sa voix.

Le duc de Guise et le comte d'Armagnac marchoient ensemble après lui. Le premier, portant le nom d'Aquilant le noir, avoit un habit de cette couleur en broderie d'or et de jais ; ses plumes, son cheval et sa lance assortissoient à sa livrée : et l'autre, représentant Griffon le blanc, portoit sur un habit de toile d'argent plusieurs rubis, et montoit un cheval blanc bardé de la même couleur.

Pour le duc DE GUISE, *représentant Aquilant le noir.*

La nuit a ses beautés de même que le jour.
Le noir est ma couleur, je l'ai toujours aimée,
Et si l'obscurité convient à mon amour,
Elle ne s'étend pas jusqu'à ma renommée.

Pour le comte D'ARMAGNAC, *représentant Griffon le blanc.*

Voyez quelle candeur en moi le ciel a mis !
Aussi nulle beauté ne s'en verra trompée ;
Et quand il sera temps d'aller aux ennemis,
C'est où je me ferai tout blanc de mon épée.

Les ducs de Foix et de Coaslin, qui paroissoient ensuite, étoient vêtus, l'un d'incarnat avec or et argent, et l'autre de vert, blanc et argent. Toute leur livrée et leurs chevaux étoient dignes du reste de leur équipage.

Pour le duc DE FOIX, *représentant Renaud.*

Il porte un nom célèbre, il est jeune, il est sage :
A vous dire le vrai, c'est pour aller bien haut ;

Et c'est un grand bonheur que d'avoir, à son âge,
La chaleur nécessaire, et le flegme qu'il faut.

Pour le duc DE COASLIN, *représentant Dudon.*

Trop avant dans la gloire on ne peut s'engager.
J'aurai vaincu sept rois, et, par mon grand courage,
Les verrai tous soumis au pouvoir de Roger,
Que je ne serai pas content de mon ouvrage.

Après eux marchoient le comte de Lude et le prince de Marsillac : le premier vêtu d'incarnat et blanc, et l'autre de jaune, blanc et noir, enrichis de broderies d'argent ; leur livrée de même, et fort bien montés.

Pour le comte DE LUDE, *représentant Astolphe.*

De tous les paladins qui sont dans l'univers,
Aucun n'a pour l'amour l'ame plus échauffée ;
Entreprenant toujours mille projets divers,
Et toujours enchanté par quelque jeune fée.

Pour le prince DE MARSILLAC, *représentant Brandimart.*

Mes vœux seront contents, mes souhaits accomplis,
Et ma bonne fortune à son comble arrivée,
Quand vous saurez mon zèle, aimable fleur de lis,
Au milieu de mon cœur profondément gravée.

Les marquis de Villequier et de Soyecourt marchoient ensuite. L'un portoit le bleu et argent, et l'autre le bleu, blanc et noir, avec or et argent; leurs plumes et les harnois de leurs chevaux étoient de la même couleur et d'une pareille richesse.

Pour le marquis DE VILLEQUIER, *représentant Richardet.*

Personne, comme moi, n'est sorti galamment
D'une intrigue où, sans doute, il falloit quelque adresse;
Personne, à mon avis, plus agréablement
N'est demeuré fidèle en trompant sa maîtresse.

Pour le marquis DE SOYECOURT[1], *représentant Olivier.*

Voici l'honneur du siècle, auprès de qui nous sommes,
Et même les géants, de médiocres hommes;
Et ce franc chevalier, à tout venant tout prêt,
Toujours pour quelque joute a la lance en arrêt.

Les marquis d'Humières et de La Vallière les suivoient : le premier, portant la couleur de chair et argent, l'autre le gris de lin, blanc et argent; toute leur livrée étant la plus riche et la mieux assortie du monde.

---

[1] Le même qui servit à Molière d'original pour sa scène du chasseur dans *les Fâcheux*.

Pour le marquis d'humières, *représentant Ariodan.*

Je tremble dans l'accès de l'amoureuse fièvre :
Ailleurs, sans vanité, je ne tremblai jamais ;
Et ce charmant objet, l'adorable Genèvre,
Est l'unique vainqueur à qui je me soumets.

Pour le marquis de la vallière, *représentant Zerbin.*

Quelques beaux sentiments que la gloire nous donne,
Quand on est amoureux au souverain degré,
Mourir entre les bras d'une belle personne,
Est de toutes les morts la plus douce à mon gré.

M. le duc marchoit seul, portant pour sa livrée la couleur de feu, blanc et argent. Un grand nombre de diamants étoient attachés sur la magnifique broderie dont sa cuirasse et son bas de saie étoient couverts, le casque et le harnois de son cheval en étant aussi enrichis

Pour monsieur le duc, *représentant Roland.*

Roland fera bien loin son grand nom retentir ;
La gloire deviendra sa fidèle compagne.
Il est sorti d'un sang qui brûle de sortir
Quand il est question de se mettre en campagne ;
  Et pour ne vous en point mentir,
  C'est le pur sang de Charlemagne [1].

---

[1] Ces vers, et tous ceux qui précèdent, sont de Benserade, à l'exception du premier quatrain, dont on ne connoît pas le véritable auteur.

Un char de dix-huit pieds de haut, de vingt-quatre de long et de quinze de large, paroissoit ensuite, éclatant d'or et de diverses couleurs. Il représentoit celui d'Apollon, en l'honneur duquel se célébroient autrefois les jeux Pythiens, que ces chevaliers s'étoient proposé d'imiter en leurs courses et en leur équipage. Cette divinité brillante de lumière étoit assise au plus haut du char, ayant à ses pieds les quatre Ages ou Siècles, distingués par de riches habits et par ce qu'ils portoient à la main.

Le Siècle d'or, orné de ce précieux métal, étoit encore paré de diverses fleurs, qui faisoient un des principaux ornements de cet heureux âge. Ceux d'argent et d'airain avoient aussi leurs marques particulières; et celui de fer étoit représenté par un guerrier d'un regard terrible, portant d'une main l'épée, et de l'autre le bouclier.

Plusieurs autres grandes figures de relief paroient les côtés du char magnifique. Les monstres célestes, le serpent Python, Daphné, Hyacinthe, et les autres figures qui conviennent à Apollon avec un Atlas portant le globe du monde, y étoient aussi relevés d'une agréable sculpture. Le Temps, représenté par le sieur Millet [1], avec sa faux, ses ailes, et cette vieillesse décrépite dont on le peint toujours accablé, en étoit le conducteur. Quatre chevaux d'une taille et d'une beauté peu communes, couverts de grandes housses

[1] Cocher de Louis XIV.

semées de soleils d'or et attelés de front, tiroient cette machine.

Les douze Heures du jour et les douze Signes du Zodiaque, habillés fort superbement, comme les poëtes les dépeignent, marchoient en deux files aux deux côtés de ce char.

Tous les pages des chevaliers les suivoient deux à deux après celui de monsieur le duc, fort proprement vêtus de leurs livrées, avec quantité de plumes, portant les lances de leurs maîtres et les écus de leurs devises.

Le duc de Guise, représentant Aquilant le noir, ayant pour devise un lion qui dort, avec ces mots :

Et quiescente pavescunt[1].

Le comte d'Armagnac, représentant Griffon le blanc, ayant pour devise une hermine, avec ces mots :

Ex candore decus[2].

Le duc de Foix, représentant Renaud, ayant pour devise un vaisseau dans la mer, avec ces mots :

Longe levis aura feret[3].

Le duc de Coaslin, représentant Dudon, ayant

---

[1] Ils tremblent même quand il sommeille.
[2] Sa blancheur fait sa beauté.
[3] Le moindre souffle des vents le poussera bien.

pour devise un soleil, et l'héliotrope ou tournesol, avec ces mots :

Splendor ab obsequio[1].

Le comte du Lude, représentant Astolphe, ayant pour devise un chiffre en forme de nœud, avec ces mots :

Non sia mai sciolto[2].

Le prince de Marsillac, représentant Brandimart, ayant pour devise une montre en relief dont on voit tous les ressorts, avec ces mots :

Quieto fuor, commoto dentro[3].

Le marquis de Villequier, représentant Richardet, ayant pour devise un aigle qui plane devant le soleil, avec ces mots :

Uni militat astro[4].

Le marquis de Soyecourt, représentant Olivier, ayant pour devise la massue d'Hercule, avec ces mots :

Vix æquat fama labores[5].

---

[1] « Il brille parce qu'il obéit. »
[2] « Il ne sera jamais rompu. »
[3] « Tranquille au dehors, agité au dedans. »
[4] « Il combat pour un seul astre. »
[5] « Sa renommée égale à peine ses travaux. »

Le marquis d'Humières, représentant Ariodant, ayant pour devise toutes sortes de couronnes, avec ces mots :

No quiero menos [1].

Le marquis de La Vallière, représentant Zerbin, ayant pour devise un phénix sur un bûcher allumé par le soleil, avec ces mots :

Hoc juvat uri [2].

Monsieur le duc, représentant Roland, ayant pour devise un dard entortillé de lauriers, avec ces mots :

Certo ferit [3].

Vingt pasteurs, chargés des diverses pièces de la barrière qui devoit être dressée pour la course de bague, formoient la dernière troupe qui entra dans la lice. Ils portoient des vestes couleur de feu, enrichies d'argent, et des coiffures de même.

Aussitôt que ces troupes furent entrées dans le camp, elles en firent le tour, et, après avoir salué les reines, elles se séparèrent et prirent chacune leur poste. Les pages de la tête, les trompettes et les timbaliers, se croisant, s'allèrent poster sur les ailes.

Le roi, s'avançant au milieu, prit sa place vis-à-vis du haut dais; monsieur le duc proche de sa majesté;

---

[1] « Je ne prétends pas moins. »
[2] « Heureux celui que ses feux embrasent. »
[3] « Il porte des coups sûrs. »

les ducs de Saint-Aignan et de Noailles à droite et à gauche; les dix chevaliers en haie aux deux côtés du char; leurs pages au même ordre, derrière eux; les Signes et les Heures, comme ils étoient entrés.

Lorsqu'on eut fait halte en cet état, un profond silence, causé tout ensemble par l'attention et par le respect, donna le moyen à mademoiselle de Brie, qui représentoit le Siècle d'airain, de commencer ces vers à la louange de la reine[1], adressés à Apollon, représenté par le sieur La Grange :

LE SIÈCLE D'AIRAIN, *à Apollon.*
Brillant père du jour, toi de qui la puissance,
Par ses divers aspects, nous donna la naissance;
Toi, l'espoir de la terre et l'ornement des cieux;
Toi, le plus nécessaire et le plus beau des dieux;
Toi dont l'activité, dont la bonté suprême
Se fait voir et sentir en tous lieux par soi-même:
Dis-nous par quel destin, ou par quel nouveau choix,
Tu célèbres tes jeux aux rivages françois?

APOLLON.
Si ces lieux fortunés ont tout ce qu'eut la Grèce
De gloire, de valeur, de mérite et d'adresse,
Ce n'est pas sans raison qu'on y voit transférés
Ces jeux qu'à mon honneur la terre a consacrés.
J'ai toujours pris plaisir à verser sur la France
De mes plus doux rayons la bénigne influence;
Mais le charmant objet qu'Hymen y fait régner

[1] Ces vers, ainsi que les suivants pour Diane, Pan, et les quatre Saisons, sont de la composition du président de Périgny.

Pour elle maintenant me fait tout dédaigner.
Depuis un si long temps que, pour le bien du monde,
Je fais l'immense tour de la terre et de l'onde,
Jamais je n'ai rien vu si digne de mes feux,
Jamais un sang si noble, un cœur si généreux,
Jamais tant de lumière avec tant d'innocence,
Jamais tant de jeunesse avec tant de prudence,
Jamais tant de grandeur avec tant de bonté,
Jamais tant de sagesse avec tant de beauté.

Mille climats divers qu'on vit sous la puissance
De tous les demi-dieux dont elle prit naissance,
Cédant à son mérite autant qu'à leur devoir,
Se trouveront un jour unis sous son pouvoir.

Ce qu'eurent de grandeurs et la France et l'Espagne,
Les droits de Charles-Quint, les droits de Charlemagne,
En elle avec leur sang heureusement transmis,
Rendront tout l'univers à son trône soumis.
Mais un titre plus grand, un plus noble partage,
Qui l'élève plus haut, qui lui plaît davantage,
Un nom qui tient en soi les plus grands noms unis,
C'est le nom glorieux d'épouse de Louis.

LE SIÈCLE D'ARGENT.

Quel destin fait briller, avec tant d'injustice,
Dans le siècle de fer, un astre si propice?

LE SIÈCLE D'OR.

Ah! ne murmure point contre l'ordre des dieux.
Loin de s'enorgueillir d'un don si précieux,
Ce siècle, qui du ciel a mérité la haine,

En devroit augurer sa ruine prochaine,
Et voir qu'une vertu qu'il ne peut suborner
Vient moins pour l'ennoblir que pour l'exterminer.

Sitôt qu'elle paroît dans cette heureuse terre,
Vois comme elle en bannit les fureurs de la guerre;
Comme, depuis ce jour, d'infatigables mains
Travaillent sans relâche au bonheur des humains;
Par quels secrets ressorts un héros se prépare
A chasser les horreurs d'un siècle si barbare,
Et me faire revivre avec tous les plaisirs
Qui peuvent contenter les innocents désirs.

LE SIÈCLE DE FER.

Je sais quels ennemis ont entrepris ma perte;
Leurs desseins sont connus, leur trame est découverte :
Mais mon cœur n'en est pas à tel point abattu...

APOLLON.

Contre tant de grandeur, contre tant de vertu,
Tous les monstres d'enfer, unis pour ta défense,
Ne feroient qu'une foible et vaine résistance.
L'univers, opprimé de ton joug rigoureux,
Va goûter, par ta fuite, un destin plus heureux.
Il est temps de céder à la loi souveraine
Que t'imposent les vœux de cette auguste reine :
Il est temps de céder aux travaux glorieux
D'un roi favorisé de la terre et des cieux.
Mais ici trop long-temps ce différent m'arrête;
A de plus doux combats cette lice s'apprête :
Allons la faire ouvrir, et ployons des lauriers
Pour couronner le front de nos fameux guerriers.

Tous ces récits achevés, la course de bague commença, en laquelle, après que le roi eut fait admirer l'adresse et la grace qu'il a en cet exercice, comme en tous les autres, et après plusieurs belles courses de tous les chevaliers, le duc de Guise, les marquis de Soyecourt et de La Vallière demeurèrent à la dispute, dont ce dernier emporta le prix, qui fut une épée d'or enrichie de diamants, avec des boucles de baudrier de grande valeur, que donna la reine-mère, et dont elle l'honora de sa main.

La nuit vint cependant à la fin des courses, par la justesse qu'on avoit eue à les commencer; et, un nombre infini de lumières ayant éclairé tout ce beau lieu, l'on vit entrer dans la même place trente-quatre concertants fort bien vêtus, qui devoient précéder les Saisons, et faisoient le plus agréable concert du monde.

Pendant que les Saisons se chargeoient de mets délicieux qu'elles devoient porter, pour servir devant leurs majestés la magnifique collation qui étoit préparée, les douze Signes du Zodiaque et les quatre Saisons dansèrent dans le rond une des plus belles entrées de ballet qu'on eût encore vues.

Le Printemps, représenté par mademoiselle du Parc, parut ensuite sur un cheval d'Espagne; avec le sexe et les avantages d'une femme, elle faisoit voir l'adresse d'un homme. Son habit étoit vert, en broderie d'argent et en fleurs au naturel.

L'Été le suivoit, représenté par le sieur du Parc, sur un éléphant couvert d'une riche housse.

L'Automne, aussi avantageusement vêtu, représenté par le sieur de La Thorillière, venoit après, monté sur un chameau.

L'Hiver, représenté par le sieur Béjart, suivoit sur un ours.

Leur suite étoit composée de quarante-huit personnes qui portoient sur leurs têtes de grands bassins pour la collation.

Les douze premiers, couverts de fleurs, portoient, comme des jardiniers, des corbeilles peintes de vert et d'argent, garnies d'un grand nombre de porcelaines, si remplies de confitures et d'autres choses délicieuses de la saison, qu'ils étoient courbés sous cet agréable faix.

Douze autres, comme moissonneurs, vêtus d'habits conformes à cette profession, mais fort riches, portoient des bassins de cette couleur incarnate qu'on remarque au soleil levant, et suivoient l'Été.

Douze, vêtus en vendangeurs, étoient couverts de feuilles de vigne et de grappes de raisin, et portoient dans des paniers feuille-morte, remplis de petits bassins de cette même couleur, divers autres fruits et confitures, à la suite de l'Automne.

Les douze derniers étoient des vieillards gelés, dont les fourrures et la démarche marquoient la froidure et la foiblesse, portant dans des bassins, couverts d'une glace et d'une neige si bien contrefaites qu'on les eût prises pour la chose même, ce qu'ils devoient contribuer à la collation, et suivoient l'Hiver.

Quatorze concertants de Pan et de Diane précédoient ces deux divinités, avec une agréable harmonie de flûtes et de musettes.

Elles venoient ensuite sur une machine fort ingénieuse, en forme d'une petite montagne ou roche ombragée de plusieurs arbres; mais, ce qui étoit plus surprenant, c'est qu'on la voyoit portée en l'air sans que l'artifice qui la faisoit mouvoir se pût découvrir à la vue.

Vingt autres personnes les suivoient, portant des viandes de la ménagerie de Pan et de la chasse de Diane.

Dix-huit pages du roi, fort richement vêtus, qui devoient servir les dames à table, faisoient les derniers de cette troupe : laquelle étant rangée, Pan, Diane et les Saisons se présentant devant la reine, le Printemps lui adressa le premier ces vers :

LE PRINTEMPS, *à la reine.*
Entre toutes les fleurs nouvellement écloses
 Dont mes jardins sont embellis,
Méprisant les jasmins, les œillets et les roses,
Pour payer mon tribut, j'ai fait choix de ces lis,
Que, dès vos premiers ans, vous avez tant chéris.
Louis les fait briller du couchant à l'aurore;
Tout l'univers charmé les respecte et les craint;
Mais leur règne est plus doux et plus puissant encore,
 Quand ils brillent sur votre teint.
L'ÉTÉ.
Surpris un peu trop promptement,
J'apporte à cette fête un léger ornement :

Mais, avant que ma saison passe,
Je ferai faire à vos guerriers,
Dans les campagnes de la Thrace,
Une ample moisson de lauriers.

L'AUTOMNE.

Le Printemps, orgueilleux de la beauté des fleurs
    Qui lui tombèrent en partage,
Prétend de cette fête avoir tout l'avantage,
Et nous croit obscurcir par ses vives couleurs;
Mais vous vous souviendrez, princesse sans seconde
De ce fruit précieux qu'a produit ma saison,
    Et qui croît dans votre maison,
Pour faire quelque jour les délices du monde.

L'HIVER.

La neige, les glaçons, que j'apporte en ces lieux,
    Sont les mets les moins précieux ;
    Mais ils sont des plus nécessaires
Dans une fête où mille objets charmants,
    De leurs œillades meurtrières,
    Font naître tant d'embrasements.

DIANE.

Nos bois, nos rochers, nos montagnes,
    Tous nos chasseurs et mes compagnes,
Qui m'ont toujours rendu des honneurs souverains,
Depuis que parmi nous ils vous ont vu paroître
    Ne veulent plus me reconnoître;
Et, chargés de présents, viennent avecque moi
Vous porter ce tribut pour marque de leur foi.
Les habitants légers de cet heureux bocage
De tomber dans vos rets font leur sort le plus doux,

Et n'estiment rien davantage
Que l'heur de périr de vos coups.
Amour, dont vous avez la grace et le visage,
A le même secret que vous.

PAN.

Jeune divinité, ne vous étonnez pas
Lorsque nous vous offrons, en ce fameux repas,
L'élite de nos bergeries;
Si nos troupeaux goûtent en paix
Les herbages de nos prairies,
Nous devons ce bonheur à vos divins attraits.

Ces récits achevés, une grande table, en forme de croissant, ronde du côté où l'on devoit couvrir, et garnie de fleurs de celui où elle étoit creuse, vint à se découvrir.

Trente-six violons, très bien vêtus, parurent derrière sur un petit théâtre, pendant que messieurs La Marche et Parfait, père, frère et fils, contrôleurs-généraux, sous les noms de l'Abondance, de la Joie, de la Propreté et de la Bonne Chère, la firent couvrir par les Plaisirs, par les Jeux, par les Ris et par les Délices.

Leurs majestés s'y mirent en cet ordre qui prévint tous les embarras qui eussent pu naître pour les rangs.

La reine-mère étoit assise au milieu de la table, et avoit à sa droite.

LE ROI.
Mademoiselle d'Alençon.

Madame la princesse.
Mademoiselle d'Elbeuf.
Madame de Béthune.
Madame la duchesse de Créqui.
MONSIEUR.
Madame la duchesse de Saint-Aignan.
Madame la maréchale du Plessis.
Madame la maréchale d'Étampes.
Madame de Gourdon.
Madame de Montespan.
Madame d'Humières.
Mademoiselle de Brancas.
Madame d'Armagnac.
Madame la comtesse de Soissons.
Madame la princesse de Bade.
Mademoiselle de Grançay.

De l'autre côté étoient assises :

LA REINE.
Madame de Carignan.
Madame de Flaix.
Madame la duchesse de Foix.
Madame de Brancas.
Madame de Foullay.
Madame la duchesse de Navailles.
Mademoiselle d'Ardennes.
Mademoiselle de Coëtlogon.
Madame de Crussol.
Madame de Montausier.

Madame.
Madame la princesse Bénédicte.
Madame la duchesse.
Madame de Rouvroy.
Mademoiselle de La Mothe.
Madame de Marsé.
Mademoiselle de La Vallière.
Mademoiselle d'Artigny.
Mademoiselle du Bellay.
Mademoiselle de Dampierre.
Mademoiselle de Fiennes.

La somptuosité de cette collation passoit tout ce qu'on en pourroit écrire, tant par l'abondance que par la délicatesse des choses qui y furent servies. Elle faisoit aussi le plus bel objet qui puisse tomber sous les sens; puisque, dans la nuit, auprès de la verdure de ces hautes palissades, un nombre infini de chandeliers peints de vert et d'argent, portant chacun vingt-quatre bougies, et deux cents flambeaux de cire blanche, tenus par autant de personnes vêtues en masques, rendoient une clarté presque aussi grande et plus agréable que celle du jour. Tous les chevaliers, avec leurs casques couverts de plumes de différentes couleurs, et leurs habits de la course, étoient appuyés sur la barrière; et ce grand nombre d'officiers richement vêtus qui servoient en augmentoient encore la beauté, et rendoient ce rond une chose enchantée, duquel, après la collation, leurs majestés et toute la cour sortirent par le portique opposé à la barrière, et, dans un grand nombre de calèches fort ajustées, reprirent le chemin du château[1].

[1] Loret parle ainsi de cette première journée dans sa *Muse historique* du 10 mai 1664:

> La première des trois journées
> A cette fête destinées,
> . . . .
> Se firent des courses de bague
> Avec des habits fort galants,
> D'argent, de soie, et d'or brillants,
> Dont le brave et beau La Vallière,
> Par son adresse singulière,
> Devant plus de deux cents beaux yeux,
> Emporta le prix glorieux,
> De valeur extraordinaire,
> Qu'il reçut de la reine-mère.
> O vraiment trop heureux humain,
> D'avoir d'une si belle main,
> Si blanche et même si royale,
> Obtenu ce riche régale,
> A savoir épée et baudrier,
> Propres pour un jeune guerrier.
> Illec les quatre Ages parurent,
> Qui de tous trois admirés furent,
> Et les quatre Saisons aussi,
> Non pas certes cosi, cosi,
> Mais dans une admirable place,
> Avec tant d'art et tant de grace,
> Tant de pompe et tant de beauté,
> Que l'on croyoit être enchanté;
> Mais entre tant de rares choses,
> Le printemps avecque ses roses,
> Avec ses œillets et ses lis,
> Qui sembloient fraîchement cueillis,
> Son visage et sa riche taille,
> Charmèrent, dit-on, Versaille:
> Puis le soir on fit un repas,
> Si plein de superbes appas,
> Qu'on n'a, dans pas un siècle antique,
> Rien vu qui fût si magnifique:

Car enfin on n'a jamais su,
Et dans nul auteur aperçu,
Que, sans miracles ou magies,
On ait vu deux mille bougies,
Éclairer par profusion
Une seule collation.

FIN DE LA PREMIÈRE JOURNÉE.

SECONDE JOURNÉE.

Lorsque la nuit du second jour fut venue, leurs majestés se rendirent dans un autre rond environné de palissades, comme le premier, et sur la même ligne, s'avançant toujours vers le lac où l'on feignoit que le palais d'Alcine étoit bâti. Le dessein de cette seconde fête étoit que Roger et les chevaliers de sa quadrille, après avoir fait des merveilles aux courses que, par l'ordre de la belle magicienne, ils avoient faites en faveur de la reine, continuoient en ce même dessein pour le divertissement suivant; et que l'Ile flottante n'ayant point éloigné le rivage de la France, ils donnoient à sa majesté le plaisir d'une comédie dont la scène étoit en Élide.

Le roi fit donc couvrir de toiles, en si peu de temps, qu'on avoit lieu de s'en étonner, tout ce rond d'une espèce de dôme pour défendre contre le vent le grand nombre de flambeaux et de bougies qui devoient éclairer le théâtre, dont la décoration étoit fort agréable.

Aussitôt qu'on eut levé la toile, un grand concert de plusieurs instruments se fit entendre, et l'Aurore, représentée par mademoiselle Hilaire, ouvrit la scène.

On y représenta la *Princesse d'Élide*, comédie-ballet, avec un prologue et des intermèdes.

Voici les noms des personnes qui ont récité, chanté, et dansé dans cette pièce.

DANS LE PROLOGUE.

L'AURORE, mademoiselle *Hilaire*.
LYCISCAS, le sieur *Molière*.
VALETS DE CHIENS CHANTANTS, les sieurs *Estival, Don, Blondel*.

VALETS DE CHIENS DANSANTS, les sieurs *Paysan, Chicaneau, Noblet, Pesan, Bonard, La Pierre*.

DANS LA COMÉDIE.

IPHITAS, le sieur *Hubert*.
LA PRINCESSE D'ÉLIDE, mademoiselle *Molière*.
EURYALE, le sieur *de La Grange*.
ARISTOMÈNE, le sieur *du Croisy*.
THÉOCLE, le sieur *Béjart*.
AGLANTE, mademoiselle *du Parc*.
CYNTHIE, mademoiselle *de Brie*.
ARBATE, le sieur *de La Thorillière*.
PHILIS, mademoiselle *Béjart*.
MORON, le sieur *Molière*.
LYCAS, le sieur *Prévost*.

DANS LES INTERMÈDES.

Dans le premier.

CHASSEURS DANSANTS, les sieurs *Manceau, Chica-*

neau, Balthazard, Noblet, Bonard, Magny, La Pierre.

Dans le deuxième.

Satyre chantant, le sieur *Estival.*
Satyres dansants...

Dans le troisième.

Berger chantant, le sieur *Blondel.*

Dans le quatrième.

PHILIS, mademoiselle *Béjart.*
CLIMÈNE, mademoiselle...

Dans le cinquième.

Bergers chantants, les sieurs *Le Gros, Estival, Don, Blondel.*
Bergères chantantes, mesdemoiselles *Hilaire* et *La Barre.*

Après le cinquième et dernier intermède de la pièce, le récit continue en ces termes :

Pendant ces danses, il sortit de dessous le théâtre la machine d'un grand arbre chargé de seize faunes, dont huit jouoient de la flûte, et les autres du violon, avec un concert le plus agréable du monde. Trente violons leur répondoient de l'orchestre, avec six autres concertants de clavecins et de théorbes, qui étoient les sieurs d'*Anglebert*, *Richard*, *Itier*, *La Barre le cadet*, *Tissu* et *Le Moine*. Quatre bergers et quatre bergères vinrent danser une très belle entrée, à laquelle les faunes descendant de l'arbre se mêlèrent de temps en temps. Les bergers étoient les sieurs *Chicaneau*, *du Pron*, *Noblet*, *La Pierre*. Les bergères étoient les sieurs *Balthazard*, *Magny*, *Arnald*, *Bonard*.

Toute cette scène fut si grande, si remplie et si agréable, qu'il ne s'étoit encore rien vu de plus beau en ballet : aussi fit-elle une si avantageuse conclusion aux divertissements de ce jour, que la cour ne le loua pas moins que celui qui l'avoit précédé, se retirant avec une satisfaction qui lui fit bien espérer de la suite d'une fête si complète.

FIN DE LA SECONDE JOURNÉE.

TROISIÈME JOURNÉE.

Plus on s'avançoit vers le grand rond d'eau qui représentoit le lac sur lequel étoit autrefois bâti le palais d'Alcine, plus on s'approchoit de la fin des divertissements de l'île enchantée, comme s'il n'eût pas été juste que tant de braves chevaliers demeurassent plus long-temps dans une oisiveté qui eût fait tort à leur gloire.

On feignit donc, suivant toujours le même dessein, que le ciel ayant résolu de donner la liberté à ces guerriers, Alcine en eut des pressentiments qui la remplirent de terreur et d'inquiétude. Elle voulut apporter tous les remèdes possibles pour prévenir ce malheur, et fortifier en toutes manières un lieu qui pût renfermer tout son repos et sa joie.

On fit paroître sur ce rond d'eau, dont l'étendue et la forme sont extraordinaires, un rocher situé au milieu d'une île couverte de divers animaux, comme s'ils eussent voulu en défendre l'entrée.

Deux autres îles plus longues, mais d'une moindre largeur, paroissoient aux deux côtés de la première; et toutes trois, aussi bien que les bords du rond d'eau, étoient si fort éclairés, que ces lumières faisoient naître un nouveau jour dans l'obscurité de la nuit.

Leurs majestés étant arrivées n'eurent pas plutôt

pris leurs places, que l'une des deux îles qui paroissoient aux côtés de la première fut toute couverte de violons fort bien vêtus. L'autre, qui étoit opposée, le fut en même temps de trompettes et de timbaliers, dont les habits n'étoient pas moins riches.

Mais ce qui surprit davantage fut de voir sortir Alcine de derrière le rocher, portée par un monstre marin d'une grandeur prodigieuse.

Deux des nymphes de sa suite, sous les noms de Célie et de Dircé, parurent au même temps à sa suite; et, se mettant à ses côtés sur de grandes baleines, elles s'approchèrent du bord du rond d'eau; et Alcine commença des vers auxquels ses compagnes répondirent, et qui furent à la louange de la reine, mère du roi.

ALCINE, CÉLIE, DIRCÉ.

ALCINE.

Vous à qui je fis part de ma félicité,
Pleurez avecque moi dans cette extrémité.

CÉLIE.

Quel est donc le sujet des soudaines alarmes
Qui de vos yeux charmants font couler tant de larmes?

ALCINE.

Si je pense en parler, ce n'est qu'en frémissant.
Dans les sombres horreurs d'un songe menaçant,
Un spectre m'avertit, d'une voix éperdue,
Que pour moi des enfers la force est suspendue,
Qu'un céleste pouvoir arrête leur secours,
Et que ce jour sera le dernier de mes jours.

Ce que versa de triste, au point de ma naissance,
Des astres ennemis la maligne influence,
Et tout ce que mon art m'a prédit de malheurs,
En ce songe fut peint de si vives couleurs,
Qu'à mes yeux éveillés sans cesse il représente
Le pouvoir de Mélisse et l'heur de Bradamante.
J'avois prévu ces maux ; mais les charmants plaisirs
Qui sembloient en ces lieux prévenir nos désirs,
Nos superbes palais, nos jardins, nos campagnes,
L'agréable entretien de nos chères compagnes,
Nos jeux et nos chansons, les concerts des oiseaux,
Le parfum des zéphyrs, le murmure des eaux,
De nos tendres amours les douces aventures,
M'avoient fait oublier ces funestes augures,
Quand le songe cruel dont je me sens troubler
Avec tant de fureur les vint renouveler.
Chaque instant je crois voir mes forces terrassées,
Mes gardes égorgés, et mes prisons forcées ;
Je crois voir mille amants, par mon art transformés,
D'une égale fureur à ma perte animés,
Quitter en même temps leurs troncs et leurs feuillages,
Dans le juste dessein de venger leurs outrages ;
Et je crois voir enfin mon aimable Roger
De ses fers méprisés prêt à se dégager.

CÉLIE.

La crainte en votre esprit s'est acquis trop d'empire.
Vous régnez seule ici, pour vous seule on soupire ;
Rien n'interrompt le cours de vos contentements
Que les accents plaintifs de vos tristes amants :
Logistille et ses gens, chassés de nos campagnes,

Tremblent encor de peur, cachés dans leurs montagnes;
Et le nom de Mélisse, en ces lieux inconnu,
Par nos augures seuls jusqu'à nous est venu.

DIRCÉ.

Ah! ne nous flattons point : ce fantôme effroyable
M'a tenu cette nuit un discours tout semblable.

ALCINE.

Hélas! de nos malheurs qui peut encor douter?

CÉLIE.

J'y vois un grand remède, et facile à tenter;
Une reine paroît, dont le secours propice
Nous saura garantir des efforts de Mélisse.
Partout de cette reine on vante la bonté,
Et l'on dit que son cœur, de qui la fermeté
Des flots les plus mutins méprisa l'insolence,
Contre le vœu des siens est toujours sans défense.

ALCINE.

Il est vrai, je la vois. En ce pressant danger,
A nous donner secours tâchons de l'engager.
Disons-lui qu'en tous lieux la voix publique étale
Les charmantes beautés de son ame royale;
Disons que sa vertu, plus haute que son rang,
Sait relever l'éclat de son auguste sang,
Et que de notre sexe elle a porté la gloire
Si loin, que l'avenir aura peine à le croire;
Que du bonheur public son grand cœur amoureux
Fit toujours des périls un mépris généreux;
Que de ses propres maux son ame à peine atteinte
Pour les maux de l'état garda toute sa crainte.
Disons que ses bienfaits, versés à pleines mains,

Lui gagnent le respect et l'amour des humains,
Et qu'aux moindres dangers dont elle est menacée
Toute la terre en deuil se montre intéressée.
Disons qu'au plus haut point de l'absolu pouvoir
Sans faste et sans orgueil sa grandeur s'est fait voir;
Qu'aux temps les plus fâcheux sa sagesse constante
Sans crainte a soutenu l'autorité penchante,
Et, dans le calme heureux par ses travaux acquis,
Sans regret la remit dans les mains de son fils.
Disons par quels respects, par quelle complaisance,
De ce fils glorieux l'amour la récompense;
Vantons les longs travaux, vantons les justes lois
De ce fils reconnu pour le plus grand des rois,
Et comment cette mère, heureusement féconde,
Ne donnant que deux fils, a donné tout au monde :
Enfin faisons parler nos soupirs et nos pleurs
Pour la rendre sensible à nos vives douleurs,
Et nous pourrons trouver, au fort de notre peine,
Un refuge paisible aux pieds de cette reine.

DIRCÉ.

Je sais bien que son cœur, noblement généreux,
Écoute avec plaisir la voix des malheureux;
Mais on ne voit jamais éclater sa puissance
Qu'à repousser le tort qu'on fait à l'innocence.
Je sais qu'elle peut tout; mais je n'ose penser
Que jusqu'à nous défendre on la vît s'abaisser.
De nos douces erreurs elle peut être instruite,
Et rien n'est plus contraire à sa rare conduite.
Son zèle si connu pour le culte des dieux
Doit rendre à sa vertu nos respects odieux;

Et loin qu'à son abord mon effroi diminue,
Malgré moi je le sens qui redouble à sa vue.

ALCINE.

Ah! ma propre frayeur suffit pour m'affliger:
Loin d'aigrir mon ennui, cherche à le soulager,
Et tâche de fournir à mon ame oppressée
De quoi parer aux maux dont elle est menacée.
Redoublons cependant les gardes du palais;
Et s'il n'est point pour nous d'asile désormais,
Dans notre désespoir cherchons notre défense,
Et ne nous rendons pas au moins sans résistance.

ALCINE, mademoiselle *du Parc.*
CÉLIE, mademoiselle *de Brie.*
DIRCÉ, mademoiselle *Molière.*

Lorsqu'elles eurent achevé, et qu'Alcine se fut retirée pour aller redoubler les gardes du palais, le concert des violons se fit entendre, pendant que le frontispice du palais venant à s'ouvrir avec un merveilleux artifice, et des tours venant à s'élever à vue d'œil, quatre géants d'une grandeur démesurée vinrent à paroître avec quatre nains qui, par l'opposition de leur petite taille, faisoient paroître celle des géants encore plus excessive. Ces colosses étoient commis à la garde du palais, et ce fut par eux que commença la première entrée du ballet.

BALLET DU PALAIS D'ALCINE.

PREMIÈRE ENTRÉE.

QUATRE GÉANTS ET QUATRE NAINS.

Géants, les sieurs *Manceau, Vagnard, Pesan* et *Joubert*.

Nains, les deux petits *Des-Airs*, le petit *Vagnard* et le petit *Tutin*.

DEUXIÈME ENTRÉE.

Huit Maures, chargés par Alcine de la garde du dedans, en font une exacte visite, avec chacun deux flambeaux.

Maures, les sieurs *d'Heureux, Beauchamp, Molière*[1], *La Marre, Le Chantre, de Gan, du Pron* et *Mercier*.

TROISIÈME ENTRÉE.

Cependant un dépit amoureux oblige six des chevaliers qu'Alcine retenoit auprès d'elle à tenter la sortie de ce palais; mais la fortune ne secondant pas les efforts qu'ils font dans leur désespoir, ils sont

---

[1] Cet homme, qui portoit le même nom que l'auteur du *Tartufe*, étoit un assez bon danseur des ballets du roi.

vaincus, après un grand combat, par autant de monstres qui les attaquent.

SIX CHEVALIERS et SIX MONSTRES.

Chevaliers, monsieur *de Souville*, les sieurs *Raynal*, *Des-Airs l'aîné*, *Des-Airs le second*, *de Lorge* et *Balthazard*.

Monstres, les sieurs *Chicaneau*, *Noblet*, *Arnald*, *Desbrosses*, *Desonets* et *La Pierre*.

QUATRIÈME ENTRÉE.

Alcine, alarmée de cet accident, invoque de nouveau tous ses esprits, et leur demande du secours; il s'en présente deux à elle, qui font des sauts avec une force et une agilité merveilleuses.

Démons agiles, les sieurs *Saint-André* et *Magny*.

CINQUIÈME ENTRÉE.

D'autres démons viennent encore, et semblent assurer la magicienne qu'ils n'oublieront rien pour son repos.

Démons sauteurs, les sieurs *Tutin*, *La Brodière*, *Pesan* et *Bureau*.

SIXIÈME ENTRÉE.

Mais à peine commence-t-elle à se rassurer, qu'elle voit paroître auprès de Roger et de quelques autres chevaliers de sa suite la sage Mélisse sous la forme d'Atlas[1]. Elle court aussitôt pour empêcher l'effet de son intention; mais elle arrive trop tard. Mélisse a déja mis au doigt de ce brave chevalier la fameuse bague qui détruit les enchantements. Lors un coup de tonnerre, suivi de plusieurs éclairs, marque la destruction du palais, qui est aussitôt réduit en cendres par un feu d'artifice qui met fin à cette aventure et aux divertissements de l'Ile enchantée.

ALCINE, mademoiselle *du Parc*.
MÉLISSE, le sieur *de Lorge*.
ROGER, le sieur *Beauchamp*.
CHEVALIERS, les sieurs *d'Heureux, Raynal, du Pron* et *Desbrosses*.
ÉCUYERS, les sieurs *La Marre, Le Chantre, de Gan* et *Mercier*.

FIN DU BALLET.

Il sembloit que le ciel, la terre et l'eau fussent tout en feu, et que la destruction du superbe palais d'Alcine, comme la liberté des chevaliers qu'elle y retenoit en prison, ne se pût accomplir que par des prodiges et des miracles. La hauteur et le nombre des fusées volantes, celles qui rouloient sur le rivage et celles qui ressortoient de l'eau après s'y être enfoncées, fai-

---

[1] C'est *Atlant*.

soient un spectacle si grand et si magnifique, que rien ne pouvoit mieux terminer les enchantements qu'un si beau feu d'artifice; lequel ayant enfin cessé après un bruit et une longueur extraordinaires, les coups des boîtes qui l'avoient commencé redoublèrent encore.

Alors toute la cour se retirant confessa qu'il ne se pouvoit rien voir de plus achevé que ces trois fêtes; et c'est assez avouer qu'il ne s'y pouvoit rien ajouter, que de dire que les trois journées ayant eu chacune ses partisans, comme chacune ses beautés particulières, on ne convint pas du prix qu'elles devoient emporter entre elles, bien qu'on demeurât d'accord qu'elles pouvoient justement le disputer à toutes celles qu'on avoit vues jusqu'alors, et les surpasser peut-être.

FIN DE LA TROISIÈME JOURNÉE.

QUATRIÈME JOURNÉE.

Mais, quoique les fêtes comprises dans le sujet des Plaisirs de l'Ile enchantée fussent terminées, tous les divertissements de Versailles ne l'étoient pas; et la magnificence et la galanterie du roi en avoient encore réservé pour les autres jours, qui n'étoient pas moins agréables.

Le samedi, dixième, sa majesté voulut courre les têtes. C'est un exercice que peu de gens ignorent, et dont l'usage est venu d'Allemagne, fort bien inventé pour faire voir l'adresse d'un chevalier, tant à bien mener son cheval dans les passades de guerre qu'à bien se servir d'une lance, d'un dard et d'une épée. Si quelqu'un ne les a pas vu courre, il en trouvera ici la description, étant moins communes que la bague, et seulement ici depuis peu d'années; et ceux qui en ont eu le plaisir ne s'ennuieront pas d'une narration si peu étendue.

Les chevaliers entrent, l'un après l'autre, dans la lice, la lance à la main, et un dard sous la cuisse droite; et après que l'un d'eux a couru et emporté une tête de gros carton peinte, et de la forme de celle d'un Turc, il donne sa lance à un page; et faisant la demi-volte, il revient à toute bride à la seconde tête, qui a la couleur et la forme d'un Maure, l'emporte avec le dard qu'il lui jette en passant; puis, reprenant une javeline peu différente de la forme du dard, dans une troisième passade il la darde dans un bouclier où est peinte une tête de Méduse; et, achevant sa demi-volte, il tire l'épée, dont il emporte, en passant toujours à toute bride, une tête élevée à un demi-pied de terre; puis, faisant place à un autre, celui qui, en ses courses, en a emporté le plus, gagne le prix.

Toute la cour s'étant placée sur une balustrade de fer doré, qui régnoit autour de l'agréable maison de Versailles, et qui regarde sur le fossé dans lequel on avoit dressé la lice avec des barrières, le roi s'y rendit, suivi des mêmes chevaliers qui avoient couru la bague; les ducs de Saint-Aignan et de Noailles y continuoient leurs premières fonctions, l'un de maréchal de camp, et l'autre de juge des courses. Il s'en fit plusieurs, fort belles et heureuses; mais l'adresse du roi lui fit emporter hautement, ensuite du prix de la course des dames, encore celui que donnoit la reine: c'étoit une rose de diamants de grand prix, que le roi, après l'avoir gagnée, redonna libéralement à courre aux autres chevaliers, et que le marquis de Coaslin disputa contre le marquis de Soyecourt, et gagna.

FIN DE LA QUATRIÈME JOURNÉE.

CINQUIÈME JOURNÉE.

Le dimanche, au lever du roi, quasi toute la conversation tourna sur les belles courses du jour précédent, et donna lieu à un grand défi entre le duc de Saint-Aignan, qui n'avoit pas encore couru, et le marquis de Soyecourt, qui fut remis au lendemain, pour ce que le maréchal duc de Grammont, qui parioit pour ce marquis, étoit obligé de partir pour Paris, d'où il ne devoit revenir que le jour d'après.

Le roi mena toute sa cour, cette après-dînée, à sa ménagerie, dont on admira les beautés particulières, et le nombre presque incroyable d'oiseaux de toutes sortes, parmi lesquels il y en a beaucoup de fort rares. Il seroit inutile de parler de la collation qui suivit ce divertissement, puisque, huit jours durant, chaque repas pouvoit passer pour un festin des plus grands qu'on puisse faire.

Le soir, sa majesté fit représenter, sur l'un de ces théâtres doubles de son salon, que son esprit universel a lui-même inventés, la comédie des *Fâcheux*, faite par le sieur de Molière, mêlée d'entrées de ballet, et fort ingénieuse.

FIN DE LA CINQUIÈME JOURNÉE.

SIXIÈME JOURNÉE.

Le bruit du défi, qui se devoit courir le lundi, douzième, fit faire une infinité de gageures d'assez grande valeur, quoique celle des deux chevaliers ne fût que de cent pistoles; et comme le duc, par une heureuse audace, donnoit une tête à ce marquis fort adroit, beaucoup tenoient pour ce dernier, qui, s'étant rendu un peu plus tard chez le roi, y trouva un cartel pour le presser, lequel, pour n'être qu'en prose, on n'a point mis dans ce discours.

Le duc de Saint-Aignan avoit aussi fait voir à quelques uns de ses amis, comme heureux présage de sa victoire, ces quatre vers :

AUX DAMES.

Belles, vous direz en ce jour
Si vos sentiments sont les nôtres,
Qu'être vainqueur du grand Soyecourt,
C'est être vainqueur de dix autres;

faisant toujours allusion à son nom de Guidon le sauvage, que l'aventure de l'Ile périlleuse rendit victorieux de dix chevaliers.

Aussitôt que le roi eut dîné, il conduisit les reines, Monsieur, Madame, et toutes les dames, dans un lieu où l'on devoit tirer une loterie, afin que rien ne manquât à la galanterie de ces fêtes. C'étoit des pierreries, des ameublements, de l'argenterie, et autres choses semblables; et quoique le sort ait accoutumé de décider de ces présents, il s'accorda sans doute avec le désir de sa majesté, quand il fit tomber le gros lot entre les mains de la reine; chacun sortant de ce lieu-là fort content, pour aller voir les courses qui s'alloient commencer.

Enfin Guidon et Olivier parurent sur les rangs, à cinq heures du soir, fort proprement vêtus et bien montés.

Le roi, avec toute sa cour, les honora de sa présence; et sa majesté lut même les articles des courses, afin qu'il n'y eût aucune contestation entre eux. Le succès en fut heureux au duc de Saint-Aignan, qui gagna le défi.

Le soir, sa majesté fit jouer les trois premiers actes d'une comédie nommée *Tartufe,* que le sieur de Molière avoit faite contre les hypocrites; mais quoiqu'elle eût été trouvée fort divertissante, le roi connut tant de conformité entre ceux qu'une véritable dévotion met dans le chemin du ciel, et ceux qu'une vaine ostentation de bonnes œuvres n'empêche pas d'en commettre de mauvaises, que son extrême délicatesse pour les choses de la religion eut de la peine à souffrir cette ressemblance du vice avec la vertu, qui pourroient être pris l'un pour l'autre; et, quoiqu'on ne doutât point des bonnes intentions de l'auteur, il défendit cette comédie pourtant en public, jusqu'à ce qu'elle fût entièrement achevée, et examinée par des gens capables d'en juger, pour n'en pas laisser abuser à d'autres moins capables d'en faire un juste discernement.

FIN DE LA SIXIÈME JOURNÉE.

SEPTIÈME JOURNÉE.

Le mardi, treizième, le roi voulut encore courre les têtes, comme à un jeu ordinaire que devoit gagner celui qui en feroit le plus. Sa majesté eut encore le prix de la course des dames, le duc de Saint-Aignan celui des jeux; et, ayant eu l'honneur d'entrer pour second à la dispute avec sa majesté, l'adresse incomparable du roi lui fit encore avoir ce prix; et ce ne fut pas sans un étonnement, duquel on ne pouvoit se défendre, qu'on en vit gagner quatre à sa majesté, en deux fois qu'elle avoit couru les têtes.

On joua, le même soir, la comédie du *Mariage forcé*, encore de la façon du même sieur de Molière, mêlée d'entrées de ballet et de récits; puis le roi prit le chemin de Fontainebleau le mercredi, quatorzième. Toute la cour se trouva si satisfaite de ce qu'elle avoit vu, que chacun crut qu'on ne pouvoit se passer de le mettre par écrit pour en donner connoissance à ceux qui n'avoient pu voir des fêtes si diversifiées et si agréables, où l'on a pu admirer tout à la fois le projet avec le succès, la libéralité avec la politesse, le grand nombre avec l'ordre et la satisfaction de tous; où les soins infatigables de M. de Colbert s'employèrent en tous ces divertissements, malgré ses importantes affaires; où le duc de Saint-Aignan joignit l'action à l'invention du dessin ; où les beaux vers du président de Périgny à la louange des reines furent si justement pensés, si agréablement tournés, et récités avec tant d'art; où ceux que M. de Benserade fit pour les chevaliers eurent une approbation générale; où la vigilance exacte de M. Bontemps[1] et l'application de M. de Launay[2] ne laissèrent manquer d'aucune des choses nécessaires; enfin, où chacun a marqué si avantageusement son dessein de plaire au roi dans le temps où sa majesté ne pensoit elle-même qu'à plaire, et où ce qu'on a vu ne sauroit jamais se perdre dans la mémoire des spectateurs, quand on n'auroit pas pris le soin de conserver par écrit le souvenir de toutes ces merveilles.

[1] Premier valet de chambre du roi.
[2] Intendant des menus plaisirs.

FIN DES PLAISIRS DE L'ILE ENCHANTÉE.

LE MARIAGE FORCÉ,

COMÉDIE EN UN ACTE

ET EN PROSE,

Représentée au Louvre, sous le titre de *Ballet du Roi*, les 29 et 31 janvier 1664, et sur le théâtre du Palais-Royal, le 5 février de la même année.

PERSONNAGES.

SGANARELLE, amant de Dorimène [1].
GÉRONIMO, ami de Sganarelle [2].
DORIMÈNE, fille d'Alcantor [3].
ALCANTOR, père de Dorimène [4].
ALCIDAS, frère de Dorimène [5].
LYCASTE, amant de Dorimène.
PANCRACE, docteur aristotélicien [6].
MARPHURIUS, docteur pyrrhonien [7].
DEUX ÉGYPTIENNES [8].

ACTEURS.

[1] Molière. — [2] La Thorillière. — [3] Mademoiselle du Parc. — [4] Béjart. — [5] La Grange. — [6] Brécourt. — [7] Du Croisy. — [8] Mesdemoiselles Béjart et de Brie.

La scène est dans une place publique.

LE MARIAGE FORCÉ.

SCÈNE I.

SGANARELLE, *parlant à ceux qui sont dans sa maison.*

Je suis de retour dans un moment. Que l'on ait bien soin du logis, et que tout aille comme il faut. Si l'on m'apporte de l'argent, que l'on me vienne quérir vite chez le seigneur Géronimo; et si l'on vient m'en demander, qu'on dise que je suis sorti, et que je ne dois revenir de toute la journée.

SCÈNE II.

SGANARELLE, GÉRONIMO.

GÉRONIMO, *ayant entendu les dernières paroles de Sganarelle.*
Voilà un ordre fort prudent.

SGANARELLE.
Ah, seigneur Géronimo ! je vous trouve à propos ; et j'allois chez vous vous chercher.

GÉRONIMO.
Et pour quel sujet, s'il vous plaît ?

SGANARELLE.

Pour vous communiquer une affaire que j'ai en tête, et vous prier de m'en dire votre avis.

GÉRONIMO.

Très volontiers. Je suis bien aise de cette rencontre, et nous pouvons parler ici en toute liberté.

SGANARELLE.

Mettez donc dessus, s'il vous plaît. Il s'agit d'une chose de conséquence que l'on m'a proposée : il est bon de ne rien faire sans le conseil de ses amis.

GÉRONIMO.

Je vous suis obligé de m'avoir choisi pour cela. Vous n'avez qu'à me dire ce que c'est.

SGANARELLE.

Mais auparavant je vous conjure de ne me point flatter du tout, et de me dire nettement votre pensée.

GÉRONIMO.

Je le ferai, puisque vous le voulez.

SGANARELLE.

Je ne vois rien de plus condamnable qu'un ami qui ne parle pas franchement.

GÉRONIMO.

Vous avez raison.

SGANARELLE.

Et, dans ce siècle, on trouve peu d'amis sincères.

GÉRONIMO.

Cela est vrai.

SGANARELLE.

Promettez-moi donc, seigneur Géronimo, de me parler avec toute sorte de franchise.

SCÈNE II.

GÉRONIMO.

Je vous le promets.

SGANARELLE.

Jurez-en votre foi.

GÉRONIMO.

Oui, foi d'ami. Dites-moi seulement votre affaire.

SGANARELLE.

C'est que je veux savoir de vous si je ferai bien de me marier.

GÉRONIMO.

Qui, vous?

SGANARELLE.

Oui, moi-même, en propre personne. Quel est votre avis là dessus?

GÉRONIMO.

Je vous prie auparavant de me dire une chose.

SGANARELLE.

Et quoi?

GÉRONIMO.

Quel âge pouvez-vous bien avoir maintenant?

SGANARELLE.

Moi?

GÉRONIMO.

Oui.

SGANARELLE.

Ma foi, je ne sais; mais je me porte bien.

GÉRONIMO.

Quoi! vous ne savez pas à peu près votre âge?

SGANARELLE.

Non. Est-ce qu'on songe à cela?

GÉRONIMO.

Hé! dites-moi un peu, s'il vous plaît, combien aviez-vous d'années lorsque nous fîmes connoissance?

SGANARELLE.

Ma foi, je n'avois que vingt ans alors.

GÉRONIMO.

Combien fûmes-nous ensemble à Rome?

SGANARELLE.

Huit ans.

GÉRONIMO.

Quel temps avez-vous demeuré en Angleterre?

SGANARELLE.

Sept ans.

GÉRONIMO.

Et en Hollande, où vous fûtes ensuite?

SGANARELLE.

Cinq ans et demi.

GÉRONIMO.

Combien y a-t-il que vous êtes revenu ici?

SGANARELLE.

Je revins en cinquante-six.

GÉRONIMO.

De cinquante-six à soixante-huit il y a douze ans, ce me semble; cinq en Hollande font dix-sept; sept en Angleterre font vingt-quatre, huit dans notre séjour à Rome font trente-deux, et vingt que vous aviez lorsque nous nous connûmes, cela fait justement cinquante-deux. Si bien, seigneur Sganarelle, que, sur votre propre confession, vous êtes environ à votre cinquante-deuxième ou cinquante-troisième année.

SCÈNE II.

SGANARELLE.

Qui, moi? Cela ne se peut pas.

GÉRONIMO.

Mon dieu! le calcul est juste; et là dessus je vous dirai franchement et en ami, comme vous m'avez fait promettre de vous parler, que le mariage n'est guère votre fait. C'est une chose à laquelle il faut que les jeunes gens pensent bien mûrement avant que de la faire; mais les gens de votre âge n'y doivent point penser du tout; et si l'on dit que la plus grande de toutes les folies est celle de se marier, je ne vois rien de plus mal à propos que de la faire, cette folie, dans la saison où nous devons être plus sages. Enfin je vous en dis nettement ma pensée; je ne vous conseille point de songer au mariage, et je vous trouverois le plus ridicule du monde, si, ayant été libre jusqu'à cette heure, vous alliez vous charger maintenant de la plus pesante des chaînes.

SGANARELLE.

Et moi, je vous dis que je suis résolu de me marier, et que je ne serai point ridicule en épousant la fille que je recherche.

GÉRONIMO.

Ah! c'est une autre chose. Vous ne m'aviez pas dit cela.

SGANARELLE.

C'est une fille qui me plaît, et que j'aime de tout mon cœur.

GÉRONIMO.

Vous l'aimez de tout votre cœur?

SGANARELLE.

Sans doute, et je l'ai demandée à son père.

GÉRONIMO.

Vous l'avez demandée?

SGANARELLE.

Oui. C'est un mariage qui se doit conclure ce soir; et j'ai donné ma parole.

GÉRONIMO.

Oh! mariez-vous donc; je ne dis plus mot.

SGANARELLE.

Je quitterois le dessein que j'ai fait! Vous semble-t-il, seigneur Géronimo, que je ne sois plus propre à songer à une femme? Ne parlons point de l'âge que je puis avoir; mais regardons seulement les choses. Y a-t-il homme de trente ans qui paroisse plus frais et plus vigoureux que vous me voyez? N'ai-je pas tous les mouvements de mon corps aussi bons que jamais? et voit-on que j'aie besoin de carrosse ou de chaise pour cheminer? N'ai-je pas encore toutes mes dents, les meilleures du monde? (*Il montre ses dents.*) Ne fais-je pas vigoureusement mes quatre repas par jour? et peut-on voir un estomac qui ait plus de force que le mien? (*Il tousse.*) Hem, hem, hem. Hé! qu'en dites-vous?

GÉRONIMO.

Vous avez raison, je m'étois trompé. Vous ferez bien de vous marier.

SGANARELLE.

J'y ai répugné autrefois; mais j'ai maintenant de puissantes raisons pour cela. Outre la joie que j'au-

SCÈNE II.

rai de posséder une belle femme qui me fera mille caresses, qui me dorlotera, et me viendra frotter lorsque je serai las; outre cette joie, dis-je, je considère qu'en demeurant comme je suis, je laisse périr dans le monde la race des Sganarelles, et qu'en me mariant je pourrai me voir revivre en d'autres moi-même; que j'aurai le plaisir de voir des créatures qui seront sorties de moi, de petites figures qui me ressembleront comme deux gouttes d'eau, qui se joueront continuellement dans la maison, qui m'appelleront leur papa quand je reviendrai de la ville, et me diront de petites folies les plus agréables du monde. Tenez, il me semble déja que j'y suis, et que j'en vois une demi-douzaine autour de moi.

GÉRONIMO.

Il n'y a rien de plus agréable que cela; et je vous conseille de vous marier le plus vite que vous pourrez.

SGANARELLE.

Tout de bon, vous me le conseillez?

GÉRONIMO.

Assurément. Vous ne sauriez mieux faire.

SGANARELLE.

Vraiment, je suis ravi que vous me donniez ce conseil en véritable ami.

GÉRONIMO.

Et quelle est la personne, s'il vous plaît, avec qui vous allez vous marier?

SGANARELLE.

Dorimène.

GÉRONIMO.

Cette jeune Dorimène si galante et si bien parée?

SGANARELLE.

Oui.

GÉRONIMO.

Fille du seigneur Alcantor?

SGANARELLE.

Justement.

GÉRONIMO.

Et sœur d'un certain Alcidas qui se mêle de porter l'épée?

SGANARELLE.

C'est cela.

GÉRONIMO.

Vertu de ma vie!

SGANARELLE.

Qu'en dites-vous?

GÉRONIMO.

Bon parti! mariez-vous promptement.

SGANARELLE.

N'ai-je pas raison d'avoir fait ce choix?

GÉRONIMO.

Sans doute. Ah, que vous serez bien marié! Dépêchez-vous de l'être.

SGANARELLE.

Vous me comblez de joie, de me dire cela. Je vous remercie de votre conseil, et je vous invite ce soir à mes noces.

SCÈNE IV.

GÉRONIMO.

Je n'y manquerai pas; et je veux y aller en masque, afin de les mieux honorer.

SGANARELLE.

Serviteur.

GÉRONIMO, *à part.*

La jeune Dorimène, fille du seigneur Alcantor, avec le seigneur Sganarelle, qui n'a que cinquante-trois ans! O le beau mariage! ô le beau mariage!

(*Ce qu'il répète plusieurs fois en s'en allant.*)

SCÈNE III.

SGANARELLE.

Ce mariage doit être heureux, car il donne de la joie à tout le monde, et je fais rire tous ceux à qui j'en parle. Me voilà maintenant le plus content des hommes.

SCÈNE IV.

DORIMÈNE, SGANARELLE.

DORIMÈNE, *dans le fond du théâtre, à un petit laquais qui la suit.*

Allons, petit garçon, qu'on tienne bien ma queue, et qu'on ne s'amuse pas à badiner.

SGANARELLE, *à part, apercevant Dorimène.*

Voici ma maîtresse qui vient. Ah! qu'elle est

agréable! quel air, et quelle taille! Peut-il y avoir un homme qui n'ait, en la voyant, des démangeaisons de se marier? (*à Dorimène.*) Où allez-vous, belle mignonne, chère épouse future de votre époux futur?

DORIMÈNE.

Je vais faire quelques emplettes.

SGANARELLE.

Hé bien! ma belle, c'est maintenant que nous allons être heureux l'un et l'autre. Vous ne serez plus en droit de me rien refuser; et je pourrai faire avec vous tout ce qu'il me plaira, sans que personne s'en scandalise. Vous allez être à moi depuis la tête jusqu'aux pieds; et je serai maître de tout, de vos petits yeux éveillés, de votre petit nez fripon, de vos lèvres appétissantes, de vos oreilles amoureuses, de votre petit menton joli, de vos petits tétons rondelets, de votre... Enfin toute votre personne sera à ma discrétion, et je serai à même pour vous caresser comme je voudrai. N'êtes-vous pas bien aise de ce mariage, mon aimable pouponne?

DORIMÈNE.

Tout-à-fait aise, je vous jure. Car enfin la sévérité de mon père m'a tenue jusques ici dans une sujétion la plus fâcheuse du monde. Il y a je ne sais combien que j'enrage du peu de liberté qu'il me donne; et j'ai cent fois souhaité qu'il me mariât, pour sortir promptement de la contrainte où j'étois avec lui, et me voir en état de faire ce que je voudrai. Dieu merci, vous êtes venu heureusement pour cela; et je me prépare désormais à me donner du divertissement, et à réparer, comme il faut, le temps que j'ai perdu. Comme vous êtes un fort galant homme, et que vous savez comme il faut vivre, je crois que nous ferons le meilleur ménage du monde ensemble, et que vous ne serez point de ces maris incommodes qui veulent que leurs femmes vivent comme des loups-garous. Je vous avoue que je ne m'accommoderois pas de cela, et que la solitude me désespère. J'aime le jeu, les visites, les assemblées, les cadeaux et les promenades, en un mot, toutes les choses de plaisir; et vous devez être ravi d'avoir une femme de mon humeur. Nous n'aurons jamais aucun démêlé ensemble; et je ne vous contraindrai point dans vos actions, comme j'espère que, de votre côté, vous ne me contraindrez point dans les miennes; car, pour moi, je tiens qu'il faut avoir une complaisance mutuelle, et qu'on ne se doit point marier pour se faire enrager l'un l'autre. Enfin nous vivrons, étant mariés, comme deux personnes qui savent leur monde. Aucun soupçon jaloux ne nous troublera la cervelle; et c'est assez que vous serez assuré de ma fidélité, comme je serai persuadée de la vôtre. Mais qu'avez-vous? je vous vois tout changé de visage.

SGANARELLE.

Ce sont quelques vapeurs qui me viennent de monter à la tête.

DORIMÈNE.

C'est un mal aujourd'hui qui attaque beaucoup de gens; mais notre mariage vous dissipera tout cela. Adieu: il me tarde déja que je n'aie des habits raisonnables pour quitter vite ces guenilles. Je m'en vais de ce pas achever d'acheter toutes les choses qu'il me faut, et je vous enverrai les marchands.

SCÈNE V.

GÉRONIMO, SGANARELLE.

GÉRONIMO.

Ah, seigneur Sganarelle! je suis ravi de vous trouver encore ici; et j'ai rencontré un orfèvre qui, sur le bruit que vous cherchiez quelque beau diamant en bague pour faire un présent à votre épouse, m'a fort prié de vous venir parler pour lui, et de vous dire qu'il en a un à vendre, le plus parfait du monde.

SGANARELLE.

Mon dieu! cela n'est pas pressé.

GÉRONIMO.

Comment! que veut dire cela? Où est l'ardeur que vous montriez tout-à-l'heure?

SGANARELLE.

Il m'est venu, depuis un moment, de petits scrupules sur le mariage. Avant que de passer plus avant, je voudrois bien agiter à fond cette matière, et que l'on m'expliquât un songe que j'ai fait cette nuit, et qui vient tout-à-l'heure de me revenir dans l'esprit. Vous savez que les songes sont comme des miroirs où l'on découvre quelquefois tout ce qui nous doit arriver. Il me sembloit que j'étois dans un vaisseau, sur une mer bien agitée, et que...

GÉRONIMO.

Seigneur Sganarelle, j'ai maintenant quelque petite affaire qui m'empêche de vous ouïr. Je n'entends rien du tout aux songes; et, quant au raisonnement du mariage, vous avez deux savants, deux philosophes vos voisins, qui sont gens à vous débiter tout ce qu'on peut dire sur ce sujet. Comme ils sont de sectes différentes, vous pouvez examiner leurs diverses opinions là-dessus. Pour moi, je me contente de ce que je vous ai dit tantôt, et demeure votre serviteur.

SGANARELLE, *seul.*

Il a raison : il faut que je consulte un peu ces gens-là sur l'incertitude où je suis.

SCÈNE VI.

PANCRACE, SGANARELLE.

PANCRACE, *se tournant du côté par où il est entré, et sans voir Sganarelle.*

Allez, vous êtes un impertinent, mon ami, un homme [ignare de toute bonne discipline] bannissable de la république des lettres.

SGANARELLE.

Ah, bon! En voici un fort à propos.

PANCRACE, *de même, sans voir Sganarelle.*

Oui, je te soutiendrai par vives raisons [je te montrerai, par Aristote, le philosophe des philosophes,] que tu es un ignorant, [un] ignorantissime, ignorantifiant et ignorantifié, par tous les cas et modes imaginables.

SGANARELLE, *à part.*

Il a pris querelle contre quelqu'un. (*à Pancrace.*) Seigneur...

PANCRACE, *de même, sans voir Sganarelle.*

Tu veux te mêler de raisonner, et tu ne sais pas seulement les éléments de la raison.

SGANARELLE, *à part.*

La colère l'empêche de me voir. (*à Pancrace.*) Seigneur...

PANCRACE, *de même, sans voir Sganarelle.*

C'est une proposition condamnable dans toutes les terres de la philosophie.

SGANARELLE, *à part.*

Il faut qu'on l'ait fort irrité. (*à Pancrace.*) Je...

PANCRACE, *de même, sans voir Sganarelle.*

Toto cœlo, tota via aberras.

SGANARELLE.

Je baise les mains à monsieur le docteur.

PANCRACE.

Serviteur.

SGANARELLE.

Peut-on...

PANCRACE, *se retournant vers l'endroit par où il est entré.*

Sais-tu bien ce que tu as fait? Un syllogisme *in balordo.*

SGANARELLE.

Je vous...

PANCRACE, *de même.*

La majeure en est inepte, la mineure impertinente, et la conclusion ridicule.

SCENE VI.

SGANARELLE.

Je...

PANCRACE, *de même.*

Je crèverois plutôt que d'avouer ce que tu dis; et je soutiendrai mon opinion jusqu'à la dernière goutte de mon encre.

SGANARELLE.

Puis-je...

PANCRACE, *de même.*

Oui, je défendrai cette proposition, *pugnis et calcibus, unguibus et rostro.*

SGANARELLE.

Seigneur Aristote, peut-on savoir ce qui vous met si fort en colère?

PANCRACE.

Un sujet le plus juste du monde.

SGANARELLE.

Et quoi encore?

PANCRACE.

Un ignorant m'a voulu soutenir une proposition erronée, une proposition épouvantable, effroyable, exécrable.

SGANARELLE.

Puis-je demander ce que c'est?

PANCRACE.

Ah, Seigneur Sganarelle! tout est renversé aujourd'hui, et le monde est tombé dans une corruption générale. Une licence épouvantable règne partout; et les magistrats qui sont établis pour maintenir l'ordre dans cet état devroient mourir de honte en souffrant un scandale aussi intolérable que celui dont je veux parler.

SGANARELLE.

Quoi donc?

PANCRACE.

N'est-ce pas une chose horrible, une chose qui crie vengeance au ciel, que d'endurer qu'on dise publiquement *la forme d'un chapeau?*

SGANARELLE.

Comment?

PANCRACE.

Je soutiens qu'il faut dire *la figure d'un chapeau*, et non pas *la forme* : d'autant qu'il y a cette différence entre la forme et la figure, que la forme est la disposition extérieure des corps qui sont animés; et la figure, la disposition extérieure des corps qui sont inanimés; et, puisque le chapeau est un corps inanimé, il faut dire la figure d'un chapeau, et non pas la forme.

(*Se retournant encore du côté par où il est entré.*)

Oui, ignorant que vous êtes, c'est ainsi qu'il faut parler; et ce sont les termes exprès d'Aristote dans le chapitre de la qualité.

SGANARELLE, *à part*.

Je pensois que tout fût perdu. (*à Pancrace.*) Seigneur docteur, ne songez plus à tout cela... Je...

PANCRACE.

Je suis dans une colère, que je ne me sens pas.

SGANARELLE.

Laissez la forme et le chapeau en paix. J'ai quelque chose à vous communiquer. Je...

SCÈNE VI.

PANCRACE.

Impertinent fieffé!

SGANARELLE.

De grace remettez-vous. Je...

PANCRACE.

Ignorant!

SGANARELLE.

Hé, mon dieu! Je...

PANCRACE.

Me vouloir soutenir une proposition de la sorte!

SGANARELLE.

Il a tort. Je...

PANCRACE.

Une proposition condamnée par Aristote!

SGANARELLE.

Cela est vrai. Je...

PANCRACE.

En termes exprès!

SGANARELLE.

Vous avez raison (*Se tournant du côté par où Pancrace est entré.*) Oui, vous êtes un sot et un impudent de vouloir disputer contre un docteur qui sait lire et écrire. Voilà qui est fait : je vous prie de m'écouter. Je viens vous consulter sur une affaire qui m'embarrasse. J'ai dessein de prendre une femme pour me tenir compagnie dans mon ménage. La personne est belle et bien faite; elle me plaît beaucoup, et est ravie de m'épouser. Son père me l'a accordée; mais je crains un peu ce que vous savez, la disgrace dont on ne plaint personne; et je voudrois bien vous prier, comme philosophe, de me dire votre sentiment. Hé! quel est votre avis là-dessus?

PANCRACE.

Plutôt que d'accorder qu'il faille dire la forme d'un chapeau, j'accorderois que *datur vacuum in rerum natura*, et que je ne suis qu'une bête.

SGANARELLE, *à part.*

La peste soit de l'homme! (*à Pancrace.*) Hé, monsieur le docteur! écoutez un peu les gens. On vous parle une heure durant, et vous ne répondez point à ce qu'on vous dit.

PANCRACE.

Je vous demande pardon. Une juste colère m'occupe l'esprit.

SGANARELLE.

Hé! laissez tout cela, et prenez la peine de m'écouter.

PANCRACE.

Soit. Que voulez-vous me dire?

SGANARELLE.

Je veux vous parler de quelque chose.

PANCRACE.

Et de quelle langue voulez-vous vous servir avec moi?

SGANARELLE.

De quelle langue?

PANCRACE.

Oui.

SGANARELLE.

Parbleu! de la langue que j'ai dans la bouche. Je

SCÈNE VI.

crois que je n'irai pas emprunter celle de mon voisin.

PANCRACE.

Je vous dis, de quel idiome, de quel langage ?

SGANARELLE.

Ah! c'est une autre affaire.

PANCRACE.

Voulez-vous me parler italien ?

SGANARELLE.

Non.

PANCRACE.

Espagnol ?

SGANARELLE.

Non.

PANCRACE.

Allemand ?

SGANARELLE.

Non.

PANCRACE.

Anglois ?

SGANARELLE.

Non.

PANCRACE.

Latin ?

SGANARELLE.

Non.

PANCRACE.

Grec ?

SGANARELLE.

Non.

PANCRACE.

Hébreu?

SGANARELLE.

Non.

PANCRACE.

Syriaque?

SGANARELLE.

Non.

PANCRACE.

Turc?

SGANARELLE.

Non.

PANCRACE.

Arabe?

SGANARELLE.

Non, non; françois [françois, françois].

PANCRACE.

Ah! françois?

SGANARELLE.

Fort bien.

PANCRACE.

Passez donc de l'autre côté; car cette oreille-ci est destinée pour les langues scientifiques [et étrangères], et l'autre est pour [la vulgaire et] la maternelle.

SGANARELLE, *à part*.

Il faut bien des cérémonies avec ces sortes de gens-ci.

PANCRACE.

Que voulez-vous?

SCÈNE VI.

SGANARELLE.

Vous consulter sur une petite difficulté.

PANCRACE.

[Ah, ah!] sur une difficulté de philosophie, sans doute?

SGANARELLE.

Pardonnez-moi. Je...

PANCRACE.

Vous voulez peut-être savoir si la substance et l'accident sont termes synonymes ou équivoques à l'égard de l'être?

SGANARELLE.

Point du tout. Je...

PANCRACE.

Si la logique est un art ou une science?

SGANARELLE.

Ce n'est pas cela. Je...

PANCRACE.

Si elle a pour objet les trois opérations de l'esprit, ou la troisième seulement?

SGANARELLE.

Non. Je...

PANCRACE.

S'il y a dix catégories, ou s'il n'y en a qu'une?

SGANARELLE.

Point. Je...

PANCRACE.

Si la conclusion est de l'essence du syllogisme?

SGANARELLE.

Nenni. Je...

PANCRACE.

Si l'essence du bien est mise dans l'appétibilité, ou dans la convenance?

SGANARELLE.

Non. Je...

PANCRACE.

Si le bien se réciproque avec la fin?

SGANARELLE.

Hé! non. Je...

PANCRACE.

Si la fin nous peut émouvoir par son être réel, ou par son être intentionnel?

SGANARELLE.

Non, non, non, non, non, de par tous les diables, non.

PANCRACE.

Expliquez donc votre pensée, car je ne puis pas la deviner.

SGANARELLE.

Je vous la veux expliquer aussi; mais il faut m'écouter. (*Pendant que Sganarelle dit:*) L'affaire que j'ai à vous dire, c'est que j'ai envie de me marier avec une fille qui est jeune et belle. Je l'aime fort, et je l'ai demandée à son père; mais comme j'appréhende...

PANCRACE *dit en même temps, sans écouter Sganarelle.*

La parole a été donnée à l'homme pour expliquer sa pensée; et, tout ainsi que les pensées sont les portraits des choses, de même nos paroles sont-elles les portraits de nos pensées...

SCÈNE VI.

(*Sganarelle, impatienté, ferme la bouche du docteur avec sa main à plusieurs reprises ; et le docteur continue de parler d'abord que Sganarelle ôte sa main.*)
Mais ces portraits diffèrent des autres portraits en ce que les autres portraits sont distingués partout de leurs originaux, et que la parole enferme en soi son original, puisqu'elle n'est autre chose que la pensée expliquée par un signe extérieur; d'où vient que ceux qui pensent bien sont aussi ceux qui parlent le mieux. Expliquez-moi donc votre pensée par la parole, qui est le plus intelligible de tous les signes.

SGANARELLE *pousse le docteur dans sa maison, et tire la porte pour l'empêcher de sortir.*

[Peste de l'homme !

PANCRACE, *au dedans de sa maison.*

Oui, la parole est *animi index et speculum.* C'est le truchement du cœur, c'est l'image de l'ame.

(*Il monte à la fenêtre, et continue.*)
C'est un miroir qui nous présente naïvement les secrets les plus arcanes [1] de nos individus; et, puisque vous avez la faculté de ratiociner [2] et de parler tout ensemble, à quoi tient-il que vous ne vous serviez de la parole pour me faire entendre votre pensée ?

SGANARELLE.

C'est ce que je veux faire; mais vous ne voulez pas m'écouter.

PANCRACE.

Je vous écoute, parlez.

[1] *Arcanes*, mystérieux.
[2] *Ratiociner*, pour *raisonner*.

SGANARELLE.

Je dis donc, monsieur le docteur, que...

PANCRACE.

Mais surtout soyez bref.

SGANARELLE.

Je le serai.

PANCRACE.

Évitez la prolixité.

SGANARELLE.

Hé! monsi...

PANCRACE.

Tranchez-moi votre discours d'un apophthegme à la laconienne.

SGANARELLE.

Je vous...

PANCRACE.

Point d'ambages, de circonlocutions.

(*Sganarelle, de dépit de ne pouvoir parler, ramasse des pierres pour en casser la tête du docteur.*)

Hé quoi! vous vous emportez, au lieu de vous expliquer. Allez, vous êtes plus impertinent que celui qui m'a voulu soutenir qu'il faut dire la forme d'un chapeau; et je vous prouverai en toute rencontre par raisons démonstratives et convaincantes, et par arguments *in barbara*, que vous n'êtes et ne serez jamais qu'une pécore, et que je suis et serai toujours *in utroque jure* le docteur Pancrace...

SGANARELLE.

Quel diable de babillard!

PANCRACE, *en rentrant sur le théâtre.*
Homme de lettres, homme d'érudition...

SGANARELLE.

Encore !

PANCRACE.

Homme de suffisance, homme de capacité; *(s'en allant)* homme consommé dans toutes les sciences naturelles, morales et politiques; *(revenant)* homme savant, savantissime, *per omnes modos et casus;* *(s'en allant)* homme qui possède, *superlative,* fable, mythologie et histoire, *(revenant)* grammaire, poésie, rhétorique, dialectique et sophistique, *(s'en allant)* mathématiques, arithmétique, optique, onirocritique, physique et métaphysique, *(revenant)* cosmométrie, géométrie, architecture, spéculoire et spéculatoire, *(s'en allant)* médecine, astronomie, astrologie, physionomie, métoposcopie, chiromancie, géomancie, etc.]

SCÈNE VII.

SGANARELLE.

Au diable les savants qui ne veulent point écouter les gens ! On me l'avoit bien dit que son maître Aristote n'étoit rien qu'un bavard. Il faut que j'aille trouver l'autre; peut-être qu'il sera plus posé et plus raisonnable Holà !

SCÈNE VIII.

MARPHURIUS, SGANARELLE.

MARPHURIUS.

Que voulez-vous de moi, seigneur Sganarelle ?

SGANARELLE.

Seigneur docteur, j'aurois besoin de votre conseil sur une petite affaire dont il s'agit, et je suis venu ici pour cela. (*à part,*) Ah ! voilà qui va bien. Il écoute le monde, celui-ci.

MARPHURIUS.

Seigneur Sganarelle, changez, s'il vous plaît, cette façon de parler. Notre philosophie ordonne de ne point énoncer de proposition décisive, de parler de tout avec incertitude, de suspendre toujours son jugement ; et, par cette raison, vous ne devez pas dire : Je suis venu, mais, Il me semble que je suis venu.

SGANARELLE.

Il me semble ?

MARPHURIUS.

Oui.

SGANARELLE.

Parbleu ! il faut bien qu'il me semble, puisque cela est.

MARPHURIUS.

Ce n'est pas une conséquence ; et il peut vous le sembler, sans que la chose soit véritable.

SGANARELLE.

Comment ! il n'est pas vrai que je suis venu ?

SCÈNE VIII.

MARPHURIUS.

Cela est incertain, et nous devons douter de tout.

SGANARELLE.

Quoi! je ne suis pas ici, et vous ne me parlez pas?

MARPHURIUS.

Il m'apparoît que vous êtes là, et il me semble que je vous parle; mais il n'est pas assuré que cela soit.

SGANARELLE.

Hé! que diable! vous vous moquez. Me voilà, et vous voilà bien nettement, et il n'y a point de *me semble* à tout cela. Laissons ces subtilités, je vous prie, et parlons de mon affaire. Je viens vous dire que j'ai envie de me marier.

MARPHURIUS.

Je n'en sais rien.

SGANARELLE.

Je vous le dis.

MARPHURIUS.

Il se peut faire.

SGANARELLE.

La fille que je veux prendre est fort jeune et fort belle.

MARPHURIUS.

Il n'est pas impossible.

SGANARELLE.

Ferai-je bien ou mal de l'épouser?

MARPHURIUS.

L'un ou l'autre.

SGANARELLE, *à part*.

Ah, ah! voici une autre musique. (*à Marphurius.*)

Je vous demande si je ferai bien d'épouser la fille dont je vous parle.

MARPHURIUS.

Selon la rencontre.

SGANARELLE.

Ferai-je mal ?

MARPHURIUS.

Par aventure.

SGANARELLE.

De grace, répondez-moi comme il faut.

MARPHURIUS.

C'est mon dessein.

SGANARELLE.

J'ai une grande inclination pour la fille.

MARPHURIUS.

Cela peut être.

SGANARELLE.

Le père me l'a accordée.

MARPHURIUS.

Il se pourroit.

SGANARELLE.

Mais, en l'épousant, je crains d'être cocu.

MARPHURIUS.

La chose est faisable.

SGANARELLE.

Qu'en pensez-vous ?

MARPHURIUS.

Il n'y a pas d'impossibilité.

SGANARELLE.

Mais que feriez-vous, si vous étiez à ma place ?

SCÈNE VIII.

MARPHURIUS.

Je ne sais.

SGANARELLE.

Que me conseillez-vous de faire?

MARPHURIUS.

Ce qui vous plaira.

SGANARELLE.

J'enrage.

MARPHURIUS.

Je m'en lave les mains.

SGANARELLE.

Au diable soit le vieux rêveur!

MARPHURIUS.

Il en sera ce qu'il pourra.

SGANARELLE, *à part.*

La peste du bourreau! Je te ferai changer de note, chien de philosophe enragé.

(*Il donne des coups de bâton à Marphurius.*)

MARPHURIUS.

Ah, ah, ah!

SGANARELLE.

Te voilà payé de ton galimatias, et me voilà content.

MARPHURIUS.

Comment? quelle insolence! M'outrager de la sorte? avoir eu l'audace de battre un philosophe comme moi!

SGANARELLE.

Corrigez, s'il vous plaît, cette manière de parler. Il faut douter de toute chose; et vous ne devez pas dire que je vous ai battu, mais qu'il vous semble que je vous ai battu.

MARPHURIUS.

Ah, je m'en vais faire ma plainte au commissaire du quartier, des coups que j'ai reçus.

SGANARELLE.

Je m'en lave les mains.

MARPHURIUS.

J'en ai les marques sur ma personne.

SGANARELLE.

Il se peut faire.

MARPHURIUS.

C'est toi qui m'as traité ainsi.

SGANARELLE.

Il n'y a pas d'impossibilité.

MARPHURIUS.

J'aurai un décret contre toi.

SGANARELLE.

Je n'en sais rien.

MARPHURIUS.

Et tu seras condamné en justice.

SGANARELLE.

Il en sera ce qu'il pourra.

MARPHURIUS.

Laisse-moi faire.

SCÈNE IX.

SGANARELLE.

Comment, on ne sauroit tirer une parole positive de ce chien d'homme-là, et l'on est aussi savant à la fin qu'au commencement! Que dois-je faire, dans l'incertitude des suites de mon mariage? jamais homme ne fut plus embarrassé que je suis. Ah! voici des Égyptiennes : il faut que je me fasse dire par elles ma bonne aventure.

SCÈNE X.

DEUX ÉGYPTIENNES, SGANARELLE.

(*Les Égyptiennes, avec leurs tambours de basque, entrent en chantant et en dansant.*)

SGANARELLE.
Elles sont gaillardes. Écoutez, vous autres : y a-t-il moyen de me dire ma bonne fortune?

PREMIÈRE ÉGYPTIENNE.
Oui, mon beau monsieur, nous voici deux qui te la dirons.

SECONDE ÉGYPTIENNE.
Tu n'as seulement qu'à nous donner ta main avec la croix dedans, et nous te dirons quelque chose pour ton bon profit.

SGANARELLE.
Tenez, les voilà toutes deux, avec ce que vous demandez.

PREMIÈRE ÉGYPTIENNE.

Tu as une bonne physionomie, mon bon monsieur, une bonne physionomie.

SECONDE ÉGYPTIENNE.

Oui, une bonne physionomie; physionomie d'un homme qui sera un jour quelque chose.

PREMIÈRE ÉGYPTIENNE.

Tu seras marié avant qu'il soit peu, mon bon monsieur; tu seras marié avant qu'il soit peu.

SECONDE ÉGYPTIENNE.

Tu épouseras une femme gentille, une femme gentille.

PREMIÈRE ÉGYPTIENNE.

Oui, une femme qui sera chérie et aimée de tout le monde.

SECONDE ÉGYPTIENNE.

Une femme qui te fera beaucoup d'amis, mon bon monsieur, qui te fera beaucoup d'amis.

PREMIÈRE ÉGYPTIENNE.

Une femme qui fera venir l'abondance chez toi.

SECONDE ÉGYPTIENNE.

Une femme qui te donnera une grande réputation.

PREMIÈRE ÉGYPTIENNE.

Tu seras considéré par elle, mon bon monsieur, tu seras considéré par elle.

SGANARELLE.

Voilà qui est bien. Mais, dites-moi un peu, suis-je menacé d'être cocu?

SECONDE ÉGYPTIENNE.

Cocu?

SCÈNE XI.

SGANARELLE.

Oui.

PREMIÈRE ÉGYPTIENNE.

Cocu?

SGANARELLE.

Oui, si je suis menacé d'être cocu?
(*Les deux Égyptiennes dansent et chantent.*)
Que diable, ce n'est pas là me répondre. Venez çà : je vous demande à toutes deux si je serai cocu?

SECONDE ÉGYPTIENNE.

Cocu, vous?

SGANARELLE.

Oui, si je serai cocu?

PREMIÈRE ÉGYPTIENNE.

Vous, cocu?

SGANARELLE.

Oui, si je le serai, ou non?
(*Les deux Égyptiennes sortent en chantant et en dansant.*)

SCÈNE XI.

SGANARELLE.

Peste soit des carognes, qui me laissent dans l'inquiétude! Il faut absolument que je sache la destinée de mon mariage; et, pour cela, je veux aller trouver ce grand magicien dont tout le monde parle tant, et qui, par son art admirable, fait voir tout ce que l'on souhaite. Ma foi, je crois que je n'ai que faire d'aller au magicien, et voici qui me montre tout ce que je puis demander.

SCÈNE XII.

DORIMÈNE, LYCASTE; SGANARELLE, *retiré dans un coin du théâtre sans être vu.*

LYCASTE.

Quoi, belle Dorimène! c'est sans raillerie que vous parlez?

DORIMÈNE.

Sans raillerie.

LYCASTE.

Vous vous mariez tout de bon?

DORIMÈNE.

Tout de bon.

LYCASTE.

Et vos noces se feront dès ce soir?

DORIMÈNE.

Dès ce soir.

LYCASTE.

Et vous pouvez, cruelle que vous êtes, oublier de la sorte l'amour que j'ai pour vous, et les obligeantes paroles que vous m'aviez données?

DORIMÈNE.

Moi? point du tout. Je vous considère toujours de même; et ce mariage ne doit point vous inquiéter. C'est un homme que je n'épouse point par amour, et sa seule richesse me fait résoudre à l'accepter. Je n'ai point de bien, vous n'en avez point aussi; et vous savez que sans cela on passe mal le temps au monde, et qu'à quelque prix que ce soit il faut tâcher d'en avoir. J'ai embrassé cette occasion-ci de me mettre à mon aise, et je l'ai fait sur l'espérance de me voir bientôt délivrée du barbon que je prends. C'est un homme qui mourra avant qu'il soit peu, et qui n'a tout au plus que six mois dans le ventre. Je vous le garantis défunt dans le temps que je dis; et je n'aurai pas longuement à demander pour moi au ciel l'heureux état de veuve...

(à Sganarelle qu'elle aperçoit.)
Ah, nous parlions de vous! et nous en disions tout le bien qu'on en sauroit dire.

LYCASTE.

Est-ce là monsieur...

DORIMÈNE.

Oui, c'est monsieur qui me prend pour femme.

LYCASTE.

Agréez, monsieur, que je vous félicite de votre mariage, et vous présente en même temps mes très humbles services. Je vous assure que vous épousez là une très honnête personne. Et vous, mademoiselle, je me rejouis avec vous aussi de l'heureux choix que vous avez fait : vous ne pouviez pas mieux trouver; et monsieur a toute la mine d'être un fort bon mari. Oui, monsieur, je veux faire amitié avec vous, et lier ensemble un petit commerce de visites et de divertissements.

DORIMÈNE.

C'est trop d'honneur que vous nous faites à tous

deux. Mais allons, le temps me presse, et nous aurons tout le loisir de nous entretenir ensemble.

SCÈNE XIII.

SGANARELLE.

Me voilà tout-à-fait dégoûté de mon mariage, et je crois que je ne ferai pas mal de m'aller dégager de ma parole. Il m'en a coûté quelque argent; mais il vaut mieux encore perdre cela que de m'exposer à quelque chose de pis. Tâchons adroitement de nous débarrasser de cette affaire. Holà!
(Il frappe à la porte de la maison d'Alcantor.)

SCÈNE XIV.

ALCANTOR, SGANARELLE.

ALCANTOR.
Ah, mon gendre, soyez le bien venu!

SGANARELLE.
Monsieur, votre serviteur.

ALCANTOR.
Vous venez pour conclure le mariage?

SGANARELLE.
Excusez-moi.

ALCANTOR.
Je vous promets que j'en ai autant d'impatience que vous.

SCENE XIV.

SGANARELLE.

Je viens ici pour un autre sujet.

ALCANTOR.

J'ai donné ordre à toutes les choses nécessaires pour cette fête.

SGANARELLE.

Il n'est pas question de cela.

ALCANTOR.

Les violons sont retenus, le festin est commandé, et ma fille est parée pour vous recevoir.

SGANARELLE.

Ce n'est pas ce qui m'amène.

ALCANTOR.

Enfin vous allez être satisfait; et rien ne peut retarder votre contentement.

SGANARELLE.

Mon dieu! c'est autre chose.

ALCANTOR.

Allons, entrez donc, mon gendre.

SGANARELLE.

J'ai un petit mot à vous dire.

ALCANTOR.

Ah, mon dieu! ne faisons point de cérémonie. Entrez vite, s'il vous plaît.

SGANARELLE.

Non, vous dis-je. Je vous veux parler auparavant.

ALCANTOR.

Voulez-vous me dire quelque chose?

SGANARELLE.

Oui.

ALCANTOR.

Et quoi?

SGANARELLE.

Seigneur Alcantor, j'ai demandé votre fille en mariage, il est vrai, et vous me l'avez accordée; mais je me trouve un peu avancé en âge pour elle, et je considère que je ne suis point du tout son fait.

ALCANTOR.

Pardonnez-moi, ma fille vous trouve bien comme vous êtes; et je suis sûr qu'elle vivra fort contente avec vous.

SGANARELLE.

Point. J'ai parfois des bizarreries épouvantables, et elle auroit trop à souffrir de ma mauvaise humeur.

ALCANTOR.

Ma fille a de la complaisance, et vous verrez qu'elle s'accommodera entièrement à vous.

SGANARELLE.

J'ai quelques infirmités sur mon corps qui pourroient la dégoûter.

ALCANTOR.

Cela n'est rien. Une honnête femme ne se dégoûte jamais de son mari.

SGANARELLE.

Enfin, voulez-vous que je vous dise? Je ne vous conseille point de me la donner.

ALCANTOR.

Vous moquez-vous? J'aimerois mieux mourir que d'avoir manqué à ma parole.

SCÈNE XIV.

SGANARELLE.

Mon dieu ! je vous en dispense; et je...

ALCANTOR.

Point du tout. Je vous l'ai promise; et vous l'aurez en dépit de tous ceux qui y prétendent.

SGANARELLE, *à part.*

Que diable !

ALCANTOR.

Voyez-vous, j'ai une estime et une amitié pour vous toute particulière; et je refuserois ma fille à un prince pour vous la donner.

SGANARELLE.

Seigneur Alcantor, je vous suis obligé de l'honneur que vous me faites; mais je vous déclare que je ne me veux point marier.

ALCANTOR.

Qui, vous ?

SGANARELLE.

Oui, moi.

ALCANTOR.

Et la raison ?

SGANARELLE.

La raison? C'est que je ne me sens point propre pour le mariage, et que je veux imiter mon père et tous ceux de ma race, qui ne se sont jamais voulu marier.

ALCANTOR.

Écoutez. Les volontés sont libres; et je suis homme à ne contraindre jamais personne. Vous vous êtes engagé avec moi pour épouser ma fille, et tout est préparé pour cela; mais, puisque vous voulez retirer votre parole, je vais voir ce qu'il y a à faire, et vous aurez bientôt de mes nouvelles.

SCÈNE XV.

SGANARELLE.

Encore est-il plus raisonnable que je ne pensois; et je croyois avoir bien plus de peine à m'en dégager. Ma foi, quand j'y songe, j'ai fait fort sagement de me tirer de cette affaire; et j'allois faire un pas dont je me serois peut-être long-temps repenti. Mais voici le fils qui me vient rendre réponse.

SCÈNE XVI.

ALCIDAS, SGANARELLE.

ALCIDAS, *parlant d'un ton doucereux.*
Monsieur, je suis votre serviteur très humble.
SGANARELLE.
Monsieur, je suis le vôtre de tout mon cœur.
ALCIDAS, *toujours avec le même ton.*
Mon père m'a dit, monsieur, que vous vous étiez venu dégager de la parole que vous aviez donnée.
SGANARELLE.
Oui, monsieur. C'est avec regret; mais...
ALCIDAS.
Oh, monsieur! il n'y a pas de mal à cela.

SCÈNE XVI.

SGANARELLE.

J'en suis fâché, je vous assure, et je souhaiterois...

ALCIDAS.

Cela n'est rien, vous dis-je.

(*Alcidas présente à Sganarelle deux épées.*)

Monsieur, prenez la peine de choisir de ces deux épées laquelle vous voulez.

SGANARELLE.

De ces deux épées?

ALCIDAS.

Oui, s'il vous plaît.

SGANARELLE.

A quoi bon?

ALCIDAS.

Monsieur, comme vous refusez d'épouser ma sœur après la parole donnée, je crois que vous ne trouverez pas mauvais le petit compliment que je viens vous faire.

SGANARELLE.

Comment?

ALCIDAS.

D'autres gens feroient du bruit, et s'emporteroient contre vous; mais nous sommes personnes à traiter les choses dans la douceur; et je viens vous dire civilement qu'il faut, si vous le trouvez bon, que nous nous coupions la gorge ensemble.

SGANARELLE.

Voilà un compliment fort mal tourné.

ALCIDAS.

Allons, monsieur, choisissez, je vous prie.

SGANARELLE.

Je suis votre valet, je n'ai point de gorge à me couper. (*à part.*) La vilaine façon de parler que voilà !

ALCIDAS.

Monsieur, il faut que cela soit, s'il vous plaît.

SGANARELLE.

Hé, monsieur! rengaînez ce compliment, je vous prie.

ALCIDAS.

Dépêchons vite, monsieur; j'ai une petite affaire qui m'attend.

SGANARELLE.

Je ne veux point de cela, vous dis-je.

ALCIDAS.

Vous ne voulez pas vous battre?

SGANARELLE.

Nenni, ma foi.

ALCIDAS.

Tout de bon?

SGANARELLE.

Tout de bon.

ALCIDAS, *après lui avoir donné des coups de bâton.*

Au moins, monsieur, vous n'avez pas lieu de vous plaindre; vous voyez que je fais les choses dans l'ordre : vous nous manquez de parole, je me veux battre contre vous; vous refusez de vous battre, je vous donne des coups de bâton : tout cela est dans les formes; et vous êtes trop honnête homme pour ne pas approuver mon procédé.

SCÈNE XVI.

SGANARELLE, *à part.*

Quel diable d'homme est-ce ci?

ALCIDAS, *lui présentant encore les deux épées.*

Allons, monsieur, faites les choses galamment, et sans vous faire tirer l'oreille.

SGANARELLE.

Encore?

ALCIDAS.

Monsieur, je ne contrains personne; mais il faut que vous vous battiez ou que vous épousiez ma sœur.

SGANARELLE.

Monsieur, je ne puis faire ni l'un ni l'autre, je vous assure.

ALCIDAS.

Assurément?

SGANARELLE.

Assurément.

ALCIDAS.

Avec votre permission donc...
(*Alcidas lui donne encore des coups de bâton.*)

SGANARELLE.

Ah, ah, ah!

ALCIDAS.

Monsieur, j'ai tous les regrets du monde d'être obligé d'en user ainsi avec vous; mais je ne cesserai point, s'il vous plaît, que vous n'ayez promis de vous battre ou d'épouser ma sœur.
(*Alcidas lève le bâton.*)

SGANARELLE.

Hé bien, j'épouserai, j'épouserai.

ALCIDAS.

Ah, monsieur! je suis ravi que vous vous mettiez à la raison, et que les choses se passent doucement; car enfin vous êtes l'homme du monde que j'estime le plus, je vous jure; et j'aurois été au désespoir que vous m'eussiez contraint à vous maltraiter. Je vais appeler mon père pour lui dire que tout est d'accord.

(*Il va frapper à la porte d'Alcantor.*)

SCÈNE XVII.

ALCANTOR, DORIMÈNE, ALCIDAS, SGANARELLE.

ALCIDAS.

Mon père, voilà monsieur qui est tout-à-fait raisonnable. Il a voulu faire les choses de bonne grace, et vous pouvez lui donner ma sœur.

ALCANTOR.

Monsieur, voilà sa main, vous n'avez qu'à donner la vôtre. Loué soit le ciel! m'en voilà déchargé; et c'est vous désormais que regarde le soin de sa conduite. Allons nous réjouir, et célébrer cet heureux mariage.

FIN DU MARIAGE FORCÉ.

LE MARIAGE FORCÉ,

BALLET DU ROI

DANSÉ PAR SA MAJESTÉ, LE 29 DE JANVIER 1664.

PERSONNAGES.

SGANARELLE [1].
GÉRONIMO [2].
DORIMÈNE [3].
ALCANTOR [4].
LYCANTE* [5].
PREMIÈRE BOHÉMIENNE [6].
SECONDE BOHÉMIENNE [7].
PREMIER DOCTEUR [8].
SECOND DOCTEUR [9].

ACTEURS.

[1] Molière. — [2] La Thorillière. — [3] Mademoiselle Du Parc. — [4] Béjart. — [5] La Grange. — [6] Mademoiselle Béjart. — [7] Mademoiselle De Brie. — [8] Brécourt. — [9] Du Croisy.

*Lycante est le même personnage appelé *Alcidas* dans la comédie.

LE MARIAGE FORCÉ[1],

BALLET DU ROI.

ARGUMENT.

Comme il n'y a rien au monde qui soit si commun que le mariage, et que c'est une chose sur laquelle les hommes ordinairement se tournent le plus en ridicule, il n'est pas merveilleux que ce soit toujours la matière de la plupart des comédies, aussi bien que des ballets, qui sont des comédies muettes ; et c'est par là qu'on a pris l'idée de cette comédie-mascarade.

ACTE PREMIER.

SCÈNE I.

Sganarelle demande conseil au seigneur Géronimo s'il doit se marier ou non : cet ami lui dit franchement que le mariage n'est guère le fait d'un homme de cinquante ans; mais Sganarelle lui répond qu'il est résolu au mariage; et l'autre, voyant cette extravagance de demander conseil après une résolution prise, lui conseille hautement de se marier, et le quitte en riant.

---

[1] Lorsque Molière fit jouer *le Mariage forcé*, sur le théâtre du Palais-Royal, il supprima les récits et les entrées de ballet, et réduisit sa pièce en un acte. Nous croyons devoir rétablir ici les morceaux supprimés.

SCÈNE II.

La maîtresse de Sganarelle arrive, qui lui dit qu'elle est ravie de se marier avec lui, pour pouvoir sortir promptement de la sujétion de son père, et avoir désormais toutes ses coudées franches; et là dessus elle lui conte la manière dont elle prétend vivre avec lui, qui sera proprement la naïve peinture d'une coquette achevée. Sganarelle reste seul après ce discours, il se plaint d'une pesanteur de tête épouvantable, et se mettant dans un coin du théâtre pour dormir, il voit en songe une femme, représentée par mademoiselle Hilaire, qui chante ce récit :

RÉCIT DE LA BEAUTÉ.

Si l'Amour vous soumet à ses lois inhumaines,
Choisissez, en aimant, un objet plein d'appas :
    Portez au moins de belles chaînes;
Et puisqu'il faut mourir, mourez d'un beau trépas.
Si l'objet de vos feux ne mérite vos peines,
Sous l'empire d'Amour ne vous engagez pas :
    Portez au moins d'aimables chaînes;
Et puisqu'il faut mourir, mourez d'un beau trépas.

PREMIÈRE ENTRÉE.

LA JALOUSIE, LES CHAGRINS ET LES SOUPÇONS.

La Jalousie, le sieur *Dolivet*.

Les Chagrins, les sieurs *Saint-André* et *Desbrosses*.

Les Soupçons, les sieurs *De Lorge* et *Le Chantre*.

DEUXIÈME ENTRÉE.

QUATRE PLAISANTS ou GOGUENARDS.

Le comte *d'Armagnac*, messieurs *d'Heureux*, *Beauchamp* et *Des-Airs le jeune*.

FIN DU PREMIER ACTE.

ACTE SECOND.

SCÈNE I.

Le Seigneur Géronimo éveille Sganarelle, qui veut lui conter le songe qu'il vient de faire; mais il lui répond qu'il n'entend rien aux songes, et que, sur le mariage, il peut consulter deux savants qui sont contents de lui, dont l'un suit la philosophie d'Aristote, et l'autre est pyrrhonien.

SCÈNE II.

Il trouve le premier qui l'étourdit de son caquet, et ne le laisse point parler; ce qui l'oblige à le maltraiter.

SCÈNE III.

Ensuite il rencontre l'autre qui ne lui répond, suivant sa doctrine, qu'en termes qui ne décident rien; il le chasse avec colère; et là dessus arrivent deux Égyptiens et quatre Égyptiennes.

BALLET.

TROISIÈME ENTRÉE.

DEUX ÉGYPTIENS, QUATRE ÉGYPTIENNES.

Deux Égyptiens, le roi, le marquis *de Villeroy*.
Égyptiennes, le marquis *de Rassan*, les sieurs *Raynal*, *Noblet* et *La Pierre*.

Il prend fantaisie à Sganarelle de se faire dire sa bonne aventure, et rencontrant deux bohémiennes, il leur demande s'il sera heureux en mariage : pour réponse, elles se mettent à danser, en se moquant de lui, ce qui l'oblige d'aller trouver un magicien.

RÉCIT D'UN MAGICIEN.

<blockquote>
Holà !
Qui va là ?
Dis-moi vite quel souci
Te peut amener ici ?
</blockquote>

Mariage [1].

<blockquote>
Ce sont de grands mystères
Que ces sortes d'affaires !
</blockquote>

Destinée.

---

[1] Il ne reste des demandes de Sganarelle au magicien que les répliques.

Je te vais, pour cela, par mes charmes profonds,
Faire venir quatre démons.

Ces gens-là.

Non, non, n'ayez aucune peur;
Je leur ôterai la laideur.

N'effrayez pas.

Des puissances invincibles
Rendent depuis long-temps tous les démons muets,
Mais, par signes intelligibles,
Ils répondront à tes souhaits.

QUATRIÈME ENTRÉE.

UN MAGICIEN, *qui fait sortir quatre démons.*

Le Magicien, M. *Beauchamp.*
Quatre Démons, MM. *d'Heureux, De Lorge, Des-Airs l'aîné,* et *Le Mercier.*

Sganarelle interroge les démons : ils répondent par signes, et sortent en lui faisant les cornes.

FIN DU SECOND ACTE.

ACTE TROISIÈME.

SCÈNE I.

Sganarelle, effrayé de ce présage, veut s'aller dégager au père, qui, ayant ouï la proposition, lui répond qu'il n'a rien à lui dire, et qu'il lui va tout-à-l'heure envoyer sa réponse.

SCÈNE II.

Cette réponse est un brave doucereux, son fils, qui vient avec civilité à Sganarelle, et lui fait un petit compliment pour se couper la gorge ensemble. Sganarelle l'ayant refusé, il lui donne quelques coups de bâton, le plus civilement du monde; et ces coups de bâton le portent à demeurer d'accord d'épouser la fille.

SCÈNE III.

Sganarelle touche les mains à la fille.

CINQUIÈME ENTRÉE.

UN MAITRE A DANSER, représenté par M. *Dolivet*, qui vient enseigner une courante à Sganarelle.

SCÈNE IV.

Le seigneur Géronimo vient se réjouir avec son ami, et lui dit que les jeunes gens de la ville ont préparé une mascarade pour honorer ses noces.

CONCERT ESPAGNOL

Chanté par la signora Anna Bergerotti, Bordigoni, Chiarini, Jon Augustin, Taillavaca, Angelo Michael.

Ciego me tienes, Belisa,
Mas bien tus rigores veo;
Porque es tu desden tan claro,
Que pueden verle los ciegos.

Aunque mi amor es tan grande,
Como mi dolor nos es menos;
Si calla el uno dormido,
Sé que ya es el otro despierto.

Favores tuyos, Belisa,
Tuvieralos yo secretos;
Mas ya de dolores mios
No puedo hacer lo que quiero [1].

---

[1] On a traduit ainsi ces couplets:

« Tu me crois aveugle, Bélise, mais je m'aperçois bien de tes rigueurs; car ton dédain est sensible à l'œil le moins clairvoyant.

« Quelque grand que soit mon amour, ma douleur n'est pas moindre; si l'une est amortie par le sommeil, je sens que l'autre ne sauroit s'assoupir.

« Je pourrois, Bélise, garder le secret de tes faveurs; quant à celui de mes douleurs, je n'en suis plus le maître. »

SIXIÈME ENTRÉE.

DEUX ESPAGNOLS et DEUX ESPAGNOLES.

Espagnols, MM. *du Pille* et *Tartas.*
Espagnoles, MM. *de La Lanne* et *Saint-André.*

SEPTIÈME ENTRÉE.

UN CHARIVARI GROTESQUE.

M. *Lulli*, les sieurs *Balthasard*, *Vagnac*, *Bonnard*, *La Pierre*, *Descousteaux*, et les trois *Opterres* frères.

HUITIÈME ENTRÉE.

QUATRE GALANTS *cajolant la femme de Sganarelle.*

M. le *Duc*, M. le duc *de Saint-Aignan*, MM. *Beauchamp* et *Raynal.*

FIN DU BALLET.

DON JUAN

ou

LE FESTIN DE PIERRE,

COMÉDIE EN CINQ ACTES

ET EN PROSE,

Représentée à Paris, sur le théâtre du Palais-Royal,
le 5 février 1665.

PERSONNAGES

DON JUAN, fils de don Louis [1].
SGANARELLE [2].
ELVIRE, femme de don Juan [3].
GUSMAN, écuyer d'Elvire.
DON CARLOS,
DON ALONSE, } frères d'Elvire.
DON LOUIS, père de don Juan [4].
FRANCISQUE, pauvre.
CHARLOTTE [5],
MATHURINE [6], } paysannes.
PIERROT, paysan [7].
LA STATUE DU COMMANDEUR.
LA VIOLETTE,
RAGOTIN, } valets de don Juan.
MONSIEUR DIMANCHE, marchand [8].
LA RAMÉE, spadassin [9].
SUITE DE DON JUAN.
SUITE DE DON CARLOS ET DE DON ALONSE, frères.
UN SPECTRE.

ACTEURS.

[1] LA GRANGE. — [2] MOLIÈRE. — [3] Mademoiselle DU PARC. — [4] BÉJART. — [5] Mademoiselle MOLIÈRE (Armande BÉJART). — [6] Mademoiselle DE BRIE. — [7] HUBERT. — [8] DU CROISY. — [9] DE BRIE.

La scène est en Sicile.

DON JUAN

ou

LE FESTIN DE PIERRE.

ACTE PREMIER.

Le théâtre représente un Palais.

SCÈNE I.

SGANARELLE, GUSMAN.

SGANARELLE, *tenant une tabatière.*

Quoi que puisse dire Aristote, et toute la philosophie, il n'est rien d'égal au tabac : c'est la passion des honnêtes gens ; et qui vit sans tabac n'est pas digne de vivre. Non seulement il réjouit et purge les cerveaux humains, mais encore il instruit les ames à la vertu, et l'on apprend avec lui à devenir honnête homme. Ne voyez-vous pas bien, dès qu'on en prend, de quelle manière obligeante on en use avec tout le monde, et comme on est ravi d'en donner à droite et à gauche, partout où l'on se trouve? On n'attend pas même qu'on en demande, et l'on court au devant du souhait des gens : tant il est vrai que le tabac inspire des sentiments d'honneur et de vertu à tous ceux qui en prennent! Mais c'est assez de cette matière; reprenons un peu notre discours. Si bien donc, cher Gusman, que done Elvire, ta maîtresse, surprise de notre départ, s'est mise en campagne après nous; et son cœur, que mon maître a su toucher trop fortement, n'a pu vivre, dis-tu, sans le venir chercher ici. Veux-tu qu'entre nous je te dise ma pensée? J'ai peur qu'elle ne soit mal payée de son amour, que son voyage en cette ville produise peu de fruit, et que vous eussiez autant gagné à ne bouger de là.

GUSMAN.

Et la raison encore, dis-moi, je te prie, Sganarelle, qui peut t'inspirer une peur d'un si mauvais augure? ton maître t'a-t-il ouvert son cœur là dessus, et t'a-t-il dit qu'il eût pour nous quelque froideur qui l'ait obligé à partir?

SGANARELLE.

Non pas; mais, à vue de pays, je connois à peu près le train des choses; et, sans qu'il m'ait encore rien dit, je gagerois presque que l'affaire va là. Je pourrois peut-être me tromper; mais enfin, sur de tels sujets, l'expérience m'a pu donner quelques lumières.

GUSMAN.

Quoi, ce départ si peu prévu seroit une infidélité de don Juan? il pourroit faire cette injure aux chastes feux de done Elvire?

SGANARELLE.

Non; c'est qu'il est jeune encore, et qu'il n'a pas le courage.

ACTE I, SCÈNE I.

GUSMAN.

Un homme de sa qualité feroit une action si lâche?

SGANARELLE.

Hé, oui, sa qualité! la raison en est belle! et c'est par là qu'il s'empêcheroit des choses!

GUSMAN.

Mais les saints nœuds du mariage le tiennent engagé.

SGANARELLE.

Hé, mon pauvre Gusman, mon ami, tu ne sais pas encore, crois-moi, quel homme est don Juan.

GUSMAN.

Je ne sais pas, de vrai, quel homme il peut être, s'il faut qu'il nous ait fait cette perfidie; et je ne comprends point comme, après tant d'amour et tant d'impatience témoignée, tant d'hommages pressants, de vœux, de soupirs et de larmes, tant de lettres passionnées, de protestations ardentes et de serments réitérés, tant de transports enfin, et tant d'emportements qu'il a fait paroître, jusqu'à forcer, dans sa passion, l'obstacle sacré d'un couvent, pour mettre done Elvire en sa puissance; je ne comprends pas, dis-je, comme, après tout cela, il auroit le cœur de pouvoir manquer à sa parole.

SGANARELLE.

Je n'ai pas grande peine à le comprendre, moi; et si tu connoissois le pèlerin, tu trouverois la chose assez facile pour lui. Je ne dis pas qu'il ait changé de sentiments pour done Elvire; je n'en ai point de certitude encore. Tu sais que, par son ordre, je partis avant lui; et, depuis son arrivée, il ne m'a point entretenu ; mais, par précaution, je t'apprends, *inter nos*, que tu vois en don Juan mon maître le plus grand scélérat que la terre ait jamais porté, un enragé, un chien, un diable, un Turc, un hérétique, qui ne croit ni ciel, ni saint, ni Dieu, ni loup-garou, qui passe cette vie en véritable bête brute ; un pourceau d'Épicure, un vrai Sardanapale, qui ferme l'oreille à toutes les remontrances chrétiennes qu'on lui peut faire, et traite de billevesées tout ce que nous croyons. Tu me dis qu'il a épousé ta maîtresse : crois qu'il auroit plus fait pour sa passion, et qu'avec elle il auroit encore épousé toi, son chien et son chat. Un mariage ne lui coûte rien à contracter ; il ne se sert point d'autres piéges pour attraper les belles, et c'est un épouseur à toutes mains. Dame, demoiselle, bourgeoise, paysanne, il ne trouve rien de trop chaud ni de trop froid pour lui ; et, si je te disois le nom de toutes celles qu'il a épousées en divers lieux, ce seroit un chapitre à durer jusqu'au soir. Tu demeures surpris, et changes de couleur à ce discours : ce n'est là qu'une ébauche du personnage ; et, pour en achever le portrait, il faudroit bien d'autres coups de pinceau. Suffit qu'il faut que le courroux du ciel l'accable quelque jour ; qu'il me vaudroit bien mieux d'être au diable que d'être à lui ; et qu'il me fait voir tant d'horreurs, que je souhaiterois qu'il fût déja je ne sais où. Mais un grand seigneur méchant homme est une terrible chose : il faut que je lui sois fidèle, en dépit que j'en aie ; la crainte en moi fait l'office du zèle, bride mes sentiments, et me réduit d'applaudir bien souvent à ce que mon ame déteste. Le voilà qui vient se promener dans ce palais; séparons-nous. Écoute au moins : je t'ai fait cette confidence avec franchise, et cela m'est sorti un peu bien vite de la bouche; mais s'il falloit qu'il en vînt quelque chose à ses oreilles, je dirois hautement que tu aurois menti.

SCÈNE II.

DON JUAN, SGANARELLE.

DON JUAN.

Quel homme te parloit là? il a bien de l'air, ce me semble, du bon Gusman de done Elvire.

SGANARELLE.

C'est quelque chose aussi à peu près de cela.

DON JUAN.

Quoi, c'est lui?

SGANARELLE.

Lui-même.

DON JUAN.

Et depuis quand est-il en cette ville ?

SGANARELLE.

D'hier au soir.

DON JUAN.

Et quel sujet l'amène?

SGANARELLE.

Je crois que vous jugez assez ce qui le peut inquiéter.

DON JUAN.
Notre départ, sans doute?

SGANARELLE.
Le bon homme en est tout mortifié, et m'en demandoit le sujet.

DON JUAN.
Et quelle réponse as-tu faite?

SGANARELLE.
Que vous ne m'en aviez rien dit.

DON JUAN.
Mais encore quelle est ta pensée là dessus? que t'imagines-tu de cette affaire?

SGANARELLE.
Moi, je crois, sans vous faire tort, que vous avez quelque nouvel amour en tête.

DON JUAN.
Tu le crois?

SGANARELLE.
Oui.

DON JUAN.
Ma foi, tu ne te trompes pas; et je dois t'avouer qu'un autre objet a chassé Elvire de ma pensée.

SGANARELLE.
Hé, mon dieu! je sais mon don Juan sur le bout du doigt, et connois votre cœur pour le plus grand coureur du monde; il se plaît à se promener de liens en liens, et n'aime guère à demeurer en place.

DON JUAN.
Et ne trouves-tu pas, dis-moi, que j'ai raison d'en user de la sorte?

SGANARELLE.

Hé, monsieur...

DON JUAN.

Quoi? parle.

SGANARELLE.

Assurément que vous avez raison, si vous le voulez; on ne peut pas aller là contre; mais si vous ne le vouliez pas, ce seroit peut-être une autre affaire.

DON JUAN.

Hé bien, je te donne la liberté de parler, et de me dire tes sentiments.

SGANARELLE.

En ce cas, monsieur, je vous dirai franchement que je n'approuve point votre méthode, et que je trouve fort vilain d'aimer de tous côtés comme vous faites.

DON JUAN.

Quoi! tu veux qu'on se lie à demeurer au premier objet qui nous prend, qu'on renonce au monde pour lui, et qu'on n'ait plus d'yeux pour personne? La belle chose, de vouloir se piquer d'un faux honneur d'être fidèle, de s'ensevelir pour toujours dans une passion, et d'être mort dès sa jeunesse à toutes les autres beautés qui nous peuvent frapper les yeux! Non, non, la constance n'est bonne que pour des ridicules; toutes les belles ont droit de nous charmer, et l'avantage d'être rencontrée la première ne doit point dérober aux autres les justes prétentions qu'elles ont toutes sur nos cœurs. Pour moi, la beauté me ravit partout où je la trouve, et je cède facilement à cette douce violence dont elle nous entraîne. J'ai beau être engagé, l'amour que j'ai pour une belle n'engage point mon ame à faire injustice aux autres; je conserve des yeux pour voir le mérite de toutes, et rends à chacune les hommages et les tributs où la nature nous oblige. Quoi qu'il en soit, je ne puis refuser mon cœur à tout ce que je vois d'aimable; et dès qu'un beau visage me le demande, si j'en avois dix mille, je les donnerois tous. Les inclinations naissantes, après tout, ont des charmes inexplicables, et tout le plaisir de l'amour est dans le changement. On goûte une douceur extrême à réduire par cent hommages le cœur d'une jeune beauté; à voir de jour en jour les petits progrès qu'on y fait; à combattre par des transports, par des larmes et des soupirs, l'innocente pudeur d'une ame qui a peine à rendre les armes; à forcer pied à pied toutes les petites résistances qu'elle nous oppose; à vaincre les scrupules dont elle se fait un honneur, et la mener doucement où nous avons envie de la faire venir. Mais lorsqu'on en est maître une fois, il n'y a plus rien à souhaiter; tout le beau de la passion est fini; et nous nous endormons dans la tranquillité d'un tel amour, si quelque objet nouveau ne vient réveiller nos désirs, et présenter à notre cœur les charmes attrayants d'une conquête à faire. Enfin il n'est rien de si doux que de triompher de la résistance d'une belle personne; et j'ai sur ce sujet l'ambition des conquérants, qui volent perpétuellement de victoire en victoire, et ne peuvent se résoudre à borner leurs souhaits. Il n'est rien qui puisse arrêter l'impétuosité de mes désirs; je me sens un cœur à aimer toute la terre; et, comme Alexandre, je souhaiterois qu'il y eût d'autres mondes, pour y pouvoir étendre mes conquêtes amoureuses.

SGANARELLE.

Vertu de ma vie, comme vous débitez! il semble que vous ayez appris cela par cœur, et vous parlez tout comme un livre.

DON JUAN.

Qu'as-tu à dire là dessus?

SGANARELLE.

Ma foi, j'ai à dire... Je ne sais que dire; car vous tournez les choses d'une manière qu'il semble que vous avez raison; et cependant il est vrai que vous ne l'avez pas. J'avois les plus belles pensées du monde, et vos discours m'ont brouillé tout cela. Laissez faire; une autre fois je mettrai mes raisonnements par écrit pour disputer avec vous.

DON JUAN.

Tu feras bien.

SGANARELLE.

Mais, monsieur, cela seroit-il de la permission que vous m'avez donnée, si je vous disois que je suis tant soit peu scandalisé de la vie que vous menez?

DON JUAN.

Comment! quelle vie est-ce que je mène?

SGANARELLE.

Fort bonne. Mais, par exemple, de vous voir tous les mois vous marier comme vous faites...

DON JUAN.

Y a-t-il rien de plus agréable?

SGANARELLE.

Il est vrai, je conçois que cela est fort agréable et fort divertissant; et je m'en accommoderois assez, moi, s'il n'y avoit point de mal; mais, monsieur, se jouer ainsi du mystère sacré, et...

DON JUAN.

Va, va, c'est une affaire entre le ciel et moi, et nous la démêlerons bien ensemble, sans que tu t'en mettes en peine.

SGANARELLE.

Ma foi, monsieur, j'ai toujours ouï dire que c'est une méchante raillerie que de se railler du ciel, et que les libertins ne font jamais une bonne fin.

DON JUAN.

Holà, maître sot! vous savez que je vous ai dit que je n'aime pas les faiseurs de remontrances.

SGANARELLE.

Je ne parle pas aussi à vous, dieu m'en garde! Vous savez ce que vous faites, vous; et, si vous ne croyez rien, vous avez vos raisons; mais il y a de certains petits impertinents dans le monde qui sont libertins sans savoir pourquoi, qui font les esprits forts parce qu'ils croient que cela leur sied bien; et si j'avois un maître comme cela, je lui dirois fort nettement, le regardant en face : Osez-vous bien ainsi vous jouer au ciel, et ne tremblez-vous point de vous moquer comme vous faites des choses les plus saintes?

C'est bien à vous, petit ver de terre, petit mirmidon que vous êtes (je parle au maître que j'ai dit); c'est bien à vous à vouloir vous mêler de tourner en raillerie ce que tous les hommes révèrent! Pensez-vous que, pour être de qualité, pour avoir une perruque blonde et bien frisée, des plumes à votre chapeau, un habit bien doré, et des rubans couleur de feu (ce n'est pas à vous que je parle, c'est à l'autre); pensez-vous, dis-je, que vous en soyez plus habile homme, que tout vous soit permis, et qu'on n'ose vous dire vos vérités? Apprenez de moi, qui suis votre valet, que le ciel punit tôt ou tard les impies; qu'une méchante vie amène une méchante mort, et que...

DON JUAN.

Paix!

SGANARELLE.

De quoi est-il question?

DON JUAN.

Il est question de te dire qu'une beauté me tient au cœur, et qu'entraîné par ses appas je l'ai suivie jusqu'en cette ville.

SGANARELLE.

Et n'y craignez-vous rien, monsieur, de la mort de ce commandeur que vous tuâtes il y a six mois?

DON JUAN.

Et pourquoi craindre? ne l'ai-je pas bien tué?

SGANARELLE.

Fort bien, le mieux du monde; et il auroit tort de se plaindre.

DON JUAN.

J'ai eu ma grace de cette affaire.

SGANARELLE.

Oui ; mais cette grace n'éteint pas peut-être le ressentiment des parents et des amis ; et...

DON JUAN.

Ah ! n'allons point songer au mal qui nous peut arriver, et songeons seulement à ce qui peut donner du plaisir. La personne dont je te parle est une jeune fiancée, la plus agréable du monde, qui a été conduite ici par celui même qu'elle y vient épouser ; et le hasard me fit voir ce couple d'amants trois ou quatre jours avant leur voyage. Jamais je n'ai vu deux personnes être si contentes l'une de l'autre, et faire éclater plus d'amour. La tendresse visible de leurs mutuelles ardeurs me donna de l'émotion ; j'en fus frappé au cœur, et mon amour commença par la jalousie. Oui, je ne pus souffrir d'abord de les voir si bien ensemble ; le dépit alluma mes désirs, et je me figurai un plaisir extrême à pouvoir troubler leur intelligence, et rompre cet attachement dont la délicatesse de mon cœur se tenoit offensée ; mais jusqu'ici tous mes efforts ont été inutiles, et j'ai recours au dernier remède. Cet époux prétendu doit aujourd'hui régaler sa maîtresse d'une promenade sur mer. Sans t'en avoir rien dit, toutes choses sont préparées pour satisfaire mon amour, et j'ai une petite barque et des gens avec quoi fort facilement je prétends enlever la belle.

SGANARELLE.

Ah, monsieur...

DON JUAN.

Hé!

SGANARELLE.

C'est fort bien fait à vous, et vous le prenez comme il faut. Il n'est rien tel en ce monde que de se contenter.

DON JUAN.

Prépare-toi donc à venir avec moi, et prends soin toi-même d'apporter toutes mes armes, afin que... (*apercevant done Elvire.*) Ah, rencontre fâcheuse! Traître! tu ne m'avois pas dit qu'elle étoit ici elle-même.

SGANARELLE.

Monsieur, vous ne me l'avez pas demandé.

DON JUAN.

Est-elle folle de n'avoir pas changé d'habit, et de venir en ce lieu-ci avec son équipage de campagne!

SCÈNE III.

DONE ELVIRE, DON JUAN, SGANARELLE.

DONE ELVIRE.

Me ferez-vous la grace, don Juan, de vouloir bien me reconnoître? et puis-je au moins espérer que vous daigniez tourner le visage de ce côté?

DON JUAN.

Madame, je vous avoue que je suis surpris, et que je ne vous attendois pas ici.

DONE ELVIRE.

Oui, je vois bien que vous ne m'y attendiez pas, et vous êtes surpris, à la vérité, mais tout autrement que je ne l'espérois; et la manière dont vous le paroissez me persuade pleinement ce que je refusois de croire. J'admire ma simplicité et la foiblesse de mon cœur à douter d'une trahison que tant d'apparences me confirmoient. J'ai été assez bonne, je le confesse, ou plutôt assez sotte, pour me vouloir tromper moi-même, et travailler à démentir mes yeux et mon jugement. J'ai cherché des raisons pour excuser à ma tendresse le relâchement d'amitié qu'elle voyoit en vous; et je me suis forgé exprès cent sujets légitimes d'un départ si précipité, pour vous justifier du crime dont ma raison vous accusoit. Mes justes soupçons chaque jour avoient beau me parler, j'en rejetois la voix qui vous rendoit criminel à mes yeux, et j'écoutois avec plaisir mille chimères ridicules qui vous peignoient innocent à mon cœur; mais enfin cet abord ne me permet plus de douter, et le coup d'œil qui m'a reçue m'apprend bien plus de choses que je ne voudrois en savoir. Je serois bien aise pourtant d'ouïr de votre bouche les raisons de votre départ. Parlez, don Juan, je vous prie; et voyons de quel air vous saurez vous justifier.

DON JUAN.

Madame, voilà Sganarelle qui sait pourquoi je suis parti.

SGANARELLE, *bas, à don Juan.*

Moi, monsieur, je n'en sais rien, s'il vous plaît.

ACTE I, SCÈNE III.

DONE ELVIRE.

Hé bien, Sganarelle, parlez. Il n'importe de quelle bouche j'entende ses raisons.

DON JUAN, *faisant signe à Sganarelle d'approcher.*

Allons, parle donc à madame.

SGANARELLE, *bas, à don Juan.*

Que voulez-vous que je dise?

DONE ELVIRE.

Approchez, puisqu'on le veut ainsi, et me dites un peu les causes d'un départ si prompt.

DON JUAN.

Tu ne répondras pas?

SGANARELLE, *bas, à don Juan.*

Je n'ai rien à répondre. Vous vous moquez de votre serviteur.

DON JUAN.

Veux-tu répondre? te dis-je.

SGANARELLE.

Madame...

DONE ELVIRE.

Quoi?

SGANARELLE, *se tournant vers son maître.*

Monsieur...

DON JUAN, *en le menaçant.*

Si...

SGANARELLE.

Madame, les conquérants, Alexandre, et les autres mondes, sont cause de notre départ. Voilà, monsieur, tout ce que je puis dire.

DONE ELVIRE.

Vous plaît-il, don Juan, nous éclaircir ces beaux mystères?

DON JUAN.

Madame, à vous dire la vérité...

DONE ELVIRE.

Ah! que vous savez mal vous défendre pour un homme de cour, et qui doit être accoutumé à ces sortes de choses! J'ai pitié de vous voir la confusion que vous avez. Que ne vous armez-vous le front d'une noble effronterie? Que ne me jurez-vous que vous êtes toujours dans les mêmes sentiments pour moi, que vous m'aimez toujours avec une ardeur sans égale, et que rien n'est capable de vous détacher de moi que la mort? Que ne me dites-vous que des affaires de la dernière conséquence vous ont obligé à partir sans m'en donner avis, qu'il faut que, malgré vous, vous demeuriez ici quelque temps, et que je n'ai qu'à m'en retourner d'où je viens, assurée que vous suivrez mes pas le plus tôt qu'il vous sera possible; qu'il est certain que vous brûlez de me rejoindre, et qu'éloigné de moi vous souffrez ce que souffre un corps qui est séparé de son ame? Voilà comme il faut vous défendre, et non pas être interdit comme vous êtes.

DON JUAN.

Je vous avoue, madame, que je n'ai point le talent de dissimuler, et que je porte un cœur sincère. Je ne vous dirai point que je suis toujours dans les mêmes sentiments pour vous, et que je brûle de vous rejoindre, puisque enfin il est assuré que je ne suis parti que pour vous fuir, non point par les raisons que vous pouvez vous figurer, mais par un pur motif de conscience, et pour ne croire pas qu'avec vous davantage je puisse vivre sans péché. Il m'est venu des scrupules, madame, et j'ai ouvert les yeux de l'ame sur ce que je faisois. J'ai fait réflexion que, pour vous épouser, je vous ai dérobée à la clôture d'un couvent, que vous avez rompu des vœux qui vous engageoient autre part, et que le ciel est fort jaloux de ces sortes de choses. Le repentir m'a pris, et j'ai craint le courroux céleste. J'ai cru que notre mariage n'étoit qu'un adultère déguisé, qu'il nous attireroit quelque disgrace d'en-haut, et qu'enfin je devois tâcher de vous oublier et vous donner moyen de retourner à vos premières chaînes. Voudriez-vous, madame, vous opposer à une si sainte pensée, et que j'allasse, en vous retenant, me mettre le ciel sur les bras; que par...

DONE ELVIRE.

Ah, scélérat! c'est maintenant que je te connois tout entier; et, pour mon malheur, je te connois lorsqu'il n'en est plus temps, et qu'une telle connoissance ne peut plus me servir qu'à me désespérer; mais sache que ton crime ne demeurera pas impuni, et que le même ciel dont tu te joues me saura venger de ta perfidie.

DON JUAN.

Sganarelle, le ciel...

SGANARELLE.

Vraiment oui, nous nous moquons bien de cela, nous autres.

DON JUAN.

Madame...

DONE ELVIRE.

Il suffit, je n'en veux pas ouïr davantage, et je m'accuse même d'en avoir trop entendu. C'est une lâcheté que de se faire expliquer trop sa honte; et, sur de tels sujets, un noble cœur, au premier mot, doit prendre son parti. N'attends pas que j'éclate ici en reproches et en injures; non, non, je n'ai point un courroux à exhaler en paroles vaines, et toute sa chaleur se réserve pour sa vengeance. Je te le dis encore, le ciel te punira, perfide, de l'outrage que tu me fais, et si le ciel n'a rien que tu puisses appréhender, appréhende du moins la colère d'une femme offensée.

SCÈNE IV.

DON JUAN, SGANARELLE.

SGANARELLE, *à part.*

Si le remords le pouvoit prendre!

DON JUAN, *après un moment de réflexion.*

Allons songer à l'exécution de notre entreprise amoureuse.

SGANARELLE, *seul.*

Ah, quel abominable maître me vois-je obligé de servir!

FIN DU PREMIER ACTE.

ACTE SECOND.

Le théâtre représente une campagne au bord de la mer.

SCÈNE I.

CHARLOTTE, PIERROT.

CHARLOTTE.
Notre dinse! Piarrot, tu t'es trouvé là bian à point.

PIERROT.
Parguienne! il ne s'en est pas fallu l'époisseur d'une éplingue qu'ils ne se sayant nayés tous deux.

CHARLOTTE.
C'est donc le coup de vent d'à matin qui les avoit ranvarsés dans la mar?

PIERROT.
Aga[1], quien, Charlotte, je m'en vas te conter tout fin drait comme cela est venu : car, comme dit l'autre, je les ai le premier avisés, avisés le premier je les ai. Enfin donc, j'étions sur le bord de la mar, moi et le gros Lucas, et je nous amusions à batifoler avec des mottes de tarre que je nous jesquions à la tête ; car, comme tu sais bian, le gros Lucas aime à batifoler, et moi, par fouas, je batifole itou. En batifolant

---

[1] *Aga*, interjection d'admiration encore usitée dans quelques pays de France.

donc, pisque batifoler y a, j'ai aparçu de tout loin queuque chose qui grouilloit dans gliau, et qui venoit comme envars nous par secousse. Je voyois cela fixiblement; pis tout d'un coup je voyois que je ne voyois plus rian. Hé, Lucas! c'ai-je fait, je pense que vlà des hommes qui nageant là-bas. Voire, ce m'a-t-il fait, t'as été au trépassement d'un chat, t'as la vue trouble[1]. Palsanguienne! c'ai-je fait, je n'ai point la vue trouble, ce sont des hommes. Point du tout, ce m'a-t-il fait; t'as la barlue. Veux-tu gager, c'ai-je fait, que je n'ai point la barlue, c'ai-je fait, et que ce sont deux hommes, c'ai-je fait, qui nageant drait ici? c'ai-je fait. Morguienne! ce m'a-t-il fait, je gage que non. Oh çà, c'ai-je fait, veux-tu gager dix sous que si? Je le veux bian, ce m'a-t-il fait; et pour te montrer, vlà argent su jeu, ce m'a-t-il fait. Moi, je n'ai point été ni fou ni étourdi, j'ai bravement bouté à tarre quatre pièces tapées, et cinq sous en doubles, jerniguienne! aussi hardiment que si j'avais avalé un varre de vin; car je sis hasardeux, moi, et je vas à la débandade. Je savois bien ce que je faisois pourtant. Queuque gniais... Enfin donc, je n'avons pas putôt eu gagé, que j'avons vu les deux hommes tout à plain qui nous faisiant signe de les aller querir; et moi de tirer auparavant les enjeux. Allons, Lucas, c'ai-je dit, tu vois bien qu'ils nous appelont; allons vite à leu secours. Non, ce m'a-t-il dit, ils m'ont fait pardre. Oh donc, tanquia qu'à la parfin, pour le faire

---

[1] Proverbe fondé sur quelque superstition populaire.

ACTE II, SCÈNE I.

court, je l'ai tant sarmoné, que je nous sommes boutés dans une barque; et pis j'avons tant fait cahin caha, que je les avons tirés de gliau; et pis je les avons menés cheux nous auprès du feu; et pis ils se sont dépouillés tout nus pour se sécher; et pis il y en est venu encore deux de la même bande qui s'équiant sauvés tout seuls; et pis Mathurine est arrivée là, à qui l'en a fait les doux yeux. Vlà justement, Charlotte, comme tout ça s'est fait.

CHARLOTTE.

Ne m'as-tu pas dit, Piarrot, qu'il y en a un qu'est bian pu mieux fait que les autres?

PIERROT.

Oui, c'est le maître. Il faut que ce soit queuque gros, gros monsieu, car il a du dor à son habit tout depis le haut jusqu'en bas, et ceux qui le servont sont des monsieux eux-mêmes; et stapendant, tout gros monsieu qu'il est, il seroit, par ma fiqué, nayé si je n'aviomme été là.

CHARLOTTE.

Ardez[1] un peu!

PIERROT.

Oh, parguienne! sans nous, il en avoit pour sa maine de fèves[2].

CHARLOTTE.

Est-il encore cheux toi tout nu, Piarrot.

---

[1] Abréviation de regardez.

[2] *Sa maine de fèves*, pour sa *mine* de fèves : la *mine* est une mesure contenant la moitié d'un setier.

PIERROT.

Nannain, ils l'avont rhabillé tout devant nous. Mon guieu! je n'en avois jamais vu s'habiller. Que d'histoires et d'ingingorniaux[1] boutont ces messieurx-là les courtisans! Je me pardrois là-dedans, pour moi; et j'étois tout ébaubi de voir ça. Quien, Charlotte, ils avont des cheveux qui ne tenont point à la tête; et ils boutont ça, après tout, comme un gros bonnet de filace. Ils ant des chemises qui ant des manches où j'entrerions tout brandis, toi et moi. En glieu d'haut-de-chausse, ils portont une garde-robe aussi large que d'ici à Pâques; en glieu de pourpoint, de petites brassières qui ne leu venont pas jusqu'au brichet[2]; et, en glieu de rabats, un grand mouchoir de cou à reziau, aveuc quatre grosses houpes de linge qui leu pendont sur l'estomaque. Ils avont itou d'autres petits rabats au bout des bras, et de grands entonnois[3] de passement aux jambes, et, parmi tout ça, tant de rubans, tant de rubans, que c'est une vraie piquié. Ignia pas jusqu'aux souliers qui n'en soyions farcis tout depis un bout jusqu'à l'autre; et ils sont faits d'eune façon que je me romprois le cou aveuc.

CHARLOTTE.

Par ma fi, Piarrot, il faut que j'aille voir un peu ça.

PIERROT.

Oh! acoute un peu auparavant, Charlotte. J'ai queuque autre chose à te dire, moi.

---

[1] Parure de cou.
[2] *Brichet*, le creux de l'estomac.
[3] *Grands entonnois* sont les canons.

ACTE II, SCÈNE I.

CHARLOTTE.

Hé bian, dis, qu'est-ce que c'est?

PIERROT.

Vois-tu, Charlotte, il faut, comme dit l'autre, que je débonde mon cœur. Je t'aime, tu le sais bian, et je sommes pour être mariés ensemble; mais, marguienne, je ne suis point satisfait de toi.

CHARLOTTE.

Quement! qu'est-ce que c'est donc qu'iglia?

PIERROT.

Iglia que tu me chagraines l'esprit franchement.

CHARLOTTE.

Et quement donc?

PIERROT.

Tétiguienne! tu ne m'aimes point.

CHARLOTTE.

Ah, ah! n'est-ce que ça?

PIERROT.

Oui, ce n'est que ça, et c'est bian assez.

CHARLOTTE.

Mon guieu, Piarrot, tu me viens toujou dire la même chose.

PIERROT.

Je te dis toujou la même chose, parce que c'est toujou la même chose; et si ce n'étoit pas toujou la même chose, je ne te dirois pas toujou la même chose.

CHARLOTTE.

Mais qu'est-ce qu'il te faut? qué veux-tu?

PIERROT.

Jerniguienne! je veux que tu m'aimes.

CHARLOTTE.

Est-ce que je ne t'aime pas?

PIERROT.

Non, tu ne m'aimes pas, et si, je fais tout ce que je pis pour ça. Je t'achète sans reproche des rubans à tous les marciers qui passont; je me romps le cou à t'aller dénicher des marles; je fais jouer pour toi les vielleux quand ce vient ta fête : et tout ça comme si je me frappois la tête contre un mur. Vois-tu, ça n'est ni biau ni honnête de n'aimer pas les gens qui nous aimont.

CHARLOTTE.

Mais, mon guieu! je t'aime aussi.

PIERROT.

Oui, tu m'aimes d'une belle dégaîne!

CHARLOTTE.

Quement veux-tu donc qu'on fasse?

PIERROT.

Je veux que l'en fasse comme l'en fait quand l'en aime comme il faut.

CHARLOTTE.

Ne t'aimè-je pas aussi comme aussi il faut?

PIERROT.

Non. Quand ça est, ça se voit; et l'en fait mille petites singeries aux personnes, quand en les aime du bon cœur. Regarde la grosse Thomasse, comme alle est assotée du jeune Robain : alle est toujou autour de li à l'agacer, et ne le laisse jamais en repos. Toujou al li fait queuque niche, ou li baille queuque taloche en passant ; et, l'autre jour, qu'il étoit assis sur un escabiau, al fut le tirer de dessous li, et le fit choir tout de son long par tarre. Jarni ! vlà où l'on voit les gens qui aimont ! Mais toi, tu ne me dis jamais mot, t'es toujou là comme une vraie souche de bois ; et je passerois vingt fois devant toi, que tu ne te grouillerais pas pour me bailler le moindre coup, ou me dire la moindre chose. Ventreguienne ! ça n'est pas bian, après tout ; et t'es trop froide pour les gens.

CHARLOTTE.

Que veux-tu que j'y fasse ? c'est mon himeur, et je ne me pis refondre.

PIERROT.

Ignia himeur qui tienne. Quand en a de l'amiquié pour les parsonnes, l'en en baille toujou queuque petite signifiance.

CHARLOTTE.

Enfin, je t'aime tout autant que je pis, et si tu n'es pas content de ça, tu n'as qu'à en aimer queuque autre.

PIERROT.

Hé bian ! vlà pas mon compte ? Tétigué ! si tu m'aimois, me dirois-tu ça ?

CHARLOTTE.

Pourquoi me viens-tu aussi tarabuster l'esprit ?

PIERROT.

Morgué ! queu mal te fais-je ? je ne te demande qu'un peu d'amiquié.

CHARLOTTE.

Hé bian! laisse faire aussi, et ne me presse point tant. Peut-être que ça viendra tout d'un coup sans y songer.

PIERROT.

Touche donc là, Charlotte.

CHARLOTTE, *donnant sa main.*

Hé bian! quien.

PIERROT.

Promets-moi donc que tu tâcheras de m'aimer davantage.

CHARLOTTE.

J'y ferai tout ce que je pourrai; mais il faut que ça vienne de lui-même. Piarrot, est-ce là ce monsieu?

PIERROT.

Oui, le vlà.

CHARLOTTE.

Ah, mon guieu, qu'il est genti! et que c'auroit été dommage qu'il eût été nayé!

PIERROT.

Je revians tout-à-l'heure; je m'en vas boire chopaine pour me rebouter tant soit peu de la fatigue que j'ai eue.

SCÈNE II.

DON JUAN, SGANARELLE; CHARLOTTE,
dans le fond du théâtre.

DON JUAN.

Nous avons manqué notre coup, Sganarelle, et

ACTE II, SCÈNE II.

cette bourrasque imprévue a renversé, avec notre barque, le projet que nous avions fait; mais, à te dire vrai, la paysanne que je viens de quitter répare ce malheur, et je lui ai trouvé des charmes qui effacent de mon esprit tout le chagrin que me donnoit le mauvais succès de notre entreprise. Il ne faut pas que ce cœur m'échappe; et j'y ai déja jeté des dispositions à ne pas me souffrir long-temps de pousser des soupirs.

SGANARELLE.

Monsieur, j'avoue que vous m'étonnez. A peine sommes-nous échappés d'un péril de mort, qu'au lieu de rendre graces au ciel de la pitié qu'il a daigné prendre de nous, vous travaillez tout de nouveau à attirer sa colère par vos fantaisies accoutumées et vos amours cr... (*Don Juan prend un air menaçant.*) Paix! coquin que vous êtes, vous ne savez ce que vous dites, et monsieur sait ce qu'il fait. Allons.

DON JUAN, *apercevant Charlotte.*

Ah, ah! d'où sort cette autre paysanne, Sganarelle? As-tu rien vu de plus joli? et ne trouves-tu pas, dis-moi, que celle-ci vaut bien l'autre?

SGANARELLE.

Assurément. (*à part.*) Autre pièce nouvelle!

DON JUAN, *à Charlotte.*

D'où me vient, la belle, une rencontre si agréable? Quoi! dans ces lieux champêtres, parmi ces arbres et ces rochers, on trouve des personnes faites comme vous êtes!

CHARLOTTE.

Vous voyez, monsieu.

DON JUAN.

Êtes-vous de ce village?

CHARLOTTE.

Oui, monsieu.

DON JUAN.

Et vous y demeurez?

CHARLOTTE.

Oui, monsieu.

DON JUAN.

Vous vous appelez?

CHARLOTTE.

Charlotte, pour vous servir.

DON JUAN.

Ah, la belle personne! et que ses yeux sont pénétrants!

CHARLOTTE.

Monsieu, vous me rendez toute honteuse.

DON JUAN.

Ah! n'ayez point de honte d'entendre dire vos vérités. Sganarelle, qu'en dis-tu? peut-on rien voir de plus agréable? Tournez-vous un peu, s'il vous plaît. Ah, que cette taille est jolie! Haussez un peu la tête, de grace. Ah, que ce visage est mignon! Ouvrez vos yeux entièrement. Ah, qu'ils sont beaux! Que je voie un peu vos dents, je vous prie. Ah, qu'elles sont amoureuses, et ces lèvres appétissantes! pour moi, je suis ravi, et je n'ai jamais vu une si charmante personne.

CHARLOTTE.

Monsieu, cela vous plaît à dire, et je ne sais pas si c'est pour vous railler de moi.

DON JUAN.

Moi, me railler de vous! Dieu m'en garde! je vous aime trop pour cela, et c'est du fond du cœur que je vous parle.

CHARLOTTE.

Je vous sis bian obligée, si ça est.

DON JUAN.

Point du tout, vous ne m'êtes point obligée de tout ce que je dis; et ce n'est qu'à votre beauté que vous en êtes redevable.

CHARLOTTE.

Monsieu, tout ça est trop bian dit pour moi, et je n'ai pas d'esprit pour vous répondre.

DON JUAN.

Sganarelle, regarde un peu ses mains.

CHARLOTTE.

Fi, monsieu! elles sont noires comme je ne sais quoi.

DON JUAN.

Ah! que dites-vous là? elles sont les plus belles du monde : souffrez que je les baise, je vous prie.

CHARLOTTE.

Monsieu, c'est trop d'honneur que vous me faites; et, si j'avois su ça tantôt, je n'aurois pas manqué de les laver avec du son.

DON JUAN.

Hé, dites-moi un peu, belle Charlotte, vous n'êtes pas mariée, sans doute?

CHARLOTTE.

Non, monsieu; mais je dois bientôt l'être avec Piarrot, le fils de la voisine Simonnette.

DON JUAN.

Quoi! une personne comme vous seroit la femme d'un simple paysan! Non, non; c'est profaner tant de beautés, et vous n'êtes pas née pour demeurer dans un village. Vous méritez sans doute une meilleure fortune; et le ciel, qui le connoît bien, m'a conduit ici tout exprès pour empêcher ce mariage, et rendre justice à vos charmes : car enfin, belle Charlotte, je vous aime de tout mon cœur, et il ne tiendra qu'à vous que je ne vous arrache de ce misérable lieu, et ne vous mette dans l'état où vous méritez d'être. Cet amour est bien prompt, sans doute; mais quoi! c'est un effet, Charlotte, de votre grande beauté; et l'on vous aime autant en un quart d'heure qu'on feroit une autre en six mois.

CHARLOTTE.

Aussi, vrai, monsieu, je ne sais comment faire quand vous parlez. Ce que vous dites me fait aise, et j'aurois toutes les envies du monde de vous croire; mais on m'a toujou dit qu'il ne faut jamais croire les monsieux, et que vous autres courtisans êtes des enjoleux qui ne songez qu'à abuser les filles.

DON JUAN.

Je ne suis pas de ces gens-là.

SGANARELLE, *à part.*

Il n'a garde!

ACTE II, SCÈNE II.

CHARLOTTE.

Voyez-vous, monsieu, il n'y a pas plaisir à se laisser abuser. Je suis une pauvre paysanne; mais j'ai l'honneur en recommandation, et j'aimerois mieux me voir morte que de me voir déshonorée.

DON JUAN.

Moi, j'aurois l'ame assez méchante pour abuser une personne comme vous? Je serois assez lâche pour vous déshonorer? Non, non; j'ai trop de conscience pour cela. Je vous aime, Charlotte, en tout bien et en tout honneur; et, pour vous montrer que je vous dis vrai, sachez que je n'ai pas d'autre dessein que de vous épouser. En voulez-vous un plus grand témoignage? m'y voilà prêt, quand vous voudrez; et je prends à témoin l'homme que voilà de la parole que je vous donne.

SGANARELLE.

Non, non, ne craignez point; il se mariera avec vous tant que vous voudrez.

DON JUAN.

Ah, Charlotte! je vois bien que vous ne me connoissez pas encore. Vous me faites grand tort de juger de moi par les autres; et s'il y a des fourbes dans le monde, des gens qui ne cherchent qu'à abuser des filles, vous devez me tirer du nombre, et ne pas mettre en doute la sincérité de ma foi; et puis, votre beauté vous assure de tout. Quand on est faite comme vous, on doit être à couvert de toutes ces sortes de craintes : vous n'avez point l'air, croyez-moi, d'une personne qu'on abuse; et pour moi, je l'avoue, je me percerois le cœur de mille coups si j'avois eu la moindre pensée de vous trahir.

CHARLOTTE.

Mon dieu! je ne sais si vous dites vrai, ou non, mais vous faites que l'on vous croit.

DON JUAN.

Lorsque vous me croirez, vous me rendrez justice assurément; et je vous réitère encore la promesse que je vous ai faite. Ne l'acceptez-vous pas? et ne voulez-vous pas consentir à être ma femme?

CHARLOTTE.

Oui, pourvu que ma tante le veuille.

DON JUAN.

Touchez donc là, Charlotte, puisque vous le voulez bien de votre part.

CHARLOTTE.

Mais au moins, monsieu, ne m'allez pas tromper, je vous prie; il y auroit de la conscience à vous; et vous voyez comme j'y vais à la bonne foi.

DON JUAN.

Comment, il semble que vous doutiez encore de ma sincérité! Voulez-vous que je fasse des serments épouvantables? Que le ciel...

CHARLOTTE.

Mon dieu! ne jurez point; je vous crois.

DON JUAN.

Donnez-moi donc un petit baiser, pour gage de votre parole.

CHARLOTTE.

Oh, monsieu! attendez que je soyons mariés, je

vous prie : après ça, je vous baiserai tant que vous voudrez.

DON JUAN.

Hé bien, belle Charlotte, je veux tout ce que vous voulez : abandonnez-moi seulement votre main, et souffrez que, par mille baisers, je lui exprime le ravissement où je suis...

SCÈNE III.

DON JUAN, SGANARELLE, PIERROT, CHARLOTTE.

PIERROT, *poussant don Juan qui baise la main de Charlotte.*

Tout doucement, monsieu; tenez-vous, s'il vous plaît. Vous vous échauffez trop, et vous pourriez gagner la purésie.

DON JUAN, *repoussant rudement Pierrot.*

Qui m'amène cet impertinent?

PIERROT, *se mettant entre don Juan et Charlotte.*

Je vous dis qu'ous vous tegniez, et qu'ous ne caressiez point nos accordées.

DON JUAN, *repoussant encore Pierrot.*

Ah, que de bruit!

PIERROT.

Jerniguienne, ce n'est pas comme ça qu'il faut pousser les gens.

CHARLOTTE, *prenant Pierrot par le bras.*

Et laisse-le faire, aussi, Piarrot.

PIERROT.

Quement, que je le laisse faire? Je ne veux pas, moi.

DON JUAN.

Ah!

PIERROT.

Tétiguienne! parce qu'ous êtes monsieu, vous viendrez caresser nos femmes à notre barbe? Allez-v's-en caresser les vôtres.

DON JUAN.

Hé!

PIERROT.

Hé! (*don Juan lui donne un soufflet.*) Tétigué! ne me frappez pas. (*autre soufflet.*) Oh, jernigué! (*autre soufflet.*) Ventregué! (*autre soufflet.*) Palsanguié! morguienne! ça n'est pas bian de battre les gens, et ce n'est pas là la récompense de v's avoir sauvé d'être nayé.

CHARLOTTE.

Piarrot, ne te fâche point.

PIERROT.

Je me veux fâcher; et t'es une vilaine, toi, d'endurer qu'on te cajole.

CHARLOTTE.

Oh, Piarrot! ce n'est pas ce que tu penses. Ce monsieu veut m'épouser, et tu ne dois pas te bouter en colère.

PIERROT.

Quement, jerni! tu m'es promise.

CHARLOTTE.

Ça n'y fait rian, Piarrot. Si tu m'aimes, ne dois-tu pas être bian aise que je devienne madame?

PIERROT.

Jernigué, non! J'aime mieux te voir crevée que de te voir à un autre.

CHARLOTTE.

Va, va, Piarrot, ne te mets point en peine. Si je sis madame, je te ferai gagner queuque chose, et tu apporteras du beurre et du fromage cheux nous.

PIERROT.

Ventreguienne, je gni-en porterai jamais! quand tu m'en paierois deux fois autant. Est-ce donc comme ça que t'écoutes ce qu'il te dit? Morguienne, si j'avois su ça tantôt, je me serois bien gardé de le tirer de gliau, et je gli aurois baillé un bon coup d'aviron sur la tête.

DON JUAN, *s'approchant de Pierrot pour le frapper.*

Qu'est-ce que vous dites?

PIERROT, *se mettant derrière Charlotte.*

Jerniguienne, je ne crains personne!

DON JUAN, *passant du côté ou est Pierrot.*

Attendez-moi un peu.

PIERROT, *repassant de l'autre côté.*

Je me moque de tout, moi.

DON JUAN, *courant après Pierrot.*

Voyons cela.

PIERROT, *se sauvant encore derrière Charlotte.*

J'en avons bian vu d'autres.

DON JUAN.

Ouais.

SGANARELLE.

Hé, monsieur! laissez là ce pauvre misérable. C'est

conscience de le battre. (*A Pierrot, en se mettant entre lui et don Juan.*) Écoute, mon pauvre garçon, retire-toi, et ne lui dis rien.

PIERROT, *passant devant Sganarelle, et regardant fièrement don Juan.*

Je veux lui dire, moi.

DON JUAN, *levant la main pour donner un soufflet à Pierrot.*

Ah! je vous apprendrai...
(*Pierrot baisse la tête, et Sganarelle reçoit le soufflet.*)

SGANARELLE, *regardant Pierrot.*

Peste soit du maroufle!

DON JUAN, *à Sganarelle.*

Te voilà payé de ta charité.

PIERROT.

Jarni, je vas dire à sa tante tout ce ménage-ci!

SCÈNE IV.

DON JUAN, CHARLOTTE, SGANARELLE.

DON JUAN, *à Charlotte.*

Enfin je m'en vais être le plus heureux de tous les hommes, et je ne changerois pas mon bonheur contre toutes les choses du monde. Que de plaisirs quand vous serez ma femme! et que...

SCÈNE V.

DON JUAN, MATHURINE, CHARLOTTE, SGANARELLE.

SGANARELLE, *apercevant Mathurine.*

Ah, ah!

MATHURINE, *à don Juan.*

Monsieu, que faites-vous donc là avec Charlotte? Est-ce que vous lui parlez d'amour aussi?

DON JUAN, *bas, à Mathurine.*

Non. Au contraire, c'est elle qui me témoignoit envie d'être ma femme, et je lui répondois que j'étois engagé à vous.

CHARLOTTE, *à don Juan,*

Qu'est-ce que c'est donc que vous veut Mathurine?

DON JUAN, *bas, à Charlotte.*

Elle est jalouse de me vous voir parler, et voudroit bien que je l'épousasse; mais je lui dis que c'est vous que je veux.

MATHURINE.

Quoi! Charlotte...

DON JUAN, *bas, à Mathurine.*

Tout ce que vous lui direz sera inutile, elle s'est mis cela dans la tête.

CHARLOTTE.

Quement donc! Mathurine...

DON JUAN, *bas, à Charlotte.*

C'est en vain que vous lui parlerez, vous ne lui ôterez pas cette fantaisie.

MATHURINE.

Est-ce que...

DON JUAN, *bas, à Mathurine.*

Il n'y a pas moyen de lui faire entendre raison.

CHARLOTTE.

Je voudrois...

DON JUAN, *bas, à Charlotte.*

Elle est obstinée comme tous les diables.

MATHURINE.

Vraiment...

DON JUAN, *bas, à Mathurine.*

Ne lui dites rien, c'est une folle.

CHARLOTTE.

Je pense...

DON JUAN, *bas, à Charlotte.*

Laissez-la là, c'est une extravagante.

MATHURINE.

Non, non, il faut que je lui parle...

CHARLOTTE.

Je veux voir un peu ses raisons.

MATHURINE.

Quoi...

DON JUAN, *bas, à Mathurine.*

Je gage qu'elle va vous dire que je lui ai promis de l'épouser...

CHARLOTTE.

Je...

DON JUAN, *bas, à Charlotte.*

Gageons qu'elle vous soutiendra que je lui ai donné parole de la prendre pour femme.

MATHURINE.

Holà, Charlotte! ça n'est pas bian de courir sur le marché des autres.

CHARLOTTE.

Ça n'est pas honnête, Mathurine, d'être jalouse que monsieu me parle.

MATHURINE.

C'est moi que monsieu a vue la première.

CHARLOTTE.

S'il vous a vue la première, il m'a vue la seconde, et m'a promis de m'épouser.

DON JUAN, *bas, à Mathurine.*

Hé bien! que vous ai-je dit?

MATHURINE, *à Charlotte.*

Je vous baise les mains; c'est moi, et non pas vous, qu'il a promis d'épouser.

DON JUAN, *bas, à Charlotte.*

N'ai-je pas deviné?

CHARLOTTE.

A d'autres, je vous prie; c'est moi, vous dis-je.

MATHURINE.

Vous vous moquez des gens; c'est moi, encore un coup.

CHARLOTTE.

Le vlà qui est pour le dire, si je n'ai pas raison.

MATHURINE.

Le vlà qui est pour me démentir, si je ne dis pas vrai.

CHARLOTTE.

Est-ce, monsieu, que vous lui avez promis de l'épouser?

DON JUAN, *bas, à Charlotte.*

Vous vous raillez de moi.

MATHURINE.

Est-il vrai, monsieu, que vous lui avez donné parole d'être son mari?

DON JUAN, *bas, à Mathurine.*

Pouvez-vous avoir cette pensée?

CHARLOTTE.

Vous voyez qu'al le soutient.

DON JUAN, *bas, à Charlotte.*

Laissez-la faire.

MATHURINE.

Vous êtes témoin comme al l'assure.

DON JUAN, *bas, à Mathurine.*

Laissez-la dire.

CHARLOTTE.

Non, non; il faut savoir la vérité.

MATHURINE.

Il est question de juger ça.

CHARLOTTE.

Oui, Mathurine, je veux que monsieu vous montre votre bec jaune.

MATHURINE.

Oui, Charlotte, je veux que monsieu vous rende un peu camuse.

ACTE II, SCÈNE V.

CHARLOTTE.

Monsieu, videz la querelle, s'il vous plaît.

MATHURINE.

Mettez-nous d'accord, monsieu.

CHARLOTTE, *à Mathurine.*

Vous allez voir.

MATHURINE, *à Charlotte.*

Vous allez voir vous-même.

CHARLOTTE, *à don Juan.*

Dites.

MATHURINE, *à don Juan.*

Parlez.

DON JUAN.

Que voulez-vous que je dise? Vous soutenez également toutes deux que je vous ai promis de vous prendre pour femme. Est-ce que chacune de vous ne sait pas ce qui en est, sans qu'il soit nécessaire que je m'explique davantage? Pourquoi m'obliger là dessus à des redites? Celle à qui j'ai promis effectivement n'a-t-elle pas en elle-même de quoi se moquer des discours de l'autre? et doit-elle se mettre en peine pourvu que j'accomplisse ma promesse? Tous les discours n'avancent point les choses. Il faut faire et non pas dire; et les effets décident mieux que les paroles. Aussi, n'est-ce rien que par là que je vous veux mettre d'accord; et l'on verra, quand je me marierai, laquelle des deux a mon cœur. (*bas, à Mathurine.*) Laissez-lui croire ce qu'elle voudra. (*bas, à Charlotte.*) Laissez-la se flatter dans son imagination. (*bas, à Mathurine.*) Je vous adore. (*bas, à Charlotte.*) Je suis tout à vous.

(*bas, à Mathurine.*) Tous les visages sont laids auprès du vôtre. (*bas, à Charlotte.*) On ne peut plus souffrir les autres quand on vous a vue. (*haut.*) J'ai un petit ordre à donner; je viens vous retrouver dans un quart d'heure.

SCÈNE VI.

CHARLOTTE, MATHURINE, SGANARELLE.

CHARLOTTE, *à Mathurine.*

Je suis celle qu'il aime, au moins.

MATHURINE, *à Charlotte.*

C'est moi qu'il épousera.

SGANARELLE, *arrêtant Charlotte et Mathurine.*

Ah! pauvres filles que vous êtes, j'ai pitié de votre innocence, et je ne puis souffrir de vous voir courir à votre malheur. Croyez-moi, l'une et l'autre : ne vous amusez point à tous les contes qu'on vous fait, et demeurez dans votre village.

SCÈNE VII.

DON JUAN, CHARLOTTE, MATHURINE, SGANARELLE.

DON JUAN, *dans le fond du théâtre, à part.*

Je voudrais bien savoir pourquoi Sganarelle ne me suit pas.

SGANARELLE.

Mon maître est un fourbe; il n'a dessein que de

ACTE II, SCÈNE VII.

vous abuser, et en a bien abusé d'autres : c'est l'épouseur du genre humain, et... (*apercevant don Juan.*) Cela est faux; et quiconque vous dira cela, vous lui devez dire qu'il en a menti. Mon maître n'est point l'épouseur du genre humain, il n'est point fourbe; il n'a pas dessein de vous tromper, et n'en a point abusé d'autres. Ah! tenez, le voilà; demandez-le plutôt à lui-même.

DON JUAN, *regardant Sganarelle, et le soupçonnant d'avoir parlé.*

Oui!

SGANARELLE.

Monsieur, comme le monde est plein de médisants, je vais au devant des choses; et je leur disois que, si quelqu'un leur venoit dire du mal de vous, elles se gardassent bien de le croire, et ne manquassent pas de lui dire qu'il en auroit menti.

DON JUAN.

Sganarelle!

SGANARELLE, *à Charlotte et à Mathurine.*

Oui, monsieur est homme d'honneur; je le garantis tel.

DON JUAN.

Hon!

SGANARELLE.

Ce sont des impertinents.

SCÈNE VIII.

DON JUAN, LA RAMÉE, CHARLOTTE, MATHURINE, SGANARELLE.

LA RAMÉE, *bas, à don Juan.*

Monsieur, je viens vous avertir qu'il ne fait pas bon ici pour vous.

DON JUAN.

Comment?

LA RAMÉE.

Douze hommes à cheval vous cherchent, qui doivent arriver ici dans un moment. Je ne sais par quel moyen ils peuvent vous avoir suivi; mais j'ai appris cette nouvelle d'un paysan qu'ils ont interrogé, et auquel ils vous ont dépeint. L'affaire presse; et le plus tôt que vous pourrez sortir d'ici sera le meilleur.

SCÈNE IX.

DON JUAN, CHARLOTTE, MATHURINE, SGANARELLE.

DON JUAN, *a Charlotte et à Mathurine.*

Une affaire pressante m'oblige de partir d'ici; mais je vous prie de vous ressouvenir de la parole que je vous ai donnée, et de croire que vous aurez de mes nouvelles avant qu'il soit demain au soir.

SCÈNE X.

DON JUAN, SGANARELLE.

DON JUAN.

Comme la partie n'est pas égale, il faut user de stratagème, et éluder adroitement le malheur qui me cherche. Je veux que Sganarelle se revête de mes habits; et moi...

SGANARELLE.

Monsieur, vous vous moquez. M'exposer à être tué sous vos habits, et...

DON JUAN.

Allons vite : c'est trop d'honneur que je vous fais ; et bien heureux est le valet qui peut avoir la gloire de mourir pour son maître.

SGANARELLE.

Je vous remercie d'un tel honneur. (*seul.*) O ciel, puisqu'il s'agit de mort, fais-moi la grace de n'être point pris pour un autre!

FIN DU SECOND ACTE.

ACTE TROISIÈME.

Le théâtre représente une forêt.

SCÈNE I.

DON JUAN, *en habit de campagne;* SGANARELLE,
en médecin.

SGANARELLE.

Ma foi, monsieur, avouez que j'ai eu raison, et que nous voilà l'un et l'autre déguisés à merveille. Votre premier dessein n'étoit point du tout à propos, et ceci nous cache bien mieux que tout ce que vous vouliez faire.

DON JUAN.

Il est vrai que te voilà bien; et je ne sais où tu as été déterrer cet attirail ridicule.

SGANARELLE.

Oui. C'est l'habit d'un vieux médecin, qui a été laissé en gage au lieu où je l'ai pris, et il m'en a coûté de l'argent pour l'avoir. Mais savez-vous, monsieur, que cet habit me met déja en considération, que je suis salué des gens que je rencontre, et que l'on me vient consulter ainsi qu'un habile homme?

DON JUAN.

Comment donc?

ACTE III, SCÈNE I.

SGANARELLE.

Cinq ou six paysans et paysannes, en me voyant passer, me sont venus demander mon avis sur différentes maladies.

DON JUAN.

Tu leur as répondu que tu n'y entendois rien?

SGANARELLE.

Moi? Point du tout. J'ai voulu soutenir l'honneur de mon habit; j'ai raisonné sur le mal, et leur ai fait des ordonnances à chacun.

DON JUAN.

Et quels remèdes encore leur as-tu ordonnés?

SGANARELLE.

Ma foi, monsieur, j'en ai pris par où j'en ai pu attraper; j'ai fait mes ordonnances à l'aventure; et ce seroit une chose plaisante si les malades guérissoient, et qu'on m'en vînt remercier.

DON JUAN.

Et pourquoi non? Par quelle raison n'aurois-tu pas les mêmes priviléges qu'ont tous les autres médecins? Ils n'ont pas plus de part que toi aux guérisons des malades, et tout leur art est pure grimace. Ils ne font rien que recevoir la gloire des heureux succès : et tu peux profiter comme eux du bonheur du malade, et voir attribuer à tes remèdes tout ce qui peut venir des faveurs du hasard et des forces de la nature.

SGANARELLE.

Comment, monsieur! vous êtes aussi impie en médecine?

DON JUAN.

C'est une des grandes erreurs qui soient parmi les hommes.

SGANARELLE.

Quoi! vous ne croyez pas au séné, ni à la casse, ni au vin émétique?

DON JUAN

Et pourquoi veux-tu que j'y croie?

SGANARELLE.

Vous avez l'ame bien mécréante. Cependant vous voyez depuis un temps que le vin émétique fait bruire ses fuseaux. Ses miracles ont converti les plus incrédules esprits; et il n'y a pas trois semaines que j'en ai vu, moi qui vous parle, un effet merveilleux.

DON JUAN.

Et quel?

SGANARELLE.

Il y avoit un homme qui, depuis six jours, étoit à l'agonie : on ne savoit plus que lui ordonner, et tous les remèdes ne faisoient rien : on s'avisa à la fin de lui donner de l'émétique.

DON JUAN.

Il réchappa, n'est-ce pas?

SGANARELLE.

Non, il mourut.

DON JUAN.

L'effet est admirable!

SGANARELLE.

Comment, il y avoit six jours entiers qu'il ne pouvoit mourir, et cela le fit mourir tout d'un coup. Voulez-vous rien de plus efficace?

DON JUAN.

Tu as raison.

SGANARELLE.

Mais laissons là la médecine, où vous ne croyez point, et parlons des autres choses; car cet habit me donne de l'esprit, et je me sens en humeur de disputer contre vous. Vous savez bien que vous me permettez les disputes, et que vous ne me défendez que les remontrances.

DON JUAN.

Hé bien?

SGANARELLE.

Je veux savoir un peu vos pensées à fond. Est-il possible que vous ne croyiez point du tout au ciel?

DON JUAN.

Laissons cela.

SGANARELLE.

C'est-à-dire que non. Et à l'enfer?

DON JUAN.

Hé!

SGANARELLE.

Tout de même. Et au diable, s'il vous plaît?

DON JUAN.

Oui, oui.

SGANARELLE.

Aussi peu. Ne croyez-vous point l'autre vie?

DON JUAN.

Ha, ha, ha!

SGANARELLE.

Voilà un homme que j'aurai bien de la peine à convertir. Et, dites-moi un peu, [le Moine bourru, qu'en croyez-vous ? Hé ?

DON JUAN.

La peste soit du fat !

SGANARELLE.

Et voilà ce que je ne puis souffrir; car il n'y a rien de plus vrai que le Moine bourru, et je me ferois pendre pour celui-là [1]. Mais] encore faut-il croire quelque chose [dans le monde.] Qu'est-ce [donc] que vous croyez ?

DON JUAN.

Ce que je crois ?

SGANARELLE.

Oui.

DON JUAN.

Je crois que deux et deux sont quatre, Sganarelle, et que quatre et quatre sont huit.

SGANARELLE.

La belle croyance [et les beaux articles de foi] que voilà ! Votre religion, à ce que je vois, est donc l'arithmétique ? Il faut avouer qu'il se met d'étranges folies dans la tête des hommes, et que, pour avoir bien étudié, on est bien moins sage le plus souvent. Pour moi, monsieur, je n'ai point étudié comme vous, dieu merci, et personne ne sauroit se vanter de m'a-

[1] Fantôme créé par l'imagination du peuple : on le représentoit courant pendant la nuit dans les rues, et maltraitant tous ceux qu'il rencontroit.

voir jamais rien appris; mais, avec mon petit sens, mon petit jugement, je vois les choses mieux que tous les livres, et je comprends fort bien que ce monde que nous voyons n'est pas un champignon qui soit venu tout seul en une nuit. Je voudrois bien vous demander qui a fait ces arbres-là, ces rochers, cette terre, et ce ciel que voilà là-haut, et si tout cela s'est bâti de lui-même? Vous voilà, vous, par exemple, vous êtes là : est-ce que vous vous êtes fait tout seul, et n'a-t-il pas fallu que votre père ait engrossé votre mère pour vous faire? Pouvez-vous voir toutes les inventions dont la machine de l'homme est composée sans admirer de quelle façon cela est agencé l'un dans l'autre? ces nerfs, ces os, ces veines, ces artères, ces... ce poumon, ce cœur, ce foie, et tous ces autres ingrédients qui sont là et qui... Oh! dame, interrompez-moi donc, si vous voulez. Je ne saurois disputer, si l'on ne m'interrompt. Vous vous taisez exprès, et me laissez parler par belle malice.

DON JUAN.

J'attends que ton raisonnement soit fini.

SGANARELLE.

Mon raisonnement est qu'il y a quelque chose d'admirable dans l'homme, quoi que vous puissiez dire, que tous les savants ne sauroient expliquer. Cela n'est-il pas merveilleux, que me voilà ici, et que j'aie quelque chose dans la tête qui pense cent choses différentes en un moment, et fait de mon corps tout ce qu'elle veut? Je veux frapper des mains; hausser le bras, lever les yeux au ciel, baisser la tête, remuer les pieds, aller à droite, à gauche, en avant, en arrière, tourner... (*Il se laisse tomber en tournant.*)

DON JUAN.

Bon, voilà ton raisonnement qui a le nez cassé.

SGANARELLE.

Morbleu! je suis bien sot de m'amuser à raisonner avec vous; croyez ce que vous voudrez : il m'importe bien que vous soyez damné!

DON JUAN.

Mais, tout en raisonnant, je crois que nous sommes égarés. Appelle un peu cet homme que voilà là-bas, pour lui demander le chemin.

SCÈNE II.

DON JUAN, SGANARELLE, UN PAUVRE.

SGANARELLE.

Holà, ho, l'homme! ho, mon compère! ho, l'ami! un petit mot, s'il vous plaît. Enseignez-nous un peu le chemin qui mène à la ville.

LE PAUVRE.

Vous n'avez qu'à suivre cette route, messieurs, et détourner à main droite quand vous serez au bout de la forêt; mais je vous donne avis que vous devez vous tenir sur vos gardes, et que, depuis quelque temps, il y a des voleurs ici autour.

DON JUAN.

Je te suis bien obligé, mon ami, et je te rends graces de tout mon cœur.

LE PAUVRE.

Si vous vouliez me secourir, monsieur, de quelque aumône?

DON JUAN.

Ah, ah! ton avis est intéressé, à ce que je vois.

LE PAUVRE.

Je suis un pauvre homme, monsieur, retiré tout seul dans ce bois depuis dix ans, et je ne manquerai pas de prier le ciel qu'il vous donne toute sorte de biens.

DON JUAN.

Hé! prie le ciel qu'il te donne un habit, sans te mettre en peine des affaires des autres.

SGANARELLE.

Vous ne connoissez pas monsieur, bon homme; il ne croit qu'en deux et deux sont quatre, et en quatre et quatre sont huit.

DON JUAN.

Quelle est ton occupation parmi ces arbres?

LE PAUVRE.

De prier le ciel tout le jour pour la prospérité des gens de bien qui me donnent quelque chose.

DON JUAN.

Il ne se peut donc pas que tu ne sois bien à ton aise?

LE PAUVRE.

Hélas, monsieur! je suis dans la plus grande nécessité du monde.

DON JUAN.

Tu te moques : un homme qui prie le ciel tout le jour ne peut pas manquer d'être bien dans ses affaires

LE PAUVRE.

Je vous assure, monsieur, que le plus souvent je n'ai pas un morceau de pain à mettre sous les dents.

DON JUAN.

[Voilà qui est étrange, et tu es bien mal reconnu de tes soins. Ah, ah! Je m'en vais te donner un louis d'or tout-à-l'heure, pourvu que tu veuilles jurer.

LE PAUVRE.

Ah, monsieur! voudriez-vous que je commisse un tel péché?

DON JUAN.

Tu n'as qu'à voir si tu veux gagner un louis d'or, ou non; en voici un que je te donne si tu jures. Tiens. Il faut jurer.

LE PAUVRE.

Monsieur...

DON JUAN.

A moins de cela, tu ne l'auras pas.

SGANARELLE.

Va, va, jure un peu; il n'y a pas de mal.

DON JUAN.

Prends, le voilà, prends, te dis-je; mais, jure donc.

LE PAUVRE.

Non, monsieur, j'aime mieux mourir de faim [1].

DON JUAN.

Va, va, je te le donne pour l'amour de l'humanité.] (*regardant dans la forêt.*) Mais que vois-je là? un

---

[1] A la seconde représentation on supprima cette scène.

ACTE III, SCÈNE IV.

homme attaqué par trois autres! la partie est trop inégale, et je ne dois pas souffrir cette lâcheté. (*Il met l'épée à la main, et court au lieu du combat.*)

SCÈNE III.

SGANARELLE.

Mon maître est un vrai enragé d'aller se présenter à un péril qui ne le cherche pas. Mais, ma foi, le secours a servi, et les deux ont fait fuir les trois.

SCÈNE IV.

DON JUAN, DON CARLOS; SGANARELLE, *au fond du théâtre.*

DON CARLOS, *remettant son épée.*
On voit, par la fuite de ces voleurs, de quel secours est votre bras. Souffrez, monsieur, que je vous rende graces d'une action si généreuse, et que...

DON JUAN.
Je n'ai rien fait, monsieur, que vous n'eussiez fait en ma place. Notre propre honneur est intéressé dans de pareilles aventures; et l'action de ces coquins étoit si lâche, que c'eût été y prendre part que de ne s'y pas opposer. Mais par quelle rencontre vous êtes-vous trouvé entre leurs mains?

DON CARLOS.
Je m'étois, par hasard, égaré d'un frère et de tous

ceux de notre suite; et, comme je cherchois à les rejoindre, j'ai fait rencontre de ces voleurs, qui d'abord ont tué mon cheval, et qui, sans votre valeur, en auroient fait autant de moi.

DON JUAN.

Votre dessein étoit-il d'aller du côté de la ville?

DON CARLOS.

Oui, mais sans y vouloir entrer; et nous nous voyons obligés, mon frère et moi, à tenir la campagne pour une de ces fâcheuses affaires qui réduisent les gentilshommes à se sacrifier, eux et leur famille, à la sévérité de leur honneur, puisque enfin le plus doux succès en est toujours funeste, et que, si l'on ne quitte pas la vie, on est contraint de quitter le royaume; et c'est en quoi je trouve la condition d'un gentilhomme malheureuse, de ne pouvoir point s'assurer sur toute la prudence et toute l'honnêteté de sa conduite, d'être asservi par les lois de l'honneur au dérèglement de la conduite d'autrui, et de voir sa vie, son repos et ses biens, dépendre de la fantaisie du premier téméraire qui s'avisera de lui faire une de ces injures pour qui un honnête homme doit périr.

DON JUAN.

On a cet avantage, qu'on fait courir le même risque et passer mal aussi le temps à ceux qui prennent fantaisie de nous venir faire une offense de gaîté de cœur. Mais, ne seroit-ce pas une indiscrétion que de vous demander quelle peut être votre affaire?

DON CARLOS.

La chose en est aux termes de n'en plus faire de

secret; et, lorsque l'injure a une fois éclaté, notre honneur ne va point à vouloir cacher notre honte, mais à faire éclater notre vengeance, et à publier même le dessein que nous en avons. Ainsi, monsieur, je ne feindrai point de vous dire que l'offense que nous cherchons à venger est une sœur séduite et enlevée d'un couvent, et que l'auteur de cette offense est un don Juan Tenorio, fils de don Louis Tenorio. Nous le cherchons depuis quelques jours, et nous l'avons suivi ce matin, sur le rapport d'un valet, qui nous a dit qu'il sortoit à cheval, accompagné de quatre ou cinq, et qu'il avoit pris le long de cette côte; mais tous nos soins ont été inutiles, et nous n'avons pu découvrir ce qu'il est devenu.

DON JUAN.

Le connoissez-vous, monsieur, ce don Juan dont vous parlez?

DON CARLOS.

Non, quant à moi : je ne l'ai jamais vu, et je l'ai seulement ouï dépeindre à mon frère; mais la renommée n'en dit pas force bien, et c'est un homme dont la vie...

DON JUAN.

Arrêtez, monsieur, s'il vous plaît; il est un peu de mes amis, et ce seroit à moi une espèce de lâcheté que d'en ouïr dire du mal.

DON CARLOS.

Pour l'amour de vous, monsieur, je n'en dirai rien du tout, et c'est bien la moindre chose que je vous doive, après m'avoir sauvé la vie, que de me taire devant vous d'une personne que vous connoissez, lorsque je ne puis en parler sans en dire du mal; mais, quelque ami que vous lui soyez, j'ose espérer que vous n'approuverez pas son action, et ne trouverez pas étrange que nous cherchions d'en prendre la vengeance.

DON JUAN.

Au contraire, je vous y veux servir, et vous épargner des soins inutiles. Je suis ami de don Juan, je ne puis pas m'en empêcher; mais il n'est pas raisonnable qu'il offense impunément des gentilshommes, et je m'engage à vous faire faire raison par lui.

DON CARLOS.

Et quelle raison peut-on faire à ces sortes d'injures?

DON JUAN.

Toute celle que votre honneur peut souhaiter; et, sans vous donner la peine de chercher don Juan davantage, je m'oblige à le faire trouver au lieu que vous voudrez, et quand il vous plaira.

DON CARLOS.

Cet espoir est bien doux, monsieur, à des cœurs offensés; mais après ce que je vous dois, ce me seroit une trop sensible douleur que vous fussiez de la partie.

DON JUAN.

Je suis si attaché à don Juan, qu'il ne sauroit se battre que je ne me batte aussi; mais enfin j'en réponds comme de moi-même, et vous n'avez qu'à dire quand vous voulez qu'il paroisse et vous donne satisfaction.

DON CARLOS.

Que ma destinée est cruelle! Faut-il que je vous doive la vie, et que don Juan soit de vos amis!

SCÈNE V.

DON ALONSE, DON CARLOS, DON JUAN, SGANARELLE.

DON ALONSE, *parlant à ceux de sa suite, sans voir don Carlos ni don Juan.*

Faites boire là mes chevaux, et qu'on les amène après nous; je veux un peu marcher à pied. (*les apercevant tous deux.*) O ciel! que vois-je ici! Quoi, mon frère! vous voilà avec notre ennemi mortel!

DON CARLOS.

Notre ennemi mortel!

DON JUAN, *mettant la main sur la garde de son épée.*

Oui, je suis don Juan moi-même; et l'avantage du nombre ne m'obligera pas à vouloir déguiser mon nom.

DON ALONSE, *mettant l'épée à la main.*

Ah, traître! il faut que tu périsses, et...

(*Sganarelle court se cacher.*)

DON CARLOS.

Ah, mon frère! arrêtez: je lui suis redevable de la vie; et, sans le secours de son bras, j'aurois été tué par des voleurs que j'ai trouvés.

DON ALONSE.

Et vous voulez que cette considération empêche

notre vengeance? Tous les services que nous rend une main ennemie ne sont d'aucun mérite pour engager notre ame; et, s'il faut mesurer l'obligation à l'injure, votre reconnoissance, mon frère, est ici ridicule; et, comme l'honneur est infiniment plus précieux que la vie, c'est ne devoir rien proprement que d'être redevable de la vie à qui nous a ôté l'honneur.

DON CARLOS.

Je sais la différence, mon frère, qu'un gentilhomme doit toujours mettre entre l'un et l'autre; et la reconnoissance de l'obligation n'efface point en moi le ressentiment de l'injure; mais souffrez que je lui rende ici ce qu'il m'a prêté, que je m'acquitte sur-le-champ de la vie que je lui dois, par un délai de notre vengeance, et lui laisse la liberté de jouir durant quelques jours du fruit de son bienfait.

DON ALONSE.

Non, non; c'est hasarder notre vengeance que de la reculer, et l'occasion de la prendre peut ne plus revenir: le ciel nous l'offre ici, c'est à nous d'en profiter. Lorsque l'honneur est blessé mortellement, on ne doit point songer à garder aucunes mesures; et, si vous répugnez à prêter votre bras à cette action, vous n'avez qu'à vous retirer, et laisser à ma main la gloire d'un tel sacrifice.

DON CARLOS.

De grace, mon frère...

DON ALONSE.

Tous ces discours sont superflus; il faut qu'il meure.

ACTE III, SCÈNE V.

DON CARLOS.

Arrêtez, vous dis-je, mon frère; je ne souffrirai point du tout qu'on attaque ses jours; et je jure le ciel que je le défendrai ici contre qui que ce soit, et je saurai lui faire un rempart de cette même vie qu'il a sauvée; et, pour adresser vos coups, il faudra que vous me perciez.

DON ALONSE.

Quoi, vous prenez le parti de notre ennemi contre moi! et, loin d'être saisi à son aspect des mêmes transports que je sens, vous faites voir pour lui des sentiments pleins de douceur!

DON CARLOS.

Mon frère, montrons de la modération dans une action légitime, et ne vengeons point notre honneur avec cet emportement que vous témoignez. Ayons du cœur dont nous soyons les maîtres, une valeur qui n'ait rien de farouche, et qui se porte aux choses par une pure délibération de notre raison, et non point par le mouvement d'une aveugle colère. Je ne veux point, mon frère, demeurer redevable à mon ennemi, et je lui ai une obligation dont il faut que je m'acquitte avant toute chose. Notre vengeance pour être différée n'en sera pas moins éclatante : au contraire, elle en tirera de l'avantage; et cette occasion de l'avoir pu prendre la fera paroître plus juste aux yeux de tout le monde.

DON ALONSE.

O l'étrange foiblesse, et l'aveuglement effroyable, de hasarder ainsi les intérêts de son honneur pour la ridicule pensée d'une obligation chimérique!

DON CARLOS.

Non, mon frère, ne vous mettez pas en peine. Si je fais une faute, je saurai bien la réparer, et je me charge de tout le soin de notre honneur; je sais à quoi il nous oblige; et cette suspension d'un jour, que ma reconnoissance lui demande, ne fera qu'augmenter l'ardeur que j'ai de le satisfaire. Don Juan, vous voyez que j'ai soin de vous rendre le bien que j'ai reçu de vous; et vous devez par là juger du reste, croire que je m'acquitte avec la même chaleur de ce que je dois, et que je ne serai pas moins exact à vous payer l'injure que le bienfait. Je ne veux point vous obliger ici à expliquer vos sentiments, et je vous donne la liberté de penser à loisir aux résolutions que vous avez à prendre. Vous connoissez assez la grandeur de l'offense que vous nous avez faite, et je vous fais juge vous-même des réparations qu'elle demande. Il est des moyens doux pour nous satisfaire; il en est de violents et de sanglants : mais enfin, quelque choix que vous fassiez, vous m'avez donné parole de me faire faire raison par don Juan; songez à me la faire, je vous prie, et vous ressouvenez que, hors d'ici, je ne dois plus qu'à mon honneur.

DON JUAN.

Je n'ai rien exigé de vous, et vous tiendrai ce que j'ai promis.

DON CARLOS.

Allons, mon frère; un moment de douceur ne fait aucune injure à la sévérité de notre devoir.

SCÈNE VI.

DON JUAN, SGANARELLE.

DON JUAN.

Holà, hé! Sganarelle!

SGANARELLE, *sortant de l'endroit où il est caché.*

Plaît-il?

DON JUAN.

Comment, coquin! tu fuis quand on m'attaque!

SGANARELLE.

Pardonnez-moi, monsieur, je viens seulement d'ici près. Je crois que cet habit est purgatif, et que c'est prendre médecine que de le porter.

DON JUAN.

Peste soit l'insolent! Couvre au moins ta poltronnerie d'un voile plus honnête. Sais-tu bien qui est celui à qui j'ai sauvé la vie?

SGANARELLE.

Moi? non.

DON JUAN.

C'est un frère d'Elvire.

SGANARELLE.

Un...

DON JUAN.

Il est assez honnête homme; il en a bien usé; et j'ai regret d'avoir démêlé avec lui.

SGANARELLE.

Il vous seroit aisé de pacifier toutes choses.

DON JUAN.

Oui ; mais ma passion est usée pour done Elvire, et l'engagement ne compatit point avec mon humeur. J'aime la liberté en amour, tu le sais ; et je ne saurois me résoudre à renfermer mon cœur entre quatre murailles. Je te l'ai dit vingt fois, j'ai une pente naturelle à me laisser aller à tout ce qui m'attire. Mon cœur est à toutes les belles ; et c'est à elles à le prendre tour à tour, et à le garder tant qu'elles le pourront. Mais quel est le superbe édifice que je vois entre ces arbres ?

SGANARELLE.

Vous ne le savez pas ?

DON JUAN.

Non, vraiment.

SGANARELLE.

Bon ! c'est le tombeau que le commandeur faisoit faire lorsque vous le tuâtes.

DON JUAN.

Ah, tu as raison ! Je ne savois pas que c'étoit de ce côté-ci qu'il étoit. Tout le monde m'a dit des merveilles de cet ouvrage, aussi bien que de la statue du commandeur, et j'ai envie de l'aller voir.

SGANARELLE.

Monsieur, n'allez point là.

DON JUAN.

Pourquoi ?

SGANARELLE.

Ce n'est pas civil d'aller voir un homme que vous avez tué.

DON JUAN.

Au contraire, c'est une visite dont je lui veux faire civilité, et qu'il doit recevoir de bonne grace, s'il est galant homme. Allons, entrons dedans.

(*Le tombeau s'ouvre, et l'on voit la statue du commandeur.*)

SGANARELLE.

Ah, que cela est beau! Les belles statues! le beau marbre! les beaux piliers! Ah, que cela est beau! Qu'en dites-vous, monsieur?

DON JUAN.

Qu'on ne peut voir aller plus loin l'ambition d'un homme mort; et ce que je trouve admirable, c'est qu'un homme qui s'est passé durant sa vie d'une assez simple demeure, en veuille avoir une si magnifique pour quand il n'en a plus que faire.

SGANARELLE.

Voici la statue du commandeur.

DON JUAN.

Parbleu, le voilà bon avec son habit d'empereur romain!

SGANARELLE.

Ma foi, monsieur, voilà qui est bien fait. Il semble qu'il est en vie, et qu'il s'en va parler. Il jette des regards sur nous qui me feroient peur si j'étois tout seul; et je pense qu'il ne prend pas plaisir de nous voir.

DON JUAN.

Il auroit tort, ce seroit mal recevoir l'honneur que

je lui fais. Demande-lui s'il veut venir souper avec moi.

SGANARELLE.

C'est une chose dont il n'a pas besoin, je crois.

DON JUAN.

Demande-lui, te dis-je.

SGANARELLE.

Vous moquez-vous? ce seroit être fou que d'aller parler à une statue.

DON JUAN.

Fais ce que je te dis.

SGANARELLE.

Quelle bizarrerie! Seigneur commandeur...(*à part.*) Je ris de ma sottise; mais c'est mon maître qui me la fait faire. (*haut.*) Seigneur commandeur, mon maître don Juan vous demande si vous voulez lui faire l'honneur de venir souper avec lui. (*La statue baisse la tête.*) Ah !

DON JUAN.

Qu'est-ce ? Qu'as-tu ? Dis-donc ? Veux-tu parler?

SGANARELLE, *baissant la tête comme la statue.*

La statue...

DON JUAN.

Hé bien, que veux-tu dire, traître?

SGANARELLE.

Je vous dis que la statue...

DON JUAN.

Hé bien, la statue? Je t'assomme, si tu ne parles.

SGANARELLE.

La statue m'a fait signe.

DON JUAN.

La peste le coquin!

SGANARELLE.

Elle m'a fait signe, vous dis-je; il n'est rien de plus vrai. Allez-vous-en lui parler vous-même pour voir. Peut-être...

DON JUAN.

Viens, maraud, viens. Je te veux bien faire toucher au doigt ta poltronnerie. Prends garde. Le seigneur commandeur voudroit-il venir souper avec moi?

(*La statue baisse encore la tête.*)

SGANARELLE.

Je ne voudrois pas en tenir dix pistoles. Hé bien, monsieur?

DON JUAN.

Allons, sortons d'ici.

SGANARELLE.

Voilà de mes esprits forts qui ne veulent rien croire!

FIN DU TROISIÈME ACTE.

ACTE QUATRIÈME.

Le théâtre représente l'appartement de don Juan.

SCÈNE I.

DON JUAN, SGANARELLE, RAGOTIN.

DON JUAN, *à Sganarelle.*

Quoi qu'il en soit, laissons cela : c'est une bagatelle; et nous pouvons avoir été trompés par un faux jour, ou surpris de quelque vapeur qui nous ait troublé la vue.

SGANARELLE.

Hé, monsieur! ne cherchez point à démentir ce que nous avons vu des yeux que voilà. Il n'est rien de plus véritable que ce signe de tête; et je ne doute point que le ciel, scandalisé de votre vie, n'ait produit ce miracle pour vous convaincre, et pour vous retirer de...

DON JUAN.

Écoute. Si tu m'importunes davantage de tes sottes moralités, si tu me dis encore le moindre mot là dessus, je vais appeler quelqu'un, demander un nerf de bœuf, te faire tenir par trois ou quatre, et te rouer de mille coups. M'entends-tu bien?

SGANARELLE.

Fort bien, monsieur, le mieux du monde. Vous

vous expliquez clairement; c'est ce qu'il y a de bon en vous, que vous n'allez point chercher de détours : vous dites les choses avec une netteté admirable.

DON JUAN.

Allons, qu'on me fasse souper le plus tôt que l'on pourra. Une chaise, petit garçon.

SCÈNE II.

DON JUAN, SGANARELLE, LA VIOLETTE, RAGOTIN.

LA VIOLETTE.

Monsieur, voilà votre marchand, monsieur Dimanche, qui demande à vous parler.

SGANARELLE.

Bon! voilà ce qu'il nous faut, qu'un compliment de créancier! De quoi s'avise-t-il de nous venir demander de l'argent? Et que ne lui disois-tu que monsieur n'y est pas?

LA VIOLETTE.

Il y a trois quarts d'heure que je le lui dis; mais il ne veut pas le croire, et s'est assis là dedans pour attendre.

SGANARELLE.

Qu'il attende tant qu'il voudra.

DON JUAN.

Non; au contraire, faites-le entrer. C'est une fort mauvaise politique que de se faire celer aux créanciers. Il est bon de les payer de quelque chose; et j'ai le secret de les renvoyer satisfaits, sans leur donner un double.

SCÈNE III.

D'ON JUAN, MONSIEUR DIMANCHE, SGANARELLE, LA VIOLETTE, RAGOTIN.

DON JUAN.

Ah, monsieur Dimanche! approchez. Que je suis ravi de vous voir! et que je veux de mal à mes gens de ne vous pas faire entrer d'abord! J'avois donné ordre qu'on ne me fît parler à personne; mais cet ordre n'est pas pour vous, et vous êtes en droit de ne trouver jamais de porte fermée chez moi.

MONSIEUR DIMANCHE.

Monsieur, je vous suis fort obligé.

DON JUAN, *parlant à La Violette et à Ragotin.*

Parbleu! coquins, je vous apprendrai à laisser monsieur Dimanche dans une antichambre, et je vous ferai connoître les gens.

MONSIEUR DIMANCHE.

Monsieur, cela n'est rien.

DON JUAN, *à monsieur Dimanche.*

Comment, vous dire que je n'y suis pas! à monsieur Dimanche, au meilleur de mes amis!

MONSIEUR DIMANCHE.

Monsieur, je suis votre serviteur. J'étois venu...

DON JUAN.

Allons vite, un siége pour monsieur Dimanche.

ACTE IV, SCÈNE III.

MONSIEUR DIMANCHE.

Monsieur, je suis bien comme cela.

DON JUAN.

Point, point; je veux que vous soyez assis contre moi.

MONSIEUR DIMANCHE.

Cela n'est point nécessaire.

DON JUAN.

Otez ce pliant, et apportez un fauteuil.

MONSIEUR DIMANCHE.

Monsieur, vous vous moquez, et...

DON JUAN.

Non, non : je sais ce que je vous dois; et je ne veux point qu'on mette de différence entre nous deux.

MONSIEUR DIMANCHE.

Monsieur...

DON JUAN.

Allons, asseyez-vous.

MONSIEUR DIMANCHE.

Il n'est pas besoin, monsieur, et je n'ai qu'un mot à vous dire. J'étois...

DON JUAN.

Mettez-vous là, vous dis-je.

MONSIEUR DIMANCHE.

Non, monsieur, je suis bien. Je viens pour...

DON JUAN.

Non, je ne vous écoute point, si vous n'êtes assis.

MONSIEUR DIMANCHE.

Monsieur, je fais ce que vous voulez. Je...

DON JUAN.

Parbleu! monsieur Dimanche, vous vous portez bien.

MONSIEUR DIMANCHE.

Oui, monsieur, pour vous rendre service. Je suis venu...

DON JUAN.

Vous avez un fonds de santé admirable, des lèvres fraîches, un teint vermeil, et des yeux vifs.

MONSIEUR DIMANCHE.

Je voudrois bien...

DON JUAN.

Comment se porte madame Dimanche, votre épouse?

MONSIEUR DIMANCHE.

Fort bien, monsieur, dieu merci.

DON JUAN.

C'est une brave femme.

MONSIEUR DIMANCHE.

Elle est votre servante, monsieur. Je venois...

DON JUAN.

Et votre petite fille Claudine, comment se porte-t-elle?

MONSIEUR DIMANCHE.

Le mieux du monde.

DON JUAN.

La jolie petite fille que c'est! Je l'aime de tout mon cœur.

MONSIEUR DIMANCHE.

C'est trop d'honneur que vous lui faites, monsieur. Je vous...

DON JUAN.

Et le petit Colin, fait-il toujours bien du bruit avec son tambour?

MONSIEUR DIMANCHE.

Toujours de même, monsieur. Je...

DON JUAN.

Et votre petit chien Brusquet, gronde-t-il toujours aussi fort, et mord-il toujours bien aux jambes les gens qui vont chez vous?

MONSIEUR DIMANCHE.

Plus que jamais, monsieur, et nous ne saurions en chevir[1].

DON JUAN.

Ne vous étonnez pas si je m'informe des nouvelles de toute la famille, car j'y prends beaucoup d'intérêt.

MONSIEUR DIMANCHE.

Nous vous sommes, monsieur, infiniment obligés. Je...

DON JUAN, *lui tendant la main.*

Touchez donc là, monsieur Dimanche. Êtes-vous bien de mes amis?

MONSIEUR DIMANCHE.

Monsieur, je suis votre serviteur.

DON JUAN.

Parbleu, je suis à vous de tout mon cœur!

MONSIEUR DIMANCHE.

Vous m'honorez trop. Je...

DON JUAN.

Il n'y a rien que je ne fisse pour vous.

MONSIEUR DIMANCHE.

Monsieur, vous avez trop de bonté pour moi.

---

[1] *Chevir*, c'est-à-dire venir à *chef* et à bout de quelque chose.

DON JUAN.

Et cela sans intérêt, je vous prie de le croire.

MONSIEUR DIMANCHE.

Je n'ai point mérité cette grace, assurément. Mais, monsieur...

DON JUAN.

Or ça, monsieur Dimanche, sans façon, voulez-vous souper avec moi?

MONSIEUR DIMANCHE.

Non, monsieur, il faut que je m'en retourne tout à l'heure. Je...

DON JUAN, *se levant.*

Allons vite, un flambeau, pour conduire monsieur Dimanche; et que quatre ou cinq de mes gens prennent des mousquetons pour l'escorter.

MONSIEUR DIMANCHE, *se levant aussi.*

Monsieur, il n'est pas nécessaire, et je m'en irai bien tout seul. Mais...

(*Sganarelle ôte les siéges promptement.*)

DON JUAN.

Comment! je veux qu'on vous escorte, et je m'intéresse trop à votre personne. Je suis votre serviteur, et, de plus, votre débiteur.

MONSIEUR DIMANCHE.

Ah! monsieur...

DON JUAN.

C'est une chose que je ne cache pas, et je le dis à tout le monde.

MONSIEUR DIMANCHE.

Si...

DON JUAN.

Voulez-vous que je vous reconduise?

MONSIEUR DIMANCHE.

Ah, monsieur! vous vous moquez. Monsieur...

DON JUAN.

Embrassez-moi donc, s'il vous plaît. Je vous prie, encore une fois, d'être persuadé que je suis tout à vous, et qu'il n'y a rien au monde que je ne fisse pour votre service.   (*Il sort.*)

SCÈNE IV.

MONSIEUR DIMANCHE, SGANARELLE.

SGANARELLE.

Il faut avouer que vous avez en monsieur un homme qui vous aime bien.

MONSIEUR DIMANCHE.

Il est vrai; il me fait tant de civilités et tant de compliments, que je ne saurois jamais lui demander de l'argent.

SGANARELLE.

Je vous assure que toute sa maison périroit pour vous : et je voudrois qu'il vous arrivât quelque chose, que quelqu'un s'avisât de vous donner des coups de bâton, vous verriez de quelle manière...

MONSIEUR DIMANCHE.

Je le crois. Mais, Sganarelle, je vous prie de lui dire un petit mot de mon argent.

SGANARELLE.

Oh, ne vous mettez pas en peine! il vous paiera le mieux du monde.

MONSIEUR DIMANCHE.

Mais vous, Sganarelle, vous me devez quelque chose en particulier.

SGANARELLE.

Fi! ne parlez pas de cela.

MONSIEUR DIMANCHE.

Comment! je...

SGANARELLE.

Ne sais-je pas bien que je vous dois?

MONSIEUR DIMANCHE.

Oui. Mais...

SGANARELLE.

Allons, monsieur Dimanche, je vais vous éclairer.

MONSIEUR DIMANCHE.

Mais mon argent?

SGANARELLE, *prenant monsieur Dimanche par le bras.*

Vous moquez-vous?

MONSIEUR DIMANCHE.

Je veux...

SGANARELLE, *le tirant.*

Hé!

MONSIEUR DIMANCHE.

J'entends...

SGANARELLE, *le poussant vers la porte.*
Bagatelle!

MONSIEUR DIMANCHE.

Mais...

SGANARELLE, *le poussant encore.*

Fi!

MONSIEUR DIMANCHE.

Je...

SGANARELLE, *le poussant tout-à-fait hors du théâtre.*

Fi! vous dis-je.

SCÈNE V.

DON JUAN, LA VIOLETTE, SGANARELLE.

LA VIOLETTE, *à don Juan.*

Monsieur, voilà monsieur votre père.

DON JUAN.

Ah, me voici bien! Il me falloit cette visite pour me faire enrager.

SCÈNE VI.

DON LOUIS, DON JUAN, SGANARELLE.

DON LOUIS.

Je vois bien que je vous embarrasse, et que vous vous passeriez fort aisément de ma venue. A dire vrai, nous nous incommodons étrangement l'un et l'autre; et, si vous êtes las de me voir, je suis bien las aussi de vos déportements. Hélas! que nous savons peu ce que nous faisons, quand nous ne laissons pas au ciel le soin des choses qu'il nous faut, quand nous voulons être plus avisés que lui, et que nous venons à l'importuner par nos souhaits aveugles et nos demandes inconsidérées ! J'ai souhaité un fils avec des ardeurs non pareilles, je l'ai demandé sans relâche avec des transports incroyables; et ce fils que j'obtiens en fatiguant le ciel de vœux, est le chagrin et le supplice de cette vie même dont je croyois qu'il devoit être la joie et la consolation. De quel œil, à votre avis, pensez-vous que je puisse voir cet amas d'actions indignes dont on a peine, aux yeux du monde, d'adoucir le mauvais usage, cette suite continuelle de méchantes affaires qui nous réduisent, à toute heure, à lasser les bontés du souverain, et qui ont épuisé auprès de lui le mérite de mes services et le crédit de mes amis? Ah! quelle bassesse est la vôtre! Ne rougissez-vous point de mériter si peu votre naissance? Êtes-vous en droit, dites-moi, d'en tirer quelque vanité? et qu'avez-vous fait dans le monde pour être gentilhomme? Croyez-vous qu'il suffise d'en porter le nom et les armes, et que ce nous soit une gloire d'être sortis d'un sang noble, lorsque nous vivons en infames? Non, non : la naissance n'est rien où la vertu n'est pas. Aussi nous n'avons part à la gloire de nos ancêtres qu'autant que nous nous efforçons de leur ressembler; et cet éclat de leurs actions, qu'ils répandent sur nous, nous impose un engagement de leur faire le même honneur, de suivre les pas qu'ils nous tracent, et de ne point dégénérer de leur vertu, si nous voulons être estimés de leurs véritables descendants. Ainsi, vous descendez en vain des aïeux dont vous êtes né; ils vous désavouent pour leur sang; et tout ce qu'ils ont fait d'illustre ne vous donne aucun avantage; au contraire, l'éclat n'en rejaillit sur vous qu'à votre déshonneur, et leur gloire est un flambeau qui éclaire aux yeux de chacun la honte de vos actions. Apprenez enfin qu'un gentilhomme qui vit mal est un monstre dans la nature; que la vertu est le premier titre de noblesse; que je regarde bien moins au nom qu'on signe qu'aux actions qu'on fait; et que je ferois plus d'état du fils d'un crocheteur, qui seroit honnête homme, que du fils d'un monarque, qui vivroit comme vous.

DON JUAN.

Monsieur, si vous étiez assis, vous en seriez mieux pour parler.

DON LOUIS.

Non, insolent! je ne veux point m'asseoir, ni parler davantage, et je vois bien que toutes mes paroles ne font rien sur ton ame : mais sache, fils indigne, que la tendresse paternelle est poussée à bout par tes actions, que je saurai, plus tôt que tu ne penses, mettre une borne à tes dérèglements, prévenir sur toi le courroux du ciel, et laver, par ta punition, la honte de t'avoir fait naître.

SCÈNE VII.

DON JUAN, SGANARELLE.

DON JUAN, *adressant encore la parole à son père quoiqu'il soit sorti.*

Hé! mourez le plus tôt que vous pourrez, c'est le mieux que vous puissiez faire. Il faut que chacun ait son tour, et j'enrage de voir des pères qui vivent autant que leurs fils.

(*Il se met dans un fauteuil.*)

SGANARELLE.

Ah, monsieur! vous avez tort.

DON JUAN, *se levant.*

J'ai tort!

SGANARELLE, *tremblant.*

Monsieur...

DON JUAN.

J'ai tort!

SGANARELLE.

Oui, monsieur, vous avez tort d'avoir souffert ce qu'il vous a dit, et vous le deviez mettre dehors par les épaules. A-t-on jamais rien vu de plus impertinent? un père venir faire des remontrances à son fils, et lui dire de corriger ses actions, de se ressouvenir de sa naissance, de mener une vie d'honnête homme, et cent autres sottises de pareille nature! Cela se peut-il souffrir à un homme comme vous, qui savez comme il faut vivre? J'admire votre patience; et, si j'avois été en votre place, je l'aurois envoyé promener. (*bas, à part.*) O complaisance maudite, à quoi me réduis-tu!

DON JUAN.

Me fera-t-on souper bientôt?

SCÈNE VIII.

DON JUAN, SGANARELLE, RAGOTIN.

RAGOTIN.

Monsieur, voici une dame voilée qui vient vous parler.

DON JUAN.

Que pourroit-ce être?

SGANARELLE.

Il faut voir.

SCÈNE IX.

DONE ELVIRE, *voilée;* DON JUAN, SGANARELLE.

DONE ELVIRE.

Ne soyez point surpris, don Juan, de me voir à cette heure et dans cet équipage. C'est un motif pressant qui m'oblige à cette visite; et ce que j'ai à vous dire ne veut point du tout de retardement. Je ne viens point ici pleine de ce courroux que j'ai tantôt fait éclater; et vous me voyez bien changée de ce que j'étois ce matin. Ce n'est plus cette done Elvire qui faisoit des vœux contre vous, et dont l'ame irritée ne jetoit que menaces, et ne respiroit que vengeance. Le ciel a banni de mon ame toutes ces indignes ardeurs que je sentois pour vous, tous ces transports tumultueux d'un attachement criminel, tous ces honteux emportements d'un amour terrestre et grossier; et il n'a laissé dans mon cœur pour vous qu'une flamme épurée de tout le commerce des sens, une tendresse toute sainte, un amour détaché de tout, qui n'agit point pour soi, et ne se met en peine que de votre intérêt.

DON JUAN, *bas, à Sganarelle.*
Tu pleures, je pense?

SGANARELLE.
Pardonnez-moi.

DONE ELVIRE.
C'est ce parfait et pur amour qui me conduit ici pour votre bien, pour vous faire part d'un avis du ciel, et tâcher de vous retirer du précipice où vous courez. Oui, don Juan, je sais tous les dérèglements de votre vie; et ce même ciel, qui m'a touché le cœur et fait jeter les yeux sur les égarements de ma conduite, m'a inspiré de vous venir trouver, et de vous dire de sa part que vos offenses ont épuisé sa miséricorde, que sa colère redoutable est près de tomber sur vous, qu'il est en vous de l'éviter par un prompt repentir, et que peut-être vous n'avez pas encore un jour à vous pouvoir soustraire au plus grand de tous les malheurs. Pour moi, je ne tiens plus à vous par aucun attachement du monde. Je suis revenue, grace au ciel, de toutes mes folles pensées; ma retraite est résolue, et je ne demande qu'assez de vie pour pouvoir expier la faute que j'ai faite, et mériter, par une

austère pénitence, le pardon de l'aveuglement où m'ont plongée les transports d'une passion condamnable. Mais, dans cette retraite, j'aurois une douleur extrême qu'une personne que j'ai chérie tendrement devînt un exemple funeste de la justice du ciel; et ce me sera une joie incroyable, si je puis vous porter à détourner de dessus votre tête l'épouvantable coup qui vous menace. De grace, don Juan, accordez-moi, pour dernière faveur, cette douce consolation; ne me refusez point votre salut, que je vous demande avec larmes; et si vous n'êtes point touché de votre intérêt, soyez-le au moins de mes prières, et m'épargnez le cruel déplaisir de vous voir condamner à des supplices éternels.

SGANARELLE, *à part.*
Pauvre femme!

DONE ELVIRE.
Je vous ai aimé avec une tendresse extrême; rien au monde ne m'a été si cher que vous : j'ai oublié mon devoir pour vous, j'ai fait toutes choses pour vous; et toute la récompense que je vous en demande, c'est de corriger votre vie, et de prévenir votre perte. Sauvez-vous, je vous prie, ou pour l'amour de vous, ou pour l'amour de moi. Encore une fois, don Juan, je vous le demande avec larmes; et si ce n'est assez des larmes d'une personne que vous avez aimée, je vous en conjure par tout ce qui est le plus capable de vous toucher.

SGANARELLE, *à part, regardant don Juan.*
Cœur de tigre!

DONE ELVIRE.

Je m'en vais après ce discours; et voilà tout ce que j'avois à vous dire.

DON JUAN.

Madame, il est tard, demeurez ici; on vous y logera le mieux qu'on pourra.

DONE ELVIRE.

Non, don Juan; ne me retenez pas davantage.

DON JUAN.

Madame, vous me ferez plaisir de demeurer, je vous assure.

DONE ELVIRE.

Non, vous dis-je; ne perdons point de temps en discours superflus. Laissez-moi vite aller; ne faites aucune instance pour me conduire, et songez seulement à profiter de mon avis.

SCÈNE X.

DON JUAN, SGANARELLE.

DON JUAN.

Sais-tu bien que j'ai encore senti quelque peu d'émotion pour elle; que j'ai trouvé de l'agrément dans cette nouveauté bizarre, et que son habit négligé, son air languissant, et ses larmes, ont réveillé en moi quelques petits restes d'un feu éteint?

SGANARELLE.

C'est-à-dire que ses paroles n'ont fait aucun effet sur vous?

ACTE IV, SCÈNE XI.

DON JUAN.

Vite, à souper.

SGANARELLE.

Fort bien.

SCÈNE XI.

DON JUAN, SGANARELLE, LA VIOLETTE, RAGOTIN.

DON JUAN, *se mettant à table.*

Sganarelle, il faut songer à s'amender pourtant.

SGANARELLE.

Oui-da.

DON JUAN.

Oui, ma foi, il faut s'amender. Encore vingt ou trente ans de cette vie-ci, et puis nous songerons à nous.

SGANARELLE.

Oh!

DON JUAN.

Qu'en dis-tu?

SGANARELLE.

Rien. Voilà le souper.
(*Il prend un morceau d'un des plats qu'on apporte, et le met dans sa bouche.*)

DON JUAN.

Il me semble que tu as la joue enflée, qu'est-ce que c'est? Parle donc. Qu'as-tu là?

SGANARELLE.

Rien.

DON JUAN.

Montre un peu. Parbleu! c'est une fluxion qui lui est tombée sur la joue. Vite une lancette pour percer cela. Le pauvre garçon n'en peut plus, et cet abcès le pourroit étouffer. Attends : voyez comme il étoit mûr! Ah, coquin que vous êtes!

SGANARELLE.

Ma foi, monsieur, je voulois voir si votre cuisinier n'avoit pas mis trop de sel ou trop de poivre.

DON JUAN.

Allons, mets-toi là, et mange. J'ai affaire de toi quand j'aurai soupé. Tu as faim, à ce que je vois.

SGANARELLE, *se mettant à table.*

Je le crois bien, monsieur, je n'ai point mangé depuis ce matin. Tâtez de cela, voilà qui est le meilleur du monde. (*à Ragotin qui, à mesure que Sganarelle met quelque chose sur son assiette, la lui ôte dès que Sganarelle tourne la tête.*) Mon assiette! Tout doux, s'il vous plaît. Vertubleu, petit compère! que vous êtes habile à donner des assiettes nettes! Et vous, petit La Violette, que vous savez présenter à boire à propos! (*Pendant que La Violette donne à boire à Sganarelle, Ragotin ôte encore son assiette.*)

DON JUAN.

Qui peut frapper de cette sorte?

SGANARELLE.

Qui diable nous vient troubler dans notre repas?

DON JUAN.

Je veux souper en repos au moins, et qu'on ne laisse entrer personne.

SGANARELLE.

Laissez-moi faire; je m'y en vais moi-même.

DON JUAN, *voyant revenir Sganarelle effrayé.*

Qu'est-ce donc? Qu'y a-t-il?

SGANARELLE, *baissant la tête comme la statue.*

Le... qui est là.

DON JUAN.

Allons voir, et montrons que rien ne me sauroit ébranler.

SGANARELLE.

Ah, pauvre Sganarelle! où te cacheras-tu?

SCÈNE XII.

DON JUAN, LA STATUE DU COMMANDEUR, SGANARELLE, LA VIOLETTE, RAGOTIN.

DON JUAN, *à ses gens.*

Une chaise et un couvert. Vite donc.

(*Don Juan et la statue se mettent à table.*)
(*à Sganarelle.*) Allons, mets-toi à table.

SGANARELLE.

Monsieur, je n'ai plus faim.

DON JUAN.

Mets-toi là, te dis-je. A boire. A la santé du commandeur. Je te la porte, Sganarelle. Qu'on lui donne du vin.

SGANARELLE.

Monsieur, je n'ai pas soif.

DON JUAN.

Bois, et chante ta chanson pour régaler le commandeur.

SGANARELLE.

Je suis enrhumé, monsieur.

DON JUAN.

Il n'importe. Allons. (*à ses gens.*) Vous autres, venez; accompagnez sa voix.

LA STATUE.

Don Juan, c'est assez. Je vous invite à venir demain souper avec moi. En aurez-vous le courage?

DON JUAN.

Oui, j'irai, accompagné du seul Sganarelle.

SGANARELLE.

Je vous rends grace; il est demain jeûne pour moi.

DON JUAN, *à Sganarelle.*

Prends ce flambeau.

LA STATUE.

On n'a pas besoin de lumière quand on est conduit par le ciel.

FIN DU QUATRIÈME ACTE.

ACTE CINQUIÈME.

Le théâtre représente une campagne.

SCÈNE I.

DON LOUIS, DON JUAN, SGANARELLE.

DON LOUIS.

Quoi, mon fils! seroit-il possible que la bonté du ciel eût exaucé mes vœux? Ce que vous me dites est-il bien vrai? ne m'abusez-vous point d'un faux espoir? et puis-je prendre quelque assurance sur la nouveauté surprenante d'une telle conversion?

DON JUAN.

Oui, vous me voyez revenu de toutes mes erreurs; je ne suis plus le même d'hier au soir, et le ciel tout d'un coup a fait en moi un changement qui va surprendre tout le monde. Il a touché mon ame et dessillé mes yeux; et je regarde avec horreur le long aveuglement où j'ai été, et les désordres criminels de la vie que j'ai menée. J'en repasse dans mon esprit toutes les abominations, et m'étonne comme le ciel les a pu souffrir si long-temps, et n'a pas vingt fois sur ma tête laissé tomber les coups de sa justice redoutable. Je vois les graces que sa bonté m'a faites en ne me punissant point de mes crimes; et je prétends en profiter comme je dois, faire éclater aux yeux du monde un soudain changement de vie, réparer par là le scandale de mes actions passées, et m'efforcer d'en obtenir du ciel une pleine rémission. C'est à quoi je vais travailler; et je vous prie, monsieur, de vouloir bien contribuer à ce dessein, et de m'aider vous-même à faire choix d'une personne qui me serve de guide, et sous la conduite de qui je puisse marcher sûrement dans le chemin où je m'en vais entrer.

DON LOUIS.

Ah, mon fils! que la tendresse d'un père est aisément rappelée, et que les offenses d'un fils s'évanouissent vite au moindre mot de repentir! Je ne me souviens plus déja de tous les déplaisirs que vous m'avez donnés, et tout est effacé par les paroles que vous venez de me faire entendre. Je ne me sens pas, je l'avoue; je jette des larmes de joie; tous mes vœux sont satisfaits, et je n'ai plus rien désormais à demander au ciel. Embrassez-moi, mon fils, et persistez, je vous conjure, dans cette louable pensée. Pour moi, je vais tout de ce pas porter l'heureuse nouvelle à votre mère, partager avec elle les doux transports du ravissement où je suis, et rendre graces au ciel des saintes résolutions qu'il a daigné vous inspirer.

SCÈNE II.

DON JUAN, SGANARELLE.

SGANARELLE.

Ah, monsieur! que j'ai de joie de vous voir converti! Il y a long-temps que j'attendois cela; et voilà, grace au ciel, tous mes souhaits accomplis.

DON JUAN.

La peste le benêt!

SGANARELLE.

Comment, le benêt!

DON JUAN.

Quoi! tu prends pour de bon argent ce que je viens de dire? et tu crois que ma bouche étoit d'accord avec mon cœur?

SGANARELLE.

Quoi! ce n'est pas... Vous ne... Votre... (*à part.*) O quel homme, quel homme, quel homme!

DON JUAN.

Non, non, je ne suis point changé, et mes sentiments sont toujours les mêmes.

SGANARELLE.

Vous ne vous rendez pas à la surprenante merveille de cette statue mouvante et parlante?

DON JUAN.

Il y a bien quelque chose là dedans que je ne comprends pas: mais, quoi que ce puisse être, cela n'est pas capable ni de convaincre mon esprit, ni d'ébranler mon ame ; et si j'ai dit que je voulois corriger ma conduite, et me jeter dans un train de vie exemplaire, c'est un dessein que j'ai formé par pure politique, un stratagème utile, une grimace nécessaire où je veux me contraindre, pour ménager un père dont j'ai besoin, et me mettre à couvert, du côté des hommes, de cent fâcheuses aventures qui pourroient m'arriver. Je veux bien, Sganarelle, t'en faire confidence, et je suis bien aise d'avoir un témoin du fond de mon ame et des véritables motifs qui m'obligent à faire les choses.

SGANARELLE.

Quoi, vous ne croyez rien du tout, et vous voulez cependant vous ériger en homme de bien?

DON JUAN.

Et pourquoi non? il y en a tant d'autres comme moi, qui se mêlent de ce métier, et qui se servent du même masque pour abuser le monde!

SGANARELLE, *à part.*

Ah, quel homme! quel homme!

DON JUAN.

Il n'y a plus de honte maintenant à cela : l'hypocrisie est un vice à la mode; et tous les vices à la mode passent pour vertus. Le personnage d'homme de bien est le meilleur de tous les personnages qu'on puisse jouer. Aujourd'hui la profession d'hypocrite a de merveilleux avantages. C'est un art de qui l'imposture est toujours respectée; et, quoiqu'on la découvre, on n'ose rien dire contre elle. Tous les autres vices des hommes sont exposés à la censure, et chacun a la liberté de les attaquer hautement ; mais l'hypocrisie est un vice privilégié, qui de sa main ferme la bouche à tout le monde, et jouit en repos d'une impunité souveraine. On lie, à force de grimaces, une société étroite avec tous les gens du parti. Qui en choque un se les attire tous sur les bras, et ceux que l'on sait même agir de bonne foi là dessus, et que chacun connoît pour être véritablement touchés, ceux-là, dis-je, sont toujours les dupes des autres ; ils donnent bonnement dans le panneau des grimaciers, et appuient aveuglément les singes de leurs actions. Combien crois-tu que j'en connoisse qui, par ce stratagème, ont rhabillé adroitement les désordres de leur jeunesse, qui se font un bouclier du manteau de la religion, et, sous cet habit respecté, ont la permission d'être les plus méchants hommes du monde ? On a beau savoir leurs intrigues et les connoître pour ce qu'ils sont, ils ne laissent pas pour cela d'être en crédit parmi les gens ; et quelque baissement de tête, un soupir mortifié, et deux roulements d'yeux, rajustent dans le monde tout ce qu'ils peuvent faire. C'est sous cet abri favorable que je veux me sauver et mettre en sûreté mes affaires. Je ne quitterai point mes douces habitudes ; mais j'aurai soin de me cacher, et me divertirai à petit bruit. Que si je viens à être découvert, je verrai sans me remuer prendre mes intérêts à toute la cabale, et je serai défendu par elle envers et contre tous. Enfin, c'est là le vrai moyen de faire impunément tout ce que je voudrai. Je m'érigerai en censeur des actions d'autrui, jugerai mal de tout le monde, et n'aurai bonne opinion que de moi. Dès qu'une fois on m'aura choqué tant soit peu, je ne pardonnerai jamais, et garderai tout doucement une haine irréconciliable. Je me ferai le vengeur des intérêts du ciel; et, sous ce prétexte commode, je pousserai mes ennemis, je les accuserai d'impiété, et saurai déchaîner contre eux des zélés indiscrets, qui, sans connoissance de cause, crieront en public après eux, qui les accableront d'injures, et les damneront hautement de leur autorité privée. C'est ainsi qu'il faut profiter des foiblesses des hommes, et qu'un sage esprit s'accommode aux vices de son siècle.

SGANARELLE.

O ciel, qu'entends-je ici! Il ne vous manquoit plus que d'être hypocrite pour vous achever de tout point, et voilà le comble des abominations. Monsieur, cette dernière-ci m'emporte, et je ne puis m'empêcher de parler. Faites-moi tout ce qu'il vous plaira, battez-moi, assommez-moi de coups, tuez-moi si vous voulez; il faut que je décharge mon cœur, et qu'en valet fidèle je vous dise ce que je dois. Sachez, monsieur, que tant va la cruche à l'eau, qu'enfin elle se brise; et, comme dit fort bien cet auteur que je ne connois pas, l'homme est en ce monde ainsi que l'oiseau sur la branche; la branche est attachée à l'arbre; qui s'attache à l'arbre, suit les bons préceptes; les bons préceptes valent mieux que les belles paroles; les belles paroles sont à la cour; à la cour sont les courtisans; les courtisans suivent la mode; la mode vient de la fantaisie; la fantaisie est une faculté de l'ame; l'ame est ce qui nous donne la vie; la vie finit par la mort; la mort nous fait penser au ciel; le ciel est au dessus de la terre; la terre n'est point la mer; la mer est sujette aux orages; les orages tourmentent les vaisseaux; les vaisseaux ont besoin d'un bon pilote; un bon pilote a de la prudence; la prudence n'est pas dans les jeunes gens; les jeunes gens doivent obéissance aux vieux; les vieux aiment les richesses; les richesses font les riches; les riches ne sont pas les pauvres; les pauvres ont de la nécessité; la nécessité n'a point de loi; qui n'a pas de loi vit en bête brute; et par conséquent vous serez damné à tous les diables.

DON JUAN.

O le beau raisonnement!

SGANARELLE.

Après cela, si vous ne vous rendez, tant pis pour vous.

SCÈNE III.

DON CARLOS, DON JUAN, SGANARELLE.

DON CARLOS.

Don Juan, je vous trouve à propos, et suis bien aise de vous parler ici plutôt que chez vous, pour vous demander vos résolutions. Vous savez que ce soin me regarde, et que je me suis, en votre présence, chargé de cette affaire. Pour moi, je ne le cèle point, je souhaite fort que les choses aillent dans la douceur; et il n'y a rien que je ne fasse pour porter votre esprit à vouloir prendre cette voie, et pour vous voir publiquement confirmer à ma sœur le nom de votre femme.

DON JUAN, *d'un ton hypocrite.*

Hélas! je voudrois bien de tout mon cœur vous donner la satisfaction que vous souhaitez; mais le ciel s'y oppose directement; il a inspiré à mon ame le dessein de changer de vie; et je n'ai point d'autres pensées maintenant que de quitter entièrement tous les attachements du monde, et de me dépouiller au plus tôt de toutes sortes de vanités, et de corriger désormais par une austère conduite tous les dérèglements criminels où m'a porté le feu d'une aveugle jeunesse.

DON CARLOS.

Ce dessein, don Juan, ne choque point ce que je dis; et la compagnie d'une femme légitime peut bien s'accommoder avec les louables pensées que le ciel vous inspire.

DON JUAN.

Hélas, point du tout! C'est un dessein que votre sœur elle-même a pris; elle a résolu sa retraite, et nous avons été touchés tous deux en même temps.

DON CARLOS.

Sa retraite ne peut nous satisfaire, pouvant être imputée au mépris que vous feriez d'elle et de notre famille; et notre honneur demande qu'elle vive avec vous.

DON JUAN.

Je vous assure que cela ne se peut. J'en avois, pour moi, toutes les envies du monde; et je me suis, même encore aujourd'hui, conseillé au ciel pour cela : mais lorsque je l'ai consulté j'ai entendu une voix qui m'a dit que je ne devois point songer à votre sœur, et qu'avec elle assurément je ne ferois point mon salut.

DON CARLOS.

Croyez-vous, don Juan, nous éblouir par ces belles excuses ?

DON JUAN.

J'obéis à la voix du ciel.

DON CARLOS.

Quoi ! vous voulez que je me paie d'un semblable discours ?

DON JUAN.

C'est le ciel qui le veut ainsi.

DON CARLOS.

Vous aurez fait sortir ma sœur d'un couvent pour la laisser ensuite ?

DON JUAN.

Le ciel l'ordonne de la sorte.

DON CARLOS.

Nous souffrirons cette tache en notre famille ?

DON JUAN.

Prenez-vous-en au ciel.

DON CARLOS.

Hé quoi, toujours le ciel !

DON JUAN.

Le ciel le souhaite comme cela.

DON CARLOS.

Il suffit, don Juan; je vous entends. Ce n'est pas ici que je veux vous prendre, et le lieu ne le souffre pas; mais, avant qu'il soit peu, je saurai vous trouver.

DON JUAN.

Vous ferez ce que vous voudrez. Vous savez que je ne manque point de cœur, et que je sais me servir de mon épée quand il le faut. Je m'en vais passer tout-à-l'heure dans cette petite rue écartée qui mène au grand couvent; mais je vous déclare, pour moi, que ce n'est point moi qui me veux battre : le ciel m'en défend la pensée; et, si vous m'attaquez, nous verrons ce qui en arrivera.

DON CARLOS.

Nous verrons, de vrai, nous verrons.

SCÈNE IV.

DON JUAN, SGANARELLE.

SGANARELLE.

Monsieur, quel diable de style prenez-vous là? Ceci est bien pis que le reste, et je vous aimerois bien mieux encore comme vous étiez auparavant. J'espérois toujours de votre salut : mais c'est maintenant que j'en désespère; et je crois que le ciel, qui vous a souffert jusqu'ici, ne pourra souffrir du tout cette dernière horreur.

DON JUAN.

Va, va, le ciel n'est pas si exact que tu penses; et si toutes les fois que les hommes...

SCÈNE V.

DON JUAN, SGANARELLE; UN SPECTRE,
en femme voilée.

SGANARELLE, *apercevant le spectre.*
Ah, monsieur ! c'est le ciel qui vous parle, et c'est un avis qu'il vous donne.

DON JUAN.
Si le ciel me donne un avis, il faut qu'il parle un peu plus clairement, s'il veut que je l'entende.

LE SPECTRE.
Don Juan n'a plus qu'un moment à pouvoir profiter de la miséricorde du ciel; et, s'il ne se repent ici, sa perte est résolue.

SGANARELLE.
Entendez-vous, monsieur ?

DON JUAN.
Qui ose tenir ces paroles ? je crois reconnoître cette voix.

SGANARELLE.
Ah, monsieur ! c'est un spectre; je le reconnois au marcher.

DON JUAN.
Spectre, fantôme, ou diable, je veux savoir ce que c'est.
(*Le spectre change de figure, et représente le Temps avec sa faux à la main.*)

SGANARELLE.

O ciel! Voyez-vous, monsieur, ce changement de figure?

DON JUAN.

Non, non, rien n'est capable de m'imprimer de la terreur; et je veux éprouver avec mon épée si c'est un corps ou un esprit.

(*Le spectre s'envole dans le temps que don Juan veut le frapper.*)

SGANARELLE.

Ah, monsieur! rendez-vous à tant de preuves, et jetez-vous vite dans le repentir.

DON JUAN.

Non, non, il ne sera pas dit, quoi qu'il arrive, que je sois capable de me repentir. Allons, suis-moi.

SCÈNE VI.

LA STATUE DU COMMANDEUR, DON JUAN, SGANARELLE.

LA STATUE.

Arrêtez, don Juan. Vous m'avez hier donné parole de venir manger avec moi.

DON JUAN.

Oui. Où faut-il aller?

LA STATUE.

Donnez-moi la main.

DON JUAN.

La voilà.

LA STATUE.

Don Juan, l'endurcissement au péché entraîne une mort funeste; et les graces du ciel que l'on renvoie ouvrent un chemin à sa foudre.

DON JUAN.

O ciel! que sens-je? Un feu invisible me brûle, je n'en puis plus, et tout mon corps devient un brasier ardent. Ah!

(*Le tonnerre tombe, avec un grand bruit et de grands éclairs, sur don Juan. La terre s'ouvre, et l'abyme; et il sort de grands feux de l'endroit où il est tombé.*)

SCÈNE VII.

SGANARELLE.

Ah, mes gages, mes gages! Voilà, par sa mort, un chacun satisfait. Ciel offensé, lois violées, filles séduites, familles déshonorées, parents outragés, femmes mises à mal, maris poussés à bout, tout le monde est content. Il n'y a que moi seul de malheureux. Mes gages, mes gages, mes gages!

FIN DU FESTIN DE PIERRE.

L'AMOUR MÉDECIN,

COMÉDIE-BALLET

EN TROIS ACTES ET EN PROSE,

Représentée à Versailles, le 15 septembre 1665, et à Paris, sur le théâtre du Palais-Royal, le 22 du même mois.

AU LECTEUR.

Ce n'est ici qu'un simple crayon, un petit impromptu dont le roi a voulu se faire un divertissement. Il est le plus précipité de tous ceux que sa majesté m'ait commandés; et, lorsque je dirai qu'il a été proposé, fait, appris, et représenté en cinq jours, je ne dirai que ce qui est vrai. Il n'est pas nécessaire de vous avertir qu'il y a beaucoup de choses qui dépendent de l'action. On sait bien que les comédies ne sont faites que pour être jouées, et je ne conseille de lire celle-ci qu'aux personnes qui ont des yeux pour découvrir dans la lecture tout le jeu du théâtre. Ce que je vous dirai, c'est qu'il seroit à souhaiter que ces sortes d'ouvrages pussent toujours se montrer à vous avec les ornements qui les acompagnent chez le roi : vous les verriez dans un état beaucoup plus supportable; et les airs et les symphonies de l'incomparable M. Lulli, mêlés à la beauté des voix et à l'adresse des danseurs, leur donnent sans doute des graces dont ils ont toutes les peines du monde à se passer.

PERSONNAGES DU PROLOGUE.

LA COMÉDIE.
LA MUSIQUE.
LE BALLET.

PERSONNAGES DE LA COMÉDIE.

SGANARELLE, père de Lucinde.
LUCINDE, fille de Sganarelle.
CLITANDRE, amant de Lucinde.
AMINTE, voisine de Sganarelle.
LUCRÈCE, nièce de Sganarelle.
LISETTE, suivante de Lucinde.
Monsieur GUILLAUME, marchand de tapisseries.
Monsieur JOSSE, orfèvre.
Monsieur TOMÈS,
Monsieur DESFONANDRÈS,
Monsieur MACROTON, } médecins[1].
Monsieur BAHIS,
Monsieur FILERIN,
UN NOTAIRE.
CHAMPAGNE, valet de Sganarelle.

[1] Sous ces noms grecs, Molière osa jouer devant le roi les quatre premiers médecins de la cour, Desfougerais, Esprit, Guenaut et Daquin.

PERSONNAGES DU BALLET.

PREMIÈRE ENTRÉE.

CHAMPAGNE, valet de Sganarelle, dansant.
QUATRE MÉDECINS, dansants.

DEUXIÈME ENTRÉE.

UN OPÉRATEUR, chantant.
TRIVELINS ET SCARAMOUCHES, dansants, de la suite de l'opérateur.

TROISIÈME ENTRÉE.

LA COMÉDIE.
LA MUSIQUE.
LE BALLET.
JEUX, RIS, PLAISIRS, dansants.

La scène est à Paris.

PROLOGUE.

LA COMÉDIE, LA MUSIQUE, LE BALLET.

LA COMÉDIE.

Quittons, quittons notre vaine querelle;
Ne nous disputons point nos talents tour à tour,
  Et d'une gloire plus belle
   Piquons-nous en ce jour.
Unissons-nous tous trois d'une ardeur sans seconde
Pour donner du plaisir au plus grand roi du monde.

TOUS TROIS ENSEMBLE.

Unissons-nous tous trois d'une ardeur sans seconde
Pour donner du plaisir au plus grand roi du monde.

LA MUSIQUE.

De ses travaux, plus grands qu'on ne peut croire,
Il se vient quelquefois délasser parmi nous.

LE BALLET.

  Est-il de plus grande gloire?
  Est-il bonheur plus doux?

TOUS TROIS ENSEMBLE.

Unissons-nous tous trois d'une ardeur sans seconde
Pour donner du plaisir au plus grand roi du monde.

FIN DU PROLOGUE.

L'AMOUR MÉDECIN.

ACTE PREMIER.

SCÈNE I.

SGANARELLE, AMINTE, LUCRÈCE, monsieur GUILLAUME, monsieur JOSSE.

SGANARELLE.

Ah, l'étrange chose que la vie! et que je puis bien dire, avec ce grand philosophe de l'antiquité, que qui terre a, guerre a, et qu'un malheur ne vient jamais sans l'autre! Je n'avois qu'une seule femme, qui est morte.

MONSIEUR GUILLAUME.

Et combien donc en voulez-vous avoir?

SGANARELLE.

Elle est morte, monsieur mon ami. Cette perte m'est très sensible, et je ne puis m'en ressouvenir sans pleurer. Je n'étois pas fort satisfait de sa conduite, et nous avions le plus souvent dispute ensemble; mais enfin la mort rajuste toutes choses. Elle est morte, je la pleure : si elle étoit en vie, nous nous querellerions. De tous les enfants que le ciel m'avoit donnés, il ne m'a laissé qu'une fille, et cette fille est toute ma peine; car enfin je la vois dans une mélancolie la plus sombre du monde, dans une tristesse épouvantable, dont il n'y a pas moyen de la retirer, et dont je ne saurois même apprendre la cause. Pour moi, j'en perds l'esprit, et j'aurois besoin d'un bon conseil sur cette matière. (*à Lucrèce.*) Vous êtes ma nièce; (*à Aminte.*) vous, ma voisine; (*à M. Guillaume et à M. Josse.*) et vous, mes compères et mes amis; je vous prie de me conseiller tous ce que je dois faire.

MONSIEUR JOSSE.

Pour moi, je tiens que la braverie et l'ajustement est la chose qui réjouit le plus les filles; et si j'étois que de vous, je lui achèterois, dès aujourd'hui, une belle garniture de diamants, ou de rubis, ou d'émeraudes.

MONSIEUR GUILLAUME.

Et moi, si j'étois en votre place, j'achèterois une belle tenture de tapisserie de verdure, ou à personnages, que je ferois mettre à sa chambre, pour lui réjouir l'esprit et la vue.

AMINTE.

Pour moi, je ne ferois pas tant de façons; je la marierois fort bien, et le plus tôt que je pourrois, avec cette personne qui vous la fit, dit-on, demander il y a quelque temps.

LUCRÈCE.

Et moi, je tiens que votre fille n'est point du tout propre pour le mariage. Elle est d'une complexion trop délicate et trop peu saine, et c'est la vouloir envoyer bientôt en l'autre monde que de l'exposer comme elle est, à faire des enfants. Le monde n'est point du tout son fait; et je vous conseille de la mettre dans un couvent, où elle trouvera des divertissements qui seront mieux de son humeur.

SGANARELLE.

Tous ces conseils sont admirables, assurément; mais je les tiens un peu intéressés, et trouve que vous me conseillez fort bien pour vous. Vous êtes orfèvre, monsieur Josse; et votre conseil sent son homme qui a envie de se défaire de sa marchandise. Vous vendez des tapisseries, monsieur Guillaume, et vous avez la mine d'avoir quelque tenture qui vous incommode. Celui que vous aimez, ma voisine, a, dit-on, quelque inclination pour ma fille; et vous ne seriez pas fâchée de la voir la femme d'un autre. Et quant à vous, ma chère nièce, ce n'est pas mon dessein, comme on sait, de marier ma fille avec qui que ce soit, et j'ai mes raisons pour cela; mais le conseil que vous me donnez de la faire religieuse est d'une femme qui pourroit bien souhaiter charitablement d'être mon héritière universelle. Ainsi, messieurs et mesdames, quoique tous vos conseils soient les meilleurs du monde, vous trouverez bon, s'il vous plaît, que je n'en suive aucun. (*seul.*) Voilà de mes donneurs de conseils à la mode.

SCÈNE II.

LUCINDE, SGANARELLE.

SGANARELLE.

Ah! voilà ma fille qui prend l'air. Elle ne me voit pas; elle soupire; elle lève les yeux au ciel. (*à Lucinde.*) Dieu vous gard'. Bonjour, ma mie. Hé bien, qu'est-ce? Comme vous en va? Hé quoi, toujours triste et mélancolique comme cela! et tu ne veux pas me dire ce que tu as? Allons donc, découvre-moi ton petit cœur. La, ma pauvre amie, dis, dis, dis tes petites pensées à ton petit papa mignon. Courage! Veux-tu que je te baise? Viens. (*à part.*) J'enrage de la voir de cette humeur-là. (*à Lucinde.*) Mais, dis-moi, me veux-tu faire mourir de déplaisir? et ne puis-je savoir d'où vient cette grande langueur? Découvre-m'en la cause, et je te promets que je ferai toutes choses pour toi. Oui, tu n'as qu'à me dire le sujet de ta tristesse: je t'assure ici, et te fais serment qu'il n'y a rien que je ne fasse pour te satisfaire; c'est tout dire. Est-ce que tu es jalouse de quelqu'une de tes compagnes que tu voies plus brave que toi? et seroit-il quelque étoffe nouvelle dont tu voulusses avoir un habit? Non. Est-ce que ta chambre ne te semble pas assez parée, et que tu souhaiterois quelque cabinet de la foire Saint-Laurent? Ce n'est pas cela. Aurois-tu envie d'apprendre quelque chose? et veux-tu que je te donne un maître pour te montrer à jouer du clavecin? Nenni. Aimerois-tu quelqu'un, et souhaiterois-tu d'être mariée? (*Lucinde fait signe qu'oui.*)

SCÈNE III.

SGANARELLE, LUCINDE, LISETTE.

LISETTE.

Hé bien, monsieur, vous venez d'entretenir votre fille : avez-vous su la cause de sa mélancolie?

SGANARELLE.

Non. C'est une coquine qui me fait enrager.

LISETTE.

Monsieur, laissez-moi faire, je m'en vais la sonder un peu.

SGANARELLE.

Il n'est pas nécessaire; et puisqu'elle veut être de cette humeur, je suis d'avis qu'on l'y laisse.

LISETTE.

Laissez-moi faire, vous dis-je : peut-être qu'elle se découvrira plus librement à moi qu'à vous. Quoi! madame, vous ne nous direz point ce que vous avez, et vous voulez affliger ainsi tout le monde? Il me semble qu'on n'agit point comme vous faites, et que si vous avez quelque répugnance à vous expliquer à un père, vous n'en devez avoir aucune à me découvrir votre cœur. Dites-moi, souhaitez-vous quelque chose de lui? Il nous a dit plus d'une fois qu'il n'épargneroit rien pour vous contenter. Est-ce qu'il ne vous donne pas toute la liberté que vous souhaiteriez?

et les promenades et les cadeaux ne tenteroient-ils point votre ame? Hé! avez-vous reçu quelque déplaisir de quelqu'un? Hé! n'auriez-vous point quelque secrète inclination avec qui vous souhaiteriez que votre père vous mariât? Ah! je vous entends, voilà l'affaire. Que diable! pourquoi tant de façons? Monsieur, le mystère est découvert; et...

SGANARELLE.

Va, fille ingrate, je ne te veux plus parler, et je te laisse dans ton obstination.

LUCINDE.

Mon père, puisque vous voulez que je vous dise la chose...

SGANARELLE.

Oui, je perds toute l'amitié que j'avois pour toi.

LISETTE.

Monsieur, sa tristesse...

SGANARELLE.

C'est une coquine, qui me veut faire mourir.

LUCINDE.

Mon père, je veux bien...

SGANARELLE.

Ce n'est pas la récompense de t'avoir élevée comme j'ai fait.

LISETTE.

Mais, monsieur...

SGANARELLE.

Non, je suis contre elle dans une colère épouvantable.

ACTE I, SCÈNE III.

LUCINDE.

Mais, mon père...

SGANARELLE.

Je n'ai plus aucune tendresse pour toi.

LISETTE.

Mais...

SGANARELLE.

C'est une friponne...

LUCINDE.

Mais...

SGANARELLE.

Une ingrate...

LISETTE.

Mais...

SGANARELLE.

Une coquine, qui ne me veut pas dire ce qu'elle a.

LISETTE.

C'est un mari qu'elle veut.

SGANARELLE, *faisant semblant de ne pas entendre.*

Je l'abandonne.

LISETTE.

Un mari.

SGANARELLE.

Je la déteste.

LISETTE.

Un mari.

SGANARELLE.

Et la renonce pour ma fille.

LISETTE.

Un mari.

SGANARELLE.

Non, ne m'en parlez point.

LISETTE.

Un mari.

SGANARELLE.

Ne m'en parlez point.

LISETTE.

Un mari.

SGANARELLE.

Ne m'en parlez point.

LISETTE.

Un mari, un mari, un mari.

SCÈNE IV.

LUCINDE, LISETTE.

LISETTE.

On dit bien vrai qu'il n'y a point de pires sourds que ceux qui ne veulent pas entendre.

LUCINDE.

Hé bien, Lisette, j'avois tort de cacher mon déplaisir, et je n'avois qu'à parler pour avoir tout ce que je souhaitois de mon père! Tu le vois.

LISETTE.

Par ma foi, voilà un vilain homme, et je vous avoue que j'aurois un plaisir extrême à lui jouer quelque tour. Mais d'où vient donc, madame, que jusqu'ici vous m'avez caché votre mal?

LUCINDE.

Hélas! de quoi m'auroit servi de te le découvrir

ACTE I, SCÈNE IV.

plus tôt? et n'aurois-je pas autant gagné à le tenir caché toute ma vie? Crois-tu que je n'aie pas bien prévu tout ce que tu vois maintenant, que je ne susse pas à fond tous les sentiments de mon père, et que le refus qu'il a fait porter à celui qui m'a demandée par un ami n'ait pas étouffé dans mon ame toute sorte d'espoir?

LISETTE.

Quoi! c'est cet inconnu qui vous a fait demander pour qui vous...

LUCINDE.

Peut-être n'est-il pas honnête à une fille de s'expliquer si librement; mais enfin je t'avoue que, s'il m'étoit permis de vouloir quelque chose, ce seroit lui que je voudrois. Nous n'avons eu ensemble aucune conversation, et sa bouche ne m'a point déclaré la passion qu'il a pour moi; mais, dans tous les lieux où il m'a pu voir, ses regards et ses actions m'ont toujours parlé si tendrement, et la demande qu'il a fait faire de moi m'a paru d'un si honnête homme, que mon cœur n'a pu s'empêcher d'être sensible à ses ardeurs: et cependant tu vois où la dureté de mon père réduit toute cette tendresse.

LISETTE.

Allez, laissez-moi faire. Quelque sujet que j'aie de me plaindre de vous du secret que vous m'avez fait, je ne veux pas laisser de servir votre amour; et pourvu que vous ayez assez de résolution...

LUCINDE.

Mais que veux-tu que je fasse contre l'autorité

d'un père? et s'il est inexorable à mes vœux...
LISETTE.

Allez, allez, il ne faut pas se laisser mener comme un oison; et, pourvu que l'honneur n'y soit pas offensé, on se peut libérer un peu de la tyrannie d'un père. Que prétend-il que vous fassiez? N'êtes-vous pas en âge d'être mariée? et croit-il que vous soyez de marbre? Allez, encore un coup, je veux servir votre passion; je prends dès à présent sur moi tout le soin de ses intérêts, et vous verrez que je sais des détours... Mais je vois votre père. Rentrons, et me laissez agir.

SCÈNE V.

SGANARELLE.

Il est bon quelquefois de ne point faire semblant d'entendre les choses qu'on n'entend que trop bien; et j'ai fait sagement de parer la déclaration d'un désir que je ne suis pas résolu de contenter. A-t-on jamais rien vu de plus tyrannique que cette coutume où l'on veut assujétir les pères, rien de plus impertinent et de plus ridicule que d'amasser du bien avec de grands travaux, et d'élever une fille avec beaucoup de soin et de tendresse, pour se dépouiller de l'un et de l'autre entre les mains d'un homme qui ne nous touche de rien? Non, non; je me moque de cet usage, et je veux garder mon bien et ma fille pour moi.

SCÈNE VI.

SGANARELLE, LISETTE.

LISETTE, *courant sur le théâtre, et feignant de ne pas voir Sganarelle.*

Ah, malheur! Ah, disgrace! Ah, pauvre seigneur Sganarelle, où pourrai-je te rencontrer?

SGANARELLE, *à part.*

Que dit-elle là?

LISETTE, *courant toujours.*

Ah, misérable père! que feras-tu quand tu sauras cette nouvelle?

SGANARELLE, *à part.*

Que sera-ce?

LISETTE.

Ma pauvre maîtresse!

SGANARELLE, *à part.*

Je suis perdu!

LISETTE.

Ah!

SGANARELLE, *courant après Lisette.*

Lisette!

LISETTE.

Quelle infortune!

SGANARELLE.

Lisette!

LISETTE.

Quel accident!

SGANARELLE.

Lisette!

LISETTE.

Quelle fatalité!

SGANARELLE.

Lisette!

LISETTE, *s'arrêtant.*

Ah! monsieur...

SGANARELLE.

Qu'est-ce?

LISETTE.

Monsieur...

SGANARELLE.

Qu'y a-t-il?

LISETTE.

Votre fille...

SGANARELLE.

Ah, ah!

LISETTE.

Monsieur, ne pleurez donc pas comme cela, car vous me feriez rire.

SGANARELLE.

Dis donc vite.

LISETTE.

Votre fille, toute saisie des paroles que vous lui avez dites, et de la colère effroyable où elle vous a vu contre elle, est montée vite dans sa chambre, et, pleine de désespoir, a ouvert la fenêtre qui regarde sur la rivière.

SGANARELLE.

Hé bien?

LISETTE.

Alors, levant les yeux au ciel : Non, a-t-elle dit, il m'est impossible de vivre avec le courroux de mon père ; et puisqu'il me renonce pour sa fille, je veux mourir.

SGANARELLE.

Elle s'est jetée?

LISETTE.

Non, monsieur. Elle a fermé tout doucement la fenêtre, et s'est allée mettre sur son lit. Là, elle s'est prise à pleurer amèrement; et tout d'un coup son visage a pâli, ses yeux se sont tournés, le cœur lui a manqué, et elle m'est demeurée entre les bras.

SGANARELLE.

Ah, ma fille! [Elle est morte?

LISETTE.

Non, monsieur.] A force de la tourmenter, je l'ai fait revenir ; mais cela lui reprend de moment en moment, et je crois qu'elle ne passera pas la journée.

SGANARELLE.

Champagne, Champagne, Champagne!

SCÈNE VII.

SGANARELLE, CHAMPAGNE, LISETTE.

SGANARELLE.

Vite, qu'on m'aille quérir des médecins, et en quantité. On n'en peut trop avoir dans une pareille aventure. Ah, ma fille! ma pauvre fille!

SCÈNE VIII.

PREMIÈRE ENTRÉE.

(Champagne, valet de Sganarelle, frappe, en dansant, aux portes de quatre médecins.)

SCÈNE IX.

(Les quatre médecins dansent, et entrent avec cérémonie chez Sganarelle.)

FIN DU PREMIER ACTE.

ACTE SECOND.

SCÈNE I.

SGANARELLE, LISETTE.

LISETTE.

Que voulez-vous donc faire, monsieur, de quatre médecins? N'est-ce pas assez d'un pour tuer une personne?

SGANARELLE.

Taisez-vous. Quatre conseils valent mieux qu'un.

LISETTE.

Est-ce que votre fille ne peut pas bien mourir sans le secours de ces messieurs-là?

SGANARELLE.

Est-ce que les médecins font mourir?

LISETTE.

Sans doute; et j'ai connu un homme qui prouvoit par de bonnes raisons qu'il ne faut jamais dire : Une telle personne est morte d'une fièvre ou d'une fluxion sur la poitrine; mais elle est morte de quatre médecins et de deux apothicaires.

SGANARELLE.

Chut! n'offensez pas ces messieurs-là.

LISETTE.

Ma foi, monsieur, notre chat est réchappé depuis

peu d'un saut qu'il fit du haut de la maison dans la rue, et il fut trois jours sans manger, et sans pouvoir remuer ni pied ni pate; mais il est bien heureux de ce qu'il n'y a point de chats médecins, car ses affaires étoient faites, et ils n'auroient pas manqué de le purger et de le saigner.

SGANARELLE.

Voulez-vous vous taire? vous dis-je. Mais voyez quelle impertinence! Les voici.

LISETTE.

Prenez garde, vous allez être édifié. Ils vous diront en latin que votre fille est malade.

SCÈNE II.

MM. TOMÈS, DESFONANDRÈS, MACROTON, BAHIS, SGANARELLE, LISETTE.

SGANARELLE.

Hé bien, messieurs?

MONSIEUR TOMÈS[1].

Nous avons vu suffisamment la malade, et sans doute qu'il y a beaucoup d'impuretés en elle.

SGANARELLE.

Ma fille est impure!

---

[1] Tomès, c'est Daquin, médecin du roi : Gui-Patin parle ainsi de ce docteur, que Molière joua sous ce nom.

« Daquin, pauvre cancre, race de juif, grand charlatan, avoit « autrefois suivi la reine-mère, qui l'a quitté avec grande raison. « C'est un médecin de la cour, qui est véritablement court de science, « mais riche en fourberies chimiques et pharmaceutiques. »

ACTE II, SCÈNE II.

MONSIEUR TOMÈS.

Je veux dire qu'il y a beaucoup d'impuretés dans son corps, quantité d'humeurs corrompues.

SGANARELLE.

Ah! je vous entends.

MONSIEUR TOMÈS.

Mais... Nous allons consulter ensemble.

SGANARELLE.

Allons, faites donner des siéges.

LISETTE, *à M. Tomès.*

Ah, monsieur, vous en êtes!

SGANARELLE, *à Lisette.*

De quoi donc connoissez-vous monsieur?

LISETTE.

De l'avoir vu l'autre jour chez la bonne amie de madame votre nièce.

MONSIEUR TOMÈS.

Comment se porte son cocher.

LISETTE.

Fort bien. Il est mort.

MONSIEUR TOMÈS.

Mort?

LISETTE.

Oui.

MONSIEUR TOMÈS.

Cela ne se peut.

LISETTE.

Je ne sais pas si cela se peut, mais je sais bien que cela est.

MONSIEUR TOMÈS.

Il ne peut pas être mort, vous dis-je.

LISETTE.

Et moi, je vous dis qu'il est mort et enterré.

MONSIEUR TOMÈS.

Vous vous trompez.

LISETTE.

Je l'ai vu.

MONSIEUR TOMÈS.

Cela est impossible. Hippocrate dit que ces sortes de maladies ne se terminent qu'au quatorze, ou au vingt et un; et il n'y a que six jours qu'il est tombé malade.

LISETTE.

Hippocrate dira ce qu'il lui plaira; mais le cocher est mort.

SGANARELLE.

Paix, discoureuse. Allons, sortons d'ici. Messieurs, je vous supplie de consulter de la bonne manière. Quoique ce ne soit pas la coutume de payer auparavant, toutefois, de peur que je ne l'oublie, et afin que ce soit une affaire faite, voici...

(*Il leur donne de l'argent, et chacun, en le recevant, fait un geste différent.*)

SCÈNE III.

Messieurs DESFONANDRÈS, TOMÈS, MACROTON, BAHIS.

(*Ils s'asseyent et toussent.*)

MONSIEUR DESFONANDRÈS[1].

Paris est étrangement grand, et il faut faire de longs trajets quand la pratique donne un peu.

MONSIEUR TOMÈS.

Il faut avouer que j'ai une mule admirable pour cela, et qu'on a peine à croire le chemin que je lui fais faire tous les jours.

MONSIEUR DESFONANDRÈS.

J'ai un cheval merveilleux, et c'est un animal infatigable.

MONSIEUR TOMÈS.

Savez-vous le chemin que ma mule a fait aujourd'hui ? J'ai été premièrement tout contre l'Arsenal ;

---

[1] C'est le médecin Desfougerais que Molière désigne ici sous le nom de *Desfonandrès*. « Je ne crois pas, dit Gui-Patin en parlant de « ce médecin, qu'il y ait sur la terre un charlatan plus déterminé et « plus perverti que ce malheureux chimiste, qui tue plus de monde « avec son antimoine que trois hommes de bien n'en sauvent avec « les remèdes ordinaires. Je pense que si cet homme croyoit qu'il « y eût au monde un plus grand charlatan que lui, il tâcheroit de « le faire emprisonner. Il a dans sa pochette de la poudre blanche, « de la rouge et de la jaune ; il guérit toutes sortes de maladies, et « se fourre partout. »

de l'Arsenal, au bout du faubourg Saint-Germain ; du faubourg Saint-Germain, au fond du Marais ; du fond du Marais, à la porte Saint-Honoré ; de la porte Saint-Honoré, au faubourg Saint-Jacques ; du faubourg Saint-Jacques, à la porte de Richelieu ; de la porte de Richelieu, ici ; et d'ici je dois aller encore à la place Royale.

MONSIEUR DESFONANDRÈS.

Mon cheval a fait tout cela aujourd'hui ; et de plus, j'ai été à Ruel voir un malade.

MONSIEUR TOMÈS.

Mais, à propos, quel parti prenez-vous dans la querelle des deux médecins Théophraste et Artémius ? car c'est une affaire qui partage tout notre corps.

MONSIEUR DESFONANDRÈS.

Moi, je suis pour Artémius.

MONSIEUR TOMÈS.

Et moi aussi. Ce n'est pas que son avis, comme on a vu, n'ait tué le malade, et que celui de Théophraste ne fût beaucoup meilleur, assurément ; mais enfin, il a tort dans les circonstances, et il ne devoit pas être d'un autre avis que son ancien. Qu'en dites-vous ?

MONSIEUR DESFONANDRÈS.

Sans doute, il faut toujours garder les formalités, quoi qu'il puisse arriver.

MONSIEUR TOMÈS.

Pour moi, je suis sévère en diable, à moins que ce soit entre amis ; et l'on nous assembla l'autre jour, trois de nous autres, avec un médecin de dehors, pour une consultation, où j'arrêtai toute l'affaire, et ne voulus point endurer qu'on opinât, si les choses n'alloient dans l'ordre. Les gens de la maison faisoient ce qu'ils pouvoient, et la maladie pressoit; mais je n'en voulus point démordre, et le malade mourut bravement pendant cette contestation.

MONSIEUR DESFONANDRÈS.

C'est fort bien fait d'apprendre aux gens à vivre, et de leur montrer leur bec jaune.

MONSIEUR TOMÈS.

Un homme mort n'est qu'un homme mort, et ne fait point de conséquence, mais une formalité négligée porte un notable préjudice à tout le corps des médecins.

SCÈNE IV.

SGANARELLE, messieurs TOMÈS, DESFONANDRÈS, MACROTON, BAHIS.

SGANARELLE.

Messieurs, l'oppression de ma fille augmente, je vous prie de me dire vite ce que vous avez résolu.

MONSIEUR TOMÈS, *à M. Desfonandrès.*

Allons, monsieur.

MONSIEUR DESFONANDRÈS.

Non, monsieur, parlez, s'il vous plaît.

MONSIEUR TOMÈS.

Vous vous moquez.

MONSIEUR DESFONANDRÈS.

Je ne parlerai pas le premier.

MONSIEUR TOMÈS.

Monsieur...

MONSIEUR DESFONANDRÈS.

Monsieur...

SGANARELLE.

Hé, de grace! messieurs, laissez toutes ces cérémonies, et songez que les choses pressent.

(*Ils parlent tous quatre à la fois.*)

MONSIEUR TOMÈS.

La maladie de votre fille...

MONSIEUR DESFONANDRÈS.

L'avis de tous ces messieurs, tous ensemble...

MONSIEUR MACROTON[1].

A-près a-voir bien con-sul-té...

MONSIEUR BAHIS[2]

Pour raisonner...

SGANARELLE.

Hé, messieurs! parlez l'un après l'autre, de grace.

MONSIEUR TOMÈS.

Monsieur, nous avons raisonné sur la maladie de votre fille; et mon avis, à moi, est que cela procède d'une grande chaleur de sang : ainsi je conclus à la saigner le plus tôt que vous pourrez.

---

[1] *Macroton*, nom donné à Guenaut, médecin de la cour, et l'un des plus fameux de cette époque, parce qu'il bégayoit. Gui-Patin prétend que Guenaut, un des plus grands partisans de l'antimoine, a tué, en leur faisant prendre ce remède, un grand nombre de personnes, entre autres, sa femme, sa fille, son neveu et deux gendres.

[2] *Esprit*, désigné ici sous le nom de *Bahis*, étoit aussi médecin du roi, et partisan de l'antimoine.

ACTE II, SCÈNE IV.

MONSIEUR DESFONANDRÈS.

Et moi, je dis que sa maladie est une pourriture d'humeurs, causée par une trop grande réplétion : ainsi je conclus à lui donner l'émétique.

MONSIEUR TOMÈS.

Je soutiens que l'émétique la tuera.

MONSIEUR DESFONANDRÈS.

Et moi, que la saignée la fera mourir.

MONSIEUR TOMÈS.

C'est bien à vous de faire l'habile homme !

MONSIEUR DESFONANDRÈS.

Oui, c'est à moi; et je vous prêterai le collet en tout genre d'érudition.

MONSIEUR TOMÈS.

Souvenez-vous de l'homme que vous fîtes crever ces jours passés.

MONSIEUR DESFONANDRÈS.

Souvenez-vous de la dame que vous avez envoyée en l'autre monde, il y a trois jours.

MONSIEUR TOMÈS, *à Sganarelle.*

Je vous ai dit mon avis.

MONSIEUR DESFONANDRÈS, *à Sganarelle.*

Je vous ai dit ma pensée.

MONSIEUR TOMÈS.

Si vous ne faites saigner tout-à-l'heure votre fille, c'est une personne morte. (*Il sort.*)

MONSIEUR DESFONANDRÈS.

Si vous la faites saigner, elle ne sera pas en vie dans un quart d'heure. (*Il sort.*)

SCÈNE V.

SGANARELLE, messieurs MACROTON, BAHIS.

SGANARELLE.

A qui croire des deux? et quelle résolution prendre sur des avis si opposés? Messieurs, je vous conjure de déterminer mon esprit, et de me dire sans passion ce que vous croyez le plus propre à soulager ma fille.

MONSIEUR MACROTON.

Mon-si-eur, dans ces ma-ti-è-res-là, il faut pro-cé-der a-vec-que cir-con-spec-ti-on, et ne ri-en fai-re, com-me on dit, à la vo-lé-e, d'au-tant que les fau-tes qu'on y peut fai-re sont, se-lon no-tre maî-tre Hip-po-cra-te, d'une dan-ge-reu-se con-sé-quen-ce.

MONSIEUR BAHIS, *bredouillant.*

Il est vrai; il faut bien prendre garde à ce qu'on fait, car ce ne sont point ici des jeux d'enfants; et quand on a failli, il n'est pas aisé de réparer le manquement et de rétablir ce qu'on a gâté. *Experimentum periculosum.* C'est pourquoi il s'agit de raisonner auparavant comme il faut, de peser mûrement les choses, de regarder le tempérament des gens, d'examiner les causes de la maladie, et de voir les remèdes qu'on y doit apporter.

SGANARELLE, *à part.*

L'un va en tortue, et l'autre court la poste.

MONSIEUR MACROTON.

Or, mon-si-eur, pour ve-nir au fait, je trou-ve que

vo-tre fil-le a u-ne ma-la-die chro-ni-que, et qu'el-le peut pé-ri-cli-ter, si on ne lui don-ne du se-cours, d'autant que les symp-tô-mes qu'el-le a sont in-di-ca-tifs d'u-ne va-peur fu-li-gi-neu-se et mor-di-can-te qui lui pi-co-te les mem-bra-nes du cer-veau. Or, cet-te va-peur, que nous nom-mons en grec *at-mos*, est cau-sé-e par des hu-meurs pu-tri-des, te-na-ces, con-glu-ti-neu-ses, qui sont con-te-nu-es dans le bas-ven-tre.

MONSIEUR BAHIS.

Et comme ces humeurs ont été là engendrées par une longue succession de temps, elles s'y sont re-cuites, et ont acquis cette malignité qui fume vers la région du cerveau.

MONSIEUR MACROTON.

Si bien donc que, pour ti-rer, dé-ta-cher, ar-ra-cher, ex-pul-ser, é-va-cu-er les-di-tes hu-meurs, il fau-dra u-ne pur-ga-tion vi-gou-reu-se. Mais, au pré-a-la-ble, je trou-ve à pro-pos, et il n'y a pas d'in-con-vé-nient, d'u-ser de pe-tits re-mè-des a-no-dins, c'est-à-di-re, de pe-tits la-ve-ments ré-mol-li-ents et dé-ter-sifs, de ju-leps et de si-rops ra-fraî-chis-sants qu'on mê-le-ra dans sa ti-sa-ne.

MONSIEUR BAHIS.

Après nous en viendrons à la purgation et à la saignée, que nous réitérerons s'il en est besoin.

MONSIEUR MACROTON.

Ce n'est pas qu'a-vec tout ce-la vo-tre fil-le ne puis-se mou-rir; mais au moins vous au-rez fait quel-que cho-se, et vous au-rez la con-so-la-tion qu'el-le se-ra mor-te dans les for-mes.

MONSIEUR BAHIS.

Il vaut mieux mourir selon les règles, que de réchapper contre les règles.

MONSIEUR MACROTON.

Nous vous di-sons sin-cè-re-ment no-tre pen-sé-e.

MONSIEUR BAHIS.

Et vous avons parlé comme nous parlerions à notre propre frère.

SGANARELLE.

(*à M. Macroton, en alongeant ses mots.*)
Je vous rends très-hum-bles gra-ces.
(*à M. Bahis, en bredouillant.*)
Je vous suis infiniment obligé de la peine que vous avez prise.

SCÈNE VI.

SGANARELLE.

Me voilà justement un peu plus incertain que je n'étois auparavant. Morbleu! Il me vient une fantaisie. Il faut que j'aille acheter de l'orviétan[1], et que je lui en fasse prendre. L'orviétan est un remède dont beaucoup de gens se sont bien trouvés. Holà!

---

[1] *Orviétan ;* cet électuaire fut apporté en France en 1647, par un opérateur d'Orviète, ville d'Italie, et vendu en place publique. Le charlatan avoit pris le nom de la ville où il étoit né ; le nom du charlatan passa au remède, et le mot est resté dans la langue.

SCÈNE VII.

SGANARELLE, UN OPÉRATEUR.

SGANARELLE.

Monsieur, je vous prie de me donner une boîte de votre orviétan, que je m'en vais vous payer.

L'OPÉRATEUR *chante*.

L'or de tous les climats qu'entoure l'Océan
Peut-il jamais payer ce secret d'importance?
Mon remède guérit, par sa rare excellence,
Plus de maux qu'on n'en peut nombrer dans tout un an :

   La gale,
   La rogne,
   La teigne,
   La fièvre,
   La peste,
   La goutte,
   Vérole,
   Descente,
   Rougeole.
  O grande puissance
  De l'orviétan !

SGANARELLE.

Monsieur, je crois que tout l'or du monde n'est pas capable de payer votre remède; mais pourtant voici une pièce de trente sous, que vous prendrez, s'il vous plaît.

L'OPÉRATEUR *chante.*

Admirez mes bontés, et le peu qu'on vous vend
Ce trésor merveilleux que ma main vous dispense.
Vous pouvez avec lui braver en assurance
Tous les maux que sur nous l'ire du ciel répand :

    La gale,
    La rogne,
    La teigne,
    La fièvre,
    La peste,
    La goutte,
    Vérole,
    Descente,
    Rougeole.
  O grande puissance
  De l'orviétan !

SCÈNE VIII.

(Plusieurs Trivelins et plusieurs Scaramouches, valets de l'opérateur, se réjouissent en dansant.)

FIN DU SECOND ACTE.

ACTE TROISIÈME.

SCÈNE I.

Messieurs FILERIN, TOMÈS, DESFONANDRÈS.

MONSIEUR FILERIN.

N'avez-vous point de honte, messieurs, de montrer si peu de prudence, pour des gens de votre âge, et de vous être querellés comme de jeunes étourdis? Ne voyez-vous pas bien quel tort ces sortes de querelles nous font parmi le monde? et n'est-ce pas assez que les savants voient les contrariétés et les dissensions qui sont entre nos auteurs et nos anciens maîtres, sans découvrir encore au peuple, par nos débats et nos querelles, la forfanterie de notre art? Pour moi, je ne comprends rien du tout à cette méchante politique de quelques uns de nos gens; et il faut confesser que toutes ces contestations nous ont décriés depuis peu d'une étrange manière, et que, si nous n'y prenons garde, nous allons nous ruiner nous-mêmes. Je n'en parle pas pour mon intérêt, car, dieu merci, j'ai déja établi mes petites affaires. Qu'il vente, qu'il pleuve, qu'il grêle; ceux qui sont morts sont morts, et j'ai de quoi me passer des vivants. Mais enfin toutes ces disputes ne valent rien pour la médecine. Puisque le ciel nous fait la grace que depuis tant de siècles on demeure infatué de nous, ne désabusons point les hommes avec nos cabales extravagantes, et profitons de leurs sottises le plus doucement que nous pourrons. Nous ne sommes pas les seuls, comme vous savez, qui tâchons à nous prévaloir de la foiblesse humaine. C'est là que va l'étude de la plupart du monde; et chacun s'efforce de prendre les hommes par leur foible pour en tirer quelque profit. Les flatteurs, par exemple, cherchent à profiter de l'amour que les hommes ont pour les louanges, en leur donnant tout le vain encens qu'ils souhaitent; et c'est un art où l'on fait, comme on voit, des fortunes considérables. Les alchimistes tâchent à profiter de la passion que l'on a pour les richesses, en promettant des montagnes d'or à ceux qui les écoutent : les diseurs d'horoscope, par leurs prédictions trompeuses, profitent de la vanité et de l'ambition des crédules esprits. Mais le plus grand foible des hommes, c'est l'amour qu'ils ont pour la vie; et nous en profitons, nous autres, par notre pompeux galimatias, et savons prendre nos avantages de cette vénération que la peur de mourir leur donne pour notre métier. Conservons-nous donc dans le degré d'estime où leur foiblesse nous a mis, et soyons de concert auprès des malades pour nous attribuer les heureux succès de la maladie, et rejeter sur la nature toutes les bévues de notre art. N'allons point, dis-je, détruire sottement les heureuses préventions d'une erreur qui donne du pain à tant de personnes, et, de l'argent de ceux que nous mettons

ACTE III, SCÈNE II.

en terre, nous fait élever de tous côtés de si beaux héritages.]

MONSIEUR TOMÈS.

Vous avez raison en tout ce que vous dites; mais ce sont chaleurs de sang dont parfois on n'est pas le maître.

MONSIEUR FILERIN.

Allons donc, messieurs, mettez bas toute rancune, et faisons ici votre accommodement.

MONSIEUR DESFONANDRÈS.

J'y consens. Qu'il me passe mon émétique pour la malade dont il s'agit, et je lui passerai tout ce qu'il voudra pour le premier malade dont il sera question.

MONSIEUR FILERIN.

On ne peut pas mieux dire; et voilà se mettre à la raison.

MONSIEUR DESFONANDRÈS.

Cela est fait.

MONSIEUR FILERIN.

Touchez donc là. Adieu. Une autre fois montrez plus de prudence.

SCÈNE II.

Messieurs TOMÈS, DESFONANDRÈS, LISETTE.

LISETTE.

Quoi, messieurs! vous voilà, et vous ne songez pas à réparer le tort qu'on vient de faire à la médecine!

MONSIEUR TOMÈS.

Comment? Qu'est-ce?

LISETTE.

Un insolent qui a eu l'effronterie d'entreprendre sur votre métier, et qui, sans votre ordonnance, vient de tuer un homme d'un grand coup d'épée au travers du corps.

MONSIEUR TOMÈS.

Écoutez : vous faites la railleuse; mais vous passerez par nos mains quelque jour.

LISETTE.

Je vous permets de me tuer lorsque j'aurai recours à vous.

SCÈNE III.

CLITANDRE, *en habit de médecin;* LISETTE.

CLITANDRE.

Hé bien, Lisette! [que dis-tu de mon équipage? crois-tu qu'avec cet habit je puisse duper le bon homme?] me trouves-tu bien ainsi?

LISETTE.

Le mieux du monde, et je vous attendois avec impatience. Enfin le ciel m'a fait d'un naturel le plus humain du monde, et je ne puis voir deux amants soupirer l'un pour l'autre, qu'il ne me prenne une tendresse charitable et un désir ardent de soulager les maux qu'ils souffrent. Je veux, à quelque prix que ce soit, tirer Lucinde de la tyrannie où elle est, et la mettre en votre pouvoir. Vous m'avez plu d'abord; je me connois en gens, et elle ne peut pas mieux choisir. L'amour risque des choses extraordinaires, et nous avons concerté ensemble une manière de stratagème qui pourra peut-être nous réussir. Toutes nos mesures sont déja prises : l'homme à qui nous avons affaire n'est pas des plus fins de ce monde; et si cette aventure nous manque, nous trouverons mille autres voies pour arriver à notre but. Attendez-moi là seulement; je reviens vous querir.

(*Clitandre se retire dans le fond du théâtre.*)

SCÈNE IV.

SGANARELLE, LISETTE.

Monsieur, alégresse, alégresse!
SGANARELLE.
Qu'est-ce?
LISETTE.
Réjouissez-vous.
SGANARELLE.
De quoi?
LISETTE.
Réjouissez-vous, vous dis-je.
SGANARELLE.
Dis-moi donc ce que c'est, et puis je me réjouirai peut-être.
LISETTE.
Non. Je veux que vous vous réjouissiez auparavant, que vous chantiez, que vous dansiez.

SGANARELLE.

Sur quoi?

LISETTE.

Sur ma parole.

SGANARELLE.

Allons donc. (*Il chante et danse.*) La lera la la, la lera la. Que diable!

LISETTE.

Monsieur, votre fille est guérie!

SGANARELLE.

Ma fille est guérie!

LISETTE.

Oui. Je vous amène un médecin, mais un médecin d'importance, qui fait des cures merveilleuses, et qui se moque des autres médecins.

SGANARELLE.

Où est-il?

LISETTE.

Je vais le faire entrer.

SGANARELLE, *seul.*

Il faut voir si celui-ci fera plus que les autres.

SCÈNE V.

CLITANDRE, *en habit de médecin;* SGANARELLE, LISETTE.

LISETTE, *amenant Clitandre.*

Le voici.

SGANARELLE.

Voilà un médecin qui a la barbe bien jeune.

ACTE III, SCÈNE V.

LISETTE.

La science ne se mesure pas à la barbe; et ce n'est pas par le menton qu'il est habile.

SGANARELLE.

Monsieur, on m'a dit que vous aviez des remèdes admirables pour faire aller à la selle.

CLITANDRE.

Monsieur, mes remèdes sont différents de ceux des autres. Ils ont l'émétique, les saignées, les médecines et les lavements; mais moi, je guéris par des paroles, par des sons, par des lettres, par des talismans, et par des anneaux constellés.

LISETTE.

Que vous ai-je dit?

SGANARELLE.

Voilà un grand homme!

LISETTE.

Monsieur, comme votre fille est là tout habillée dans une chaise, je vais la faire passer ici.

SGANARELLE.

Oui. Fais.

CLITANDRE, *tâtant le pouls à Sganarelle.*

Votre fille est bien malade.

SGANARELLE.

Vous connoissez cela ici?

CLITANDRE.

Oui, par la sympathie qu'il y a entre le père et la fille.

SCÈNE VI.

SGANARELLE, LUCINDE, CLITANDRE, LISETTE.

LISETTE, *à Clitandre.*
Tenez, monsieur, voilà une chaise auprès d'elle. (*à Sganarelle.*) Allons, laissez-les là tous deux.

SGANARELLE.
Pourquoi? Je veux demeurer là.

LISETTE.
Vous moquez-vous? il faut s'éloigner. Un médecin a cent choses à demander qu'il n'est pas honnête qu'un homme entende.

(*Sganarelle et Lisette s'eloignent.*)

CLITANDRE, *bas, à Lucinde.*
Ah, madame! que le ravissement où je me trouve est grand! et que je sais peu par où vous commencer mon discours! Tant que je ne vous ai parlé que des yeux, j'avois, ce me sembloit, cent choses à vous dire; et maintenant que j'ai la liberté de vous parler de la façon que je souhaitois, je demeure interdit, et la grande joie où je suis étouffe toutes mes paroles.

LUCINDE.
Je puis vous dire la même chose; et je sens, comme vous, des mouvements de joie qui m'empêchent de pouvoir vous parler.

CLITANDRE.
Ah, madame! que je serois heureux s'il étoit vrai

que vous sentissiez tout ce que je sens, et qu'il me fût permis de juger de votre ame par la mienne. Mais, madame, puis-je au moins croire que ce soit à vous à qui je doive la pensée de cet heureux stratagème qui me fait jouir de votre présence?

LUCINDE.

Si vous ne m'en devez pas la pensée, vous m'êtes redevable au moins d'en avoir approuvé la proposition avec beaucoup de joie.

SGANARELLE, *à Lisette.*

Il me semble qu'il lui parle de bien près.

LISETTE, *à Sganarelle.*

C'est qu'il observe sa physionomie et tous les traits de son visage.

CLITANDRE, *à Lucinde.*

Serez-vous constante, madame, dans ces bontés que vous me témoignez?

LUCINDE.

Mais vous, serez-vous ferme dans les résolutions que vous avez montrées?

CLITANDRE.

Ah, madame! jusqu'à la mort. Je n'ai point de plus forte envie que d'être à vous, et je vais le faire paroître dans ce que vous m'allez voir faire.

SGANARELLE, *à Clitandre.*

Hé bien! notre malade? Elle me semble un peu plus gaie.

CLITANDRE.

C'est que j'ai déja fait agir sur elle un de ces remèdes que mon art m'enseigne. Comme l'esprit a grand empire sur le corps, et que c'est de lui bien souvent que procèdent les maladies, ma coutume est de courir à guérir les esprits avant que de venir au corps. J'ai donc observé ses regards, les traits de son visage, et les lignes de ses deux mains; et, par la science que le ciel m'a donnée, j'ai reconnu que c'étoit de l'esprit qu'elle étoit malade, et que tout son mal ne venoit que d'une imagination déréglée et d'un désir dépravé de vouloir être mariée. Pour moi, je ne vois rien de plus extravagant et de plus ridicule que cette envie qu'on a du mariage.

SGANARELLE, *à part.*

Voilà un habile homme!

CLITANDRE.

Et j'ai eu et aurai pour lui, toute ma vie, une aversion effroyable.

SGANARELLE, *à part.*

Voilà un grand médecin!

CLITANDRE.

Mais comme il faut flatter l'imagination des malades, et que j'ai vu en elle de l'aliénation d'esprit, et même qu'il y avoit du péril à ne lui pas donner un prompt secours, je l'ai prise par son foible, et lui ai dit que j'étois venu ici pour la demander en mariage. Soudain son visage a changé, son teint s'est éclairci, ses yeux se sont animés; et, si vous voulez, pour quelques jours, l'entretenir dans cette erreur, vous verrez que nous la tirerons de l'état où elle est.

SGANARELLE.

Oui-da, je le veux bien.

ACTE III, SCÈNE VI.

CLITANDRE.

Après, nous ferons agir d'autres remèdes pour la guérir entièrement de cette fantaisie.

SGANARELLE.

Oui, cela est le mieux du monde. Hé bien, ma fille! voilà monsieur qui a envie de t'épouser, et je lui ai dit que je le voulois bien.

LUCINDE.

Hélas! est-il possible?

SGANARELLE.

Oui.

LUCINDE.

Mais tout de bon?

SGANARELLE.

Oui, oui.

LUCINDE, *à Clitandre*.

Quoi, vous êtes dans les sentiments d'être mon mari?

CLITANDRE.

Oui, madame.

LUCINDE.

Et mon père y consent?

SGANARELLE.

Oui, ma fille.

LUCINDE.

Ah, que je suis heureuse, si cela est véritable!

CLITANDRE.

N'en doutez point, madame. Ce n'est pas d'aujourd'hui que je vous aime, et que je brûle de me voir votre mari. Je ne suis venu ici que pour cela; et, si vous voulez que je vous dise nettement les choses comme elles sont, cet habit n'est qu'un pur prétexte inventé, et je n'ai fait le médecin que pour m'approcher de vous, et obtenir [plus facilement] ce que je souhaite.

LUCINDE.

C'est me donner des marques d'un amour bien tendre, et j'y suis sensible autant que je puis.

SGANARELLE, *à part.*

O la folle, ô la folle, ô la folle!

LUCINDE.

Vous voulez donc bien, mon père, me donner monsieur pour époux?

SGANARELLE.

Oui. Çà, donne-moi ta main. Donnez-moi aussi un peu la vôtre, pour voir.

CLITANDRE.

Mais, monsieur...

SGANARELLE, *étouffant de rire.*

Non, non; c'est pour... pour lui contenter l'esprit. Touchez là. Voilà qui est fait.

CLITANDRE.

Acceptez, pour gage de ma foi, cet anneau que je vous donne. (*bas, à Sganarelle.*) C'est un anneau constellé, qui guérit les égarements d'esprit.

LUCINDE.

Faisons donc le contrat, afin que rien n'y manque.

CLITANDRE.

Hélas! Je le veux bien, madame. (*bas, à Sgana-*

ACTE III, SCÈNE VII.

relle.) Je vais faire monter l'homme qui écrit mes remèdes, et lui faire croire que c'est un notaire.

SGANARELLE.

Fort bien.

CLITANDRE.

Holà! faites monter le notaire que j'ai amené avec moi.

LUCINDE.

Quoi! vous avez amené un notaire?

CLITANDRE.

Oui, madame.

LUCINDE.

J'en suis ravie.

SGANARELLE.

O la folle, ô la folle!

SCÈNE VII.

LE NOTAIRE, CLITANDRE, SGANARELLE, LUCINDE, LISETTE.

(*Clitandre parle bas au notaire.*)

SGANARELLE, *au notaire.*

Oui, monsieur, il faut faire un contrat pour ces deux personnes-là. Écrivez. (*à Lucinde.*) Voilà le contrat qu'on fait. (*au notaire.*) Je lui donne vingt mille écus en mariage. Écrivez.

LUCINDE.

Je vous suis obligée, mon père.

LE NOTAIRE.

Voilà qui est fait. Vous n'avez qu'à venir signer.

SGANARELLE.

Voilà un contrat bientôt bâti.

CLITANDRE, *à Sganarelle.*

[Mais,] au moins, [monsieur...]

SGANARELLE.

Hé, non, vous dis-je! Sait-on pas bien... (*au notaire.*) Allons, donnez-lui la plume pour signer. (*à Lucinde.*) Allons, signe, signe, signe. Va, va, je signerai tantôt, moi.

LUCINDE.

Non, non, je veux avoir le contrat entre mes mains.

SGANARELLE.

Hé bien, tiens. (*après avoir signé.*) Es-tu contente?

LUCINDE.

Plus qu'on ne peut s'imaginer.

SGANARELLE.

Voilà qui est bien, voilà qui est bien.

CLITANDRE.

Au reste, je n'ai pas eu seulement la précaution d'amener un notaire; j'ai eu celle encore de faire venir des voix, des instruments [et des danseurs,] pour célébrer la fête et pour nous réjouir. Qu'on les fasse venir. Ce sont des gens que je mène avec moi, et dont je me sers tous les jours pour pacifier, avec leur harmonie [et leurs danses], les troubles de l'esprit.

SCÈNE VIII.

SGANARELLE, LUCINDE, CLITANDRE, LISETTE.

TROISIÈME ENTRÉE.

LA COMÉDIE, LE BALLET, LA MUSIQUE, JEUX, RIS, PLAISIRS.

La comédie, le ballet, la musique, *ensemble*.

Sans nous, tous les hommes
Deviendroient malsains;
Et c'est nous qui sommes
Leurs grands médecins.

LA COMÉDIE.

Veut-on qu'on rabatte,
Par des moyens doux,
Les vapeurs de rate
Qui nous minent tous,
Qu'on laisse Hippocrate,
Et qu'on vienne à nous.

TOUS TROIS ENSEMBLE.

Sans nous, tous les hommes
Deviendroient malsains;
Et c'est nous qui sommes
Leurs grands médecins.

(*Pendant que les Jeux, les Ris et les Plaisirs dansent, Clitandre emmène Lucinde.*)

SCÈNE IX.

SGANARELLE, LISETTE, LA COMÉDIE, LA MUSIQUE, LE BALLET, JEUX, RIS, PLAISIRS.

SGANARELLE.

Voilà une plaisante façon de guérir! Où est donc ma fille et le médecin?

LISETTE.

Ils sont allés achever le reste du mariage.

SGANARELLE.

Comment, le mariage?

LISETTE.

Ma foi, monsieur, la bécasse est bridée[1]; et vous avez cru faire un jeu, qui demeure une vérité.

SGANARELLE.

Comment diable! (*Il veut aller après Clitandre et Lucinde, les danseurs le retiennent.*) Laissez-moi aller, laissez-moi aller, vous dis-je. (*Les danseurs le retiennent toujours.*) Encore! (*Ils veulent faire danser Sganarelle de force.*) Peste des gens.

---

[1] *Bécasse bridée,* locution proverbiale tirée de la chasse. On attrape les bécasses avec des lacets, et elles se brident elles-mêmes.

FIN DE L'AMOUR MÉDECIN.

LE MISANTHROPE,

COMÉDIE EN CINQ ACTES

ET EN VERS,

Représentée à Paris, sur le théâtre du Palais-Royal, le 4 juin 1666.

PERSONNAGES.

ALCESTE, amant de Célimène [1].
PHILINTE, ami d'Alceste [2].
ORONTE, amant de Célimène [3].
CÉLIMÈNE [4].
ÉLIANTE, cousine de Célimène [5].
ARSINOÉ, amie de Célimène [6].
ACASTE [7], } marquis.
CLITANDRE,
BASQUE, valet de Célimène.
UN GARDE de la maréchaussée de France [8].
DUBOIS, valet d'Alceste [9].

ACTEURS.

[1] Molière. — [2] La Thorillière. — [3] Du Croisy. — [4] Armande Béjart (femme de Molière). — [5] Mademoiselle De Brie. — [6] Mademoiselle Du Parc. — [7] La Grange. — [8] De Brie. — [9] Béjart.

La scène est à Paris, dans la maison de Célimène.

LE MISANTHROPE.

ACTE PREMIER.

SCÈNE I.

PHILINTE, ALCESTE.

PHILINTE.
Qu'est-ce donc? qu'avez-vous?
ALCESTE, *assis*.
Laissez-moi, je vous prie.
PHILINTE.
Mais, encor, dites-moi, quelle bizarrerie...
ALCESTE.
Laissez-moi là, vous dis-je, et courez vous cacher.
PHILINTE.
Mais on entend les gens, au moins, sans se fâcher.
ALCESTE.
Moi, je veux me fâcher, et ne veux point entendre.
PHILINTE.
Dans vos brusques chagrins je ne puis vous comprendre;
Et, quoique amis, enfin, je suis tout des premiers...
ALCESTE, *se levant brusquement*.
Moi, votre ami? Rayez cela de vos papiers.
J'ai fait jusques ici profession de l'être;

Mais, après ce qu'en vous je viens de voir paroître,
Je vous déclare net que je ne le suis plus,
Et ne veux nulle place en des cœurs corrompus.

PHILINTE.

Je suis donc bien coupable, Alceste, à votre compte?

ALCESTE.

Allez, vous devriez mourir de pure honte;
Une telle action ne sauroit s'excuser,
Et tout homme d'honneur s'en doit scandaliser.
Je vous vois accabler un homme de caresses,
Et témoigner pour lui les dernières tendresses;
De protestations, d'offres et de serments,
Vous chargez la fureur de vos embrassements;
Et quand je vous demande, après, quel est cet homme,
A peine pouvez-vous dire comme il se nomme;
Votre chaleur pour lui tombe en vous séparant,
Et vous me le traitez, à moi, d'indifférent!
Morbleu! c'est une chose indigne, lâche, infame,
De s'abaisser ainsi jusqu'à trahir son ame;
Et si, par un malheur, j'en avais fait autant,
Je m'irois, de regret, pendre tout à l'instant.

PHILINTE.

Je ne vois pas, pour moi, que le cas soit pendable;
Et je vous supplierai d'avoir pour agréable
Que je me fasse un peu grace sur votre arrêt,
Et ne me pende pas pour cela, s'il vous plaît.

ALCESTE.

Que la plaisanterie est de mauvaise grace!

PHILINTE.

Mais, sérieusement, que voulez-vous qu'on fasse?

ALCESTE.

Je veux qu'on soit sincère, et qu'en homme d'honneur
On ne lâche aucun mot qui ne parte du cœur.

PHILINTE.

Lorsqu'un homme vous vient embrasser avec joie,
Il faut bien le payer de la même monnoie,
Répondre comme on peut à ses empressements,
Et rendre offre pour offre, et serments pour serments.

ALCESTE.

Non, je ne puis souffrir cette lâche méthode
Qu'affectent la plupart de vos gens à la mode ;
Et je ne hais rien tant que les contorsions
De tous ces grands faiseurs de protestations,
Ces affables donneurs d'embrassades frivoles,
Ces obligeants diseurs d'inutiles paroles,
Qui de civilités avec tous font combat,
Et traitent du même air l'honnête homme et le fat.
Quel avantage a-t-on qu'un homme vous caresse,
Vous jure amitié, foi, zèle, estime, tendresse,
Et vous fasse de vous un éloge éclatant,
Lorsqu'au premier faquin il court en faire autant?
Non, non, il n'est point d'ame un peu bien située
Qui veuille d'une estime ainsi prostituée ;
Et la plus glorieuse a des régals peu chers[1]
Dès qu'on voit qu'on nous mêle avec tout l'univers :
Sur quelque préférence une estime se fonde,
Et c'est n'estimer rien qu'estimer tout le monde.
Puisque vous y donnez, dans ces vices du temps,

---

[1] Une ame *qui a des régals peu chers* est mis ici pour *qui est peu flattée*.

Morbleu! vous n'êtes pas pour être de mes gens;
Je refuse d'un cœur la vaste complaisance
Qui ne fait de mérite aucune différence;
Je veux qu'on me distingue; et, pour le trancher net,
L'ami du genre humain n'est point du tout mon fait.

PHILINTE.

Mais, quand on est du monde, il faut bien que l'on rende
Quelques dehors civils ¹ que l'usage demande.

ALCESTE.

Non, vous dis-je, on devroit châtier sans pitié
Ce commerce honteux de semblants d'amitié.
Je veux que l'on soit homme, et qu'en toute rencontre
Le fond de notre cœur dans nos discours se montre,
Que ce soit lui qui parle, et que nos sentiments
Ne se masquent jamais sous de vains compliments.

PHILINTE.

Il est bien des endroits où la pleine franchise
Deviendroit ridicule, et seroit peu permise;
Et parfois, n'en déplaise à votre austère honneur,
Il est bon de cacher ce qu'on a dans le cœur.
Seroit-il à propos, et de la bienséance,
De dire à mille gens tout ce que d'eux on pense?
Et quand on a quelqu'un qu'on hait ou qui déplaît,
Lui doit-on déclarer la chose comme elle est?

ALCESTE.

Oui.

PHILINTE.

Quoi! vous iriez dire à la vieille Émilie
Qu'à son âge il sied mal de faire la jolie,

---

¹ *Dehors civils*, devoirs de société

ACTE I, SCÈNE I.

Et que le blanc qu'elle a scandalise chacun?
ALCESTE.
Sans doute.
PHILINTE.
A Dorilas, qu'il est trop importun,
Et qu'il n'est à la cour oreille qu'il ne lasse
A conter sa bravoure et l'éclat de sa race.
ALCESTE.
Fort bien.
PHILINTE.
Vous vous moquez.
ALCESTE.
Je ne me moque point.
Et je vais n'épargner personne sur ce point:
Mes yeux sont trop blessés; et la cour et la ville
Ne m'offrent rien qu'objets à m'échauffer la bile;
J'entre en une humeur noire, en un chagrin profond,
Quand je vois vivre entre eux les hommes comme ils
Je ne trouve partout que lâche flatterie,   [font;
Qu'injustice, intérêt, trahison, fourberie;
Je n'y puis plus tenir, j'enrage; et mon dessein
Est de rompre en visière à tout le genre humain.
PHILINTE.
Ce chagrin philosophe est un peu trop sauvage.
Je ris des noirs accès où je vous envisage;
Et crois voir en nous deux, sous mêmes soins nourris,
Les deux frères que peint l'École des maris,
Dont...
ALCESTE.
Mon dieu! laissons là vos comparaisons fades.

PHILINTE.

Non; tout de bon, quittez toutes ces incartades :
Le monde par vos soins ne se changera pas;
Et puisque la franchise a pour vous tant d'appas,
Je vous dirai tout franc que cette maladie
Partout où vous allez donne la comédie;
Et qu'un si grand courroux contre les mœurs du temps
Vous tourne en ridicule auprès de bien des gens.

ALCESTE.

Tant mieux, morbleu! tant mieux, c'est ce que je demande;
Ce m'est un fort bon signe, et ma joie en est grande.
Tous les hommes me sont à tel point odieux,
Que je serois fâché d'être sage à leurs yeux.

PHILINTE.

Vous voulez un grand mal à la nature humaine!

ALCESTE.

Oui, j'ai conçu pour elle une effroyable haine.

PHILINTE.

Tous les pauvres mortels, sans nulle exception,
Seront enveloppés dans cette aversion?
Encore en est-il bien, dans le siècle où nous sommes...

ALCESTE.

Non, elle est générale, et je hais tous les hommes :
Les uns, parce qu'ils sont méchants et malfaisants;
Et les autres pour être aux méchants complaisants,
Et n'avoir pas pour eux ces haines vigoureuses
Que doit donner le vice aux ames vertueuses.
De cette complaisance on voit l'injuste excès
Pour le franc scélérat avec qui j'ai procès;
Au travers de son masque on voit à plein le traître :

Partout il est connu pour tout ce qu'il peut être;
Et ses roulements d'yeux et son ton radouci
N'imposent qu'à des gens qui ne sont point d'ici;
On sait que ce pied-plat, digne qu'on le confonde,
Par de sales emplois s'est poussé dans le monde,
Et que par eux son sort, de splendeur revêtu,
Fait gronder le mérite et rougir la vertu.
Quelques titres honteux qu'en tous lieux on lui donne,
Son misérable honneur ne voit pour lui personne :
Nommez-le fourbe, infame, et scélérat maudit,
Tout le monde en convient, et nul n'y contredit.
Cependant sa grimace est partout bien venue.
On l'accueille, on lui rit, partout il s'insinue;
Et, s'il est, par la brigue, un rang à disputer,
Sur le plus honnête homme on le voit l'emporter.
Têtebleu! ce me sont de mortelles blessures,
De voir qu'avec le vice on garde des mesures;
Et parfois il me prend des mouvements soudains
De fuir dans un désert l'approche des humains.

PHILINTE.

Mon dieu! des mœurs du temps mettons-nous moins en
Et faisons un peu grace à la nature humaine; [peine,
Ne l'examinons point dans la grande rigueur,
Et voyons ses défauts avec quelque douceur.
Il faut parmi le monde une vertu traitable;
A force de sagesse on peut être blâmable :
La parfaite raison fuit toute extrémité,
Et veut que l'on soit sage avec sobriété.
Cette grande roideur des vertus des vieux âges
Heurte trop notre siècle et les communs usages;

Elle veut aux mortels trop de perfection :
Il faut fléchir au temps sans obstination ;
Et c'est une folie, à nulle autre seconde,
De vouloir se mêler de corriger le monde.
J'observe, comme vous, cent choses tous les jours
Qui pourroient mieux aller prenant un autre cours ;
Mais, quoi qu'à chaque pas je puisse voir paroître,
En courroux, comme vous, on ne me voit point être.
Je prends tout doucement les hommes comme ils sont,
J'accoutume mon ame à souffrir ce qu'ils font ;
Et je crois qu'à la cour, de même qu'à la ville,
Mon flegme est philosophe autant que votre bile.

ALCESTE.

Mais ce flegme, monsieur, qui raisonne si bien,
Ce flegme pourra-t-il ne s'échauffer de rien ?
Et s'il faut, par hasard, qu'un ami vous trahisse,
Que, pour avoir vos biens, on dresse un artifice,
Ou qu'on tâche à semer de méchants bruits sur vous,
Verrez-vous tout cela sans vous mettre en courroux ?

PHILINTE.

Oui : je vois ces défauts, dont votre ame murmure,
Comme vices unis à l'humaine nature ;
Et mon esprit enfin n'est pas plus offensé
De voir un homme fourbe, injuste, intéressé,
Que de voir des vautours affamés de carnage,
Des singes malfaisants, et des loups pleins de rage.

ALCESTE.

Je me verrai trahir, mettre en pièces, voler,
Sans que je sois... Morbleu ! je ne veux point parler,
Tant ce raisonnement est plein d'impertinence !

ACTE I, SCÈNE I.

PHILINTE.

Ma foi, vous ferez bien de garder le silence.
Contre votre partie éclatez un peu moins,
Et donnez au procès une part de vos soins.

ALCESTE.

Je n'en donnerai point, c'est une chose dite.

PHILINTE.

Mais qui voulez-vous donc qui pour vous sollicite?

ALCESTE.

Qui je veux? La raison, mon bon droit, l'équité.

PHILINTE.

Aucun juge par vous ne sera visité?

ALCESTE.

Non. Est-ce que ma cause est injuste ou douteuse?

PHILINTE.

J'en demeure d'accord : mais la brigue est fâcheuse,
Et...

ALCESTE.

Non, j'ai résolu de n'en pas faire un pas.
J'ai tort, ou j'ai raison.

PHILINTE.

Ne vous y fiez pas.

ALCESTE.

Je ne remuerai point.

PHILINTE.

Votre partie est forte,
Et peut, par sa cabale, entraîner...

ALCESTE.

Il n'importe.

PHILINTE.

Vous vous tromperez.

ALCESTE.

Soit. J'en veux voir le succès.

PHILINTE.

Mais...

ALCESTE.

J'aurai le plaisir de perdre mon procès.

PHILINTE.

Mais enfin...

ALCESTE.

Je verrai dans cette plaiderie
Si les hommes auront assez d'effronterie,
Seront assez méchants, scélérats et pervers,
Pour me faire injustice aux yeux de l'univers.

PHILINTE.

Quel homme !

ALCESTE.

Je voudrois, m'en coutât-il grand'chose,
Pour la beauté du fait, avoir perdu ma cause.

PHILINTE.

On se riroit de vous, Alceste, tout de bon,
Si l'on vous entendoit parler de la façon.

ALCESTE.

Tant pis pour qui riroit.

PHILINTE.

Mais cette rectitude
Que vous voulez en tout avec exactitude,
Cette pleine droiture où vous vous renfermez,
La trouvez-vous ici dans ce que vous aimez?

Je m'étonne, pour moi, qu'étant, comme il le semble,
Vous et le genre humain si fort brouillés ensemble,
Malgré tout ce qui peut vous le rendre odieux,
Vous ayez pris chez lui ce qui charme vos yeux ;
Et ce qui me surprend encore davantage,
C'est cet étrange choix où votre cœur s'engage.
La sincère Éliante a du penchant pour vous,
La prude Arsinoé vous voit d'un œil fort doux ;
Cependant à leurs vœux votre ame se refuse,
Tandis qu'en ses liens Célimène l'amuse,
De qui l'humeur coquette et l'esprit médisant
Semblent si fort donner dans les mœurs d'à présent.
D'où vient que, leur portant une haine mortelle,
Vous pouvez bien souffrir ce qu'en tient cette belle?
Ne sont-ce plus défauts dans un objet si doux?
Ne les voyez-vous pas, ou les excusez-vous?

ALCESTE.

Non : l'amour que je sens pour cette jeune veuve
Ne ferme point mes yeux aux défauts qu'on lui treuve ;
Et je suis, quelque ardeur qu'elle m'ait pu donner,
Le premier à les voir, comme à les condamner.
Mais, avec tout cela, quoi que je puisse faire,
Je confesse mon foible ; elle a l'art de me plaire :
J'ai beau voir ses défauts, et j'ai beau l'en blâmer,
En dépit qu'on en ait elle se fait aimer,
Sa grace est la plus forte ; et sans doute ma flamme
De ces vices du temps pourra purger son ame.

PHILINTE.

Si vous faites cela, vous ne ferez pas peu.
Vous croyez être donc aimé d'elle?

ALCESTE.

Oui, parbleu!
Je ne l'aimerois pas, si je ne croyois l'être.

PHILINTE.

Mais, si son amitié pour vous se fait paroître,
D'où vient que vos rivaux vous causent de l'ennui?

ALCESTE.

C'est qu'un cœur bien atteint veut qu'on soit tout à lui;
Et je ne viens ici qu'à dessein de lui dire
Tout ce que là dessus ma passion m'inspire.

PHILINTE.

Pour moi, si je n'avois qu'à former des désirs,
La cousine Éliante auroit tous mes soupirs;
Son cœur, qui vous estime, est solide et sincère,
Et ce choix, plus conforme, étoit mieux votre affaire.

ALCESTE.

Il est vrai; ma raison me le dit chaque jour:
Mais la raison n'est pas ce qui règle l'amour.

PHILINTE.

Je crains fort pour vos feux; et l'espoir où vous êtes
Pourroit...

SCÈNE II.

ORONTE, ALCESTE, PHILINTE.

ORONTE, *à Alceste.*

J'ai su là-bas que, pour quelques emplettes,
Éliante est sortie, et Célimène aussi;
Mais, comme l'on m'a dit que vous étiez ici,
J'ai monté pour vous dire, et d'un cœur véritable,

ACTE I, SCÈNE II.

Que j'ai conçu pour vous une estime incroyable,
Et que, depuis long-temps, cette estime m'a mis
Dans un ardent désir d'être de vos amis.
Oui, mon cœur au mérite aime à rendre justice,
Et je brûle qu'un nœud d'amitié nous unisse.
Je crois qu'un ami chaud, et de ma qualité,
N'est pas assurément pour être rejeté.
(*Pendant le discours d'Oronte, Alceste est rêveur, et
semble ne pas entendre que c'est à lui qu'on parle.
Il ne sort de sa rêverie que quand Oronte lui dit:*)
C'est à vous, s'il vous plaît, que ce discours s'adresse.

ALCESTE.

A moi, monsieur?

ORONTE.

A vous. Trouvez-vous qu'il vous blesse?

ALCESTE.

Non pas. Mais la surprise est fort grande pour moi :
Et je n'attendois pas l'honneur que je reçoi.

ORONTE.

L'estime où je vous tiens ne doit point vous surprendre,
Et de tout l'univers vous la pouvez prétendre.

ALCESTE.

Monsieur...

ORONTE.

L'état n'a rien qui ne soit au dessous
Du mérite éclatant que l'on découvre en vous.

ALCESTE.

Monsieur...

ORONTE.

Oui, de ma part, je vous tiens préférable

A tout ce que j'y vois de plus considérable.
ALCESTE.
Monsieur...

ORONTE.
Sois-je du ciel écrasé si je mens!
Et, pour vous confirmer ici mes sentiments,
Souffrez qu'à cœur ouvert, monsieur, je vous embrasse,
Et qu'en votre amitié je vous demande place.
Touchez là, s'il vous plaît. Vous me la promettez,
Votre amitié?

ALCESTE.
Monsieur...

ORONTE.
Quoi! vous y résistez?

ALCESTE.
Monsieur, c'est trop d'honneur que vous me voulez faire:
Mais l'amitié demande un peu plus de mystère;
Et c'est assurément en profaner le nom
Que de vouloir le mettre à toute occasion.
Avec lumière et choix cette union veut naître.
Avant que nous lier, il faut nous mieux connoître;
Et nous pourrions avoir telles complexions,
Que tous deux du marché nous nous repentirions.

ORONTE.
Parbleu! c'est là dessus parler en homme sage,
Et je vous en estime encore davantage:
Souffrons donc que le temps forme des nœuds si doux.
Mais cependant je m'offre entièrement à vous:
S'il faut faire à la cour pour vous quelque ouverture,
On sait qu'auprès du roi je fais quelque figure;

ACTE I, SCÈNE II.

Il m'écoute, et dans tout il en use, ma foi,
Le plus honnêtement du monde avecque moi.
Enfin je suis à vous de toutes les manières;
Et, comme votre esprit a de grandes lumières,
Je viens, pour commencer entre nous ce beau nœud,
Vous montrer un sonnet que j'ai fait depuis peu,
Et savoir s'il est bon qu'au public je l'expose.

ALCESTE.

Monsieur, je suis mal propre à décider la chose.
Veuillez m'en dispenser.

ORONTE.
        Pourquoi?

ALCESTE.
                J'ai le défaut
D'être un peu plus sincère en cela qu'il ne faut.

ORONTE.

C'est ce que je demande; et j'aurois lieu de plainte,
Si, m'exposant à vous pour me parler sans feinte,
Vous alliez me trahir et me déguiser rien.

ALCESTE.

Puisqu'il vous plaît ainsi, monsieur, je le veux bien.

ORONTE.

Sonnet. C'est un sonnet. *L'espoir...* C'est une dame
Qui de quelque espérance avoit flatté ma flamme.
L'espoir... Ce ne sont point de ces grands vers pompeux,
Mais de petits vers doux, tendres et langoureux.

ALCESTE.

Nous verrons bien...

ORONTE.

      L'espoir... Je ne sais si le style

Pourra vous en paroître assez net et facile,
Et si du choix des mots vous vous contenterez.

ALCESTE.

Nous allons voir, monsieur.

ORONTE.

Au reste, vous saurez
Que je n'ai demeuré qu'un quart d'heure à le faire.

ALCESTE.

Voyons, monsieur : le temps ne fait rien à l'affaire.

ORONTE *lit.*

L'espoir, il est vrai, nous soulage,
Et nous berce un temps notre ennui ;
Mais, Philis, le triste avantage,
Lorsque rien ne marche après lui !

PHILINTE.

Je suis déja charmé de ce petit morceau.

ALCESTE, *bas, à Philinte.*

Quoi ! vous avez le front de trouver cela beau ?

ORONTE.

Vous eûtes de la complaisance ;
Mais vous en deviez moins avoir,
Et ne vous pas mettre en dépense,
Pour ne me donner que l'espoir.

PHILINTE.

Ah ! qu'en termes galants ces choses-là sont mises !

ALCESTE, *bas, à Philinte.*

Morbleu, vil complaisant ! vous louez des sottises ?

ORONTE.

S'il faut qu'une attente éternelle
Pousse à bout l'ardeur de mon zèle,
Le trépas sera mon recours.

Vos soins ne m'en peuvent distraire :
Belle Philis, on désespère
Alors qu'on espère toujours [1].

PHILINTE.

La chute en est jolie, amoureuse, admirable.

ALCESTE, *bas, à part.*

La peste de ta chute, empoisonneur au diable !
En eusses-tu fait une à te casser le nez !

PHILINTE.

Je n'ai jamais ouï de vers si bien tournés.

ALCESTE, *bas, à part.*

Morbleu !

ORONTE, *à Philinte.*

Vous me flattez, et vous croyez peut-être...

PHILINTE.

Non, je ne flatte point.

ALCESTE, *bas, à part.*

Hé ! que fais-tu donc, traître ?

ORONTE, *à Alceste.*

Mais, pour vous, vous savez quel est notre traité.
Parlez-moi, je vous prie, avec sincérité.

---

[1] On croit ce sonnet de Benserade. Molière, en en faisant usage sans désigner l'auteur, avoit sans doute pour but de se venger de quelques mécontentements particuliers.

ALCESTE.

Monsieur, cette matière est toujours délicate,
Et sur le bel esprit nous aimons qu'on nous flatte.
Mais un jour, à quelqu'un dont je tairai le nom,
Je disois en voyant des vers de sa façon,
Qu'il faut qu'un galant homme ait toujours grand empire
Sur les démangeaisons qui nous prennent d'écrire;
Qu'il doit tenir la bride aux grands empressements
Qu'on a de faire éclat de tels amusements;
Et que, par la chaleur de montrer ses ouvrages,
On s'expose à jouer de mauvais personnages.

ORONTE.

Est-ce que vous voulez me déclarer par là
Que j'ai tort de vouloir...

ALCESTE.

Je ne dis pas cela.
Mais je lui disois, moi, qu'un froid écrit assomme,
Qu'il ne faut que ce foible à décrier un homme,
Et qu'eût-on d'autre part cent belles qualités,
On regarde les gens par leurs méchants côtés.

ORONTE.

Est-ce qu'à mon sonnet vous trouvez à redire?

ALCESTE.

Je ne dis pas cela. Mais, pour ne point écrire,
Je lui mettois aux yeux[1] comme, dans notre temps,
Cette soif a gâté de fort honnêtes gens.

ORONTE.

Est-ce que j'écris mal? et leur ressemblerois-je?

---

[1] *Je lui mettois aux yeux,* pour *je lui faisois sentir.*

ACTE I, SCÈNE II.

ALCESTE.

Je ne dis pas cela. Mais enfin, lui disois-je,
Quel besoin si pressant avez-vous de rimer?
Et qui diantre vous pousse à vous faire imprimer?
Si l'on peut pardonner l'essor d'un mauvais livre,
Ce n'est qu'aux malheureux qui composent pour vivre.
Croyez-moi, résistez à vos tentations;
Dérobez au public ces occupations,
Et n'allez point quitter, de quoi que l'on vous somme,
Le nom que, dans la cour, vous avez d'honnête homme,
Pour prendre de la main d'un avide imprimeur
Celui de ridicule et misérable auteur.
C'est ce que je tâchai de lui faire comprendre.

ORONTE.

Voilà qui va fort bien, et je crois vous entendre.
Mais ne puis-je savoir ce que dans mon sonnet...

ALCESTE.

Franchement, il est bon à mettre au cabinet[1].

---

[1] Un de nos meilleurs critiques (M. P. Duviquet) a publié sur ce vers des observations pleines de justesse. « Un grand nombre de « termes, dit-il, ont vieilli depuis Molière, et leur signification a été « considérablement altérée... Du temps de Molière, des vers bons « *à mettre au cabinet* ne signifioient autre chose que des vers indignes « de voir le jour et de recevoir les honneurs de l'impression. C'est « ainsi que, dans *le Procès de la Femme juge et partie*, comédie qui « n'est postérieure à celle du *Misanthrope* que de six ans, Montfleury « fait dire à la prude, qui prononce la condamnation de l'ouvrage :

« Ordonnons, par pitié, pour raison de ses faits,
« *Qu'elle entre au cabinet*, et n'en sorte jamais.

« C'étoit donc là une expression consacrée, dont le sens clairement « déterminé ne donnoit lieu à aucune équivoque. »

Vous vous êtes réglé sur de méchants modèles,
Et vos expressions ne sont pas naturelles.

 Qu'est-ce que, *Nous berce un temps notre ennui?*
  Et que, *Rien ne marche après lui?*
  Que, *Ne vous pas mettre en dépense,*
  Pour ne me donner que l'espoir?
  Et que, *Philis, on désespère*
  Alors qu'on espère toujours?

Ce style figuré, dont on fait vanité,
Sort du bon caractère et de la vérité ;
Ce n'est que jeu de mots, qu'affectation pure,
Et ce n'est point ainsi que parle la nature.
Le méchant goût du siècle en cela me fait peur :
Nos pères, tout grossiers, l'avoient beaucoup meilleur;
Et je prise bien moins tout ce que l'on admire
Qu'une vieille chanson que je m'en vais vous dire :

  Si le roi m'avoit donné
   Paris sa grand' ville,
  Et qu'il me fallût quitter
   L'amour de ma mie,
  Je dirois au roi Henri :
  Reprenez votre Paris,
  J'aime mieux ma mie, ô gué!
   J'aime mieux ma mie.

La rime n'est pas riche, et le style en est vieux :
Mais ne voyez-vous pas que cela vaut bien mieux

Que ces colifichets dont le bon sens murmure,
Et que la passion parle là toute pure?

>Si le roi m'avoit donné
>   Paris sa grand' ville,
>Et qu'il me fallût quitter
>   L'amour de ma mie,
>Je dirois au roi Henri :
>Reprenez votre Paris ;
>J'aime mieux ma mie, ô gué!
>   J'aime mieux ma mie.

Voilà ce que peut dire un cœur vraiment épris.
(à *Philinte, qui rit.*)
Oui, monsieur le rieur, malgré vos beaux esprits,
J'estime plus cela que la pompe fleurie
De tous ces faux brillants où chacun se récrie.

ORONTE.
Et moi, je vous soutiens que mes vers sont fort bons.

ALCESTE.
Pour les trouver ainsi vous avez vos raisons,
Mais vous trouverez bon que j'en puisse avoir d'autres
Qui se dispenseront de se soumettre aux vôtres.

ORONTE.
Il me suffit de voir que d'autres en font cas.

ALCESTE.
C'est qu'ils ont l'art de feindre; et moi, je ne l'ai pas.

ORONTE.
Croyez-vous donc avoir tant d'esprit en partage?

ALCESTE.
Si je louois vos vers, j'en aurois davantage.
ORONTE.
Je me passerai bien que vous les approuviez.
ALCESTE.
Il faut bien, s'il vous plaît, que vous vous en passiez.
ORONTE.
Je voudrois bien, pour voir, que de votre manière,
Vous en composassiez sur la même matière.
ALCESTE.
J'en pourrois, par malheur, faire d'aussi méchants;
Mais je me garderois de les montrer aux gens.
ORONTE.
Vous me parlez bien ferme; et cette suffisance...
ALCESTE.
Autre part que chez moi cherchez qui vous encense.
ORONTE.
Mais, mon petit monsieur, prenez-le un peu moins haut.
ALCESTE.
Ma foi, mon grand monsieur, je le prends comme il faut.
PHILINTE, *se mettant entre deux.*
Hé, messieurs! c'en est trop. Laissez cela de grace.
ORONTE.
Ah, j'ai tort! je l'avoue, et je quitte la place.
Je suis votre valet, monsieur, de tout mon cœur.
ALCESTE.
Et moi, je suis, monsieur, votre humble serviteur.

SCÈNE III.

PHILINTE, ALCESTE.

PHILINTE.

Hé bien, vous le voyez : pour être trop sincère,
Vous voilà sur les bras une fâcheuse affaire ;
Et j'ai bien vu qu'Oronte, afin d'être flatté...

ALCESTE.

Ne me parlez pas.

PHILINTE.

Mais...

ALCESTE.

Plus de société.

PHILINTE.

C'est trop...

ALCESTE.

Laissez-moi, la.

PHILINTE.

Si je...

ALCESTE.

Point de langage.

PHILINTE.

Mais quoi...

ALCESTE.

Je n'entends rien.

PHILINTE.

Mais...

ALCESTE.

Encore?

PHILINTE.

On outrage...

ALCESTE.

Ah, parbleu! c'en est trop. Ne suivez point mes pas.

PHILINTE.

Vous vous moquez de moi. Je ne vous quitte pas.

FIN DU PREMIER ACTE.

ACTE SECOND.

SCÈNE I.

ALCESTE, CÉLIMÈNE.

ALCESTE.

Madame, voulez-vous que je vous parle net?
De vos façons d'agir je suis mal satisfait;
Contre elles dans mon cœur trop de bile s'assemble,
Et je sens qu'il faudra que nous rompions ensemble.
Oui, je vous tromperois de parler autrement :
Tôt ou tard nous romprons indubitablement;
Et je vous promettrois mille fois le contraire,
Que je ne serois pas en pouvoir de le faire.

CÉLIMÈNE.

C'est pour me quereller donc, à ce que voi,
Que vous avez voulu me ramener chez moi?

ALCESTE.

Je ne querelle point. Mais votre humeur, madame,
Ouvre au premier venu trop d'accès dans votre ame;
Vous avez trop d'amants qu'on voit vous obséder;
Et mon cœur de cela ne peut s'accommoder.

CÉLIMÈNE.

Des amants que je fais me rendez-vous coupable?
Puis-je empêcher les gens de me trouver aimable?
Et, lorsque pour me voir ils font de doux efforts,

Dois-je prendre un bâton pour les mettre dehors?

ALCESTE.

Non, ce n'est pas, madame, un bâton qu'il faut prendre,
Mais un cœur à leurs vœux moins facile et moins tendre.
Je sais que vos appas vous suivent en tous lieux;
Mais votre accueil retient ceux qu'attirent vos yeux;
Et sa douceur, offerte à qui vous rend les armes,
Achève sur les cœurs l'ouvrage de vos charmes.
Le trop riant espoir que vous leur présentez
Attache autour de vous leurs assiduités;
Et votre complaisance un peu moins étendue
De tant de soupirants chasseroit la cohue.
Mais au moins dites-moi, madame, par quel sort
Votre Clitandre a l'heur de vous plaire si fort.
Sur quel fonds de mérite et de vertu sublime
Appuyez-vous en lui l'honneur de votre estime?
Est-ce par l'ongle long qu'il porte au petit doigt
Qu'il s'est acquis chez vous l'estime où l'on le voit?
Vous êtes-vous rendue, avec tout le beau monde,
Au mérite éclatant de sa perruque blonde?
Sont-ce ses grands canons qui vous le font aimer?
L'amas de ses rubans a-t-il su vous charmer?
Est-ce par les appas de sa vaste rhingrave
Qu'il a gagné votre ame en faisant votre esclave?
Ou sa façon de rire et son ton de fausset
Ont-ils de vous toucher su trouver le secret?

CÉLIMÈNE.

Qu'injustement de lui vous prenez de l'ombrage!
Ne savez-vous pas bien pourquoi je le ménage,
Et que, dans mon procès, ainsi qu'il m'a promis,

Il peut intéresser tout ce qu'il a d'amis ?
ALCESTE.
Perdez votre procès, madame, avec constance,
Et ne ménagez point un rival qui m'offense.
CÉLIMÈNE.
Mais de tout l'univers vous devenez jaloux !
ALCESTE.
C'est que tout l'univers est bien reçu de vous.
CÉLIMÈNE.
C'est ce qui doit rasseoir votre ame effarouchée,
Puisque ma complaisance est sur tous épanchée ;
Et vous auriez plus lieu de vous en offenser
Si vous me la voyiez sur un seul ramasser.
ALCESTE.
Mais moi, que vous blâmez de trop de jalousie,
Qu'ai-je de plus qu'eux tous, madame, je vous prie ?
CÉLIMÈNE.
Le bonheur de savoir que vous êtes aimé.
ALCESTE.
Et quel lieu de le croire, à mon cœur enflammé ?
CÉLIMÈNE.
Je pense qu'ayant pris le soin de vous le dire,
Un aveu de la sorte a de quoi vous suffire.
ALCESTE.
Mais qui m'assurera que, dans le même instant,
Vous n'en disiez peut-être aux autres tout autant ?
CÉLIMÈNE.
Certes, pour un amant, la fleurette est mignonne,
Et vous me traitez là de gentille personne.
Hé bien, pour vous ôter d'un semblable souci,

De tout ce que j'ai dit je me dédis ici,
Et rien ne sauroit plus vous tromper que vous-même :
Soyez content.

ALCESTE.

Morbleu ! faut-il que je vous aime !
Ah, que, si de vos mains je rattrape mon cœur,
Je bénirai le ciel de ce rare bonheur !
Je ne le cèle pas, je fais tout mon possible
A rompre de ce cœur l'attachement terrible;
Mais mes plus grands efforts n'ont rien fait jusqu'ici,
Et c'est pour mes péchés que je vous aime ainsi.

CÉLIMÈNE.

Il est vrai, votre ardeur est pour moi sans seconde.

ALCESTE.

Oui, je puis là dessus défier tout le monde.
Mon amour ne se peut concevoir; et jamais
Personne n'a, madame, aimé comme je fais.

CÉLIMÈNE.

En effet, la méthode en est toute nouvelle;
Car vous aimez les gens pour leur faire querelle;
Ce n'est qu'en mots fâcheux qu'éclate votre ardeur,
Et l'on n'a vu jamais un amour si grondeur.

ALCESTE.

Mais il ne tient qu'à vous que son chagrin ne passe.
A tous nos démêlés coupons chemin, de grace;
Parlons à cœur ouvert, et voyons d'arrêter...

SCÈNE II.

CÉLIMÈNE, ALCESTE, BASQUE.

CÉLIMÈNE.

Qu'est-ce?

BASQUE.

Acaste est là-bas.

CÉLIMÈNE.

Hé bien, faites monter.

SCÈNE III.

CÉLIMÈNE, ALCESTE.

ALCESTE.

Quoi! l'on ne peut jamais vous parler tête à tête?
A recevoir le monde on vous voit toujours prête;
Et vous ne pouvez pas, un seul moment de tous,
Vous résoudre à souffrir de n'être pas chez vous?

CÉLIMÈNE.

Voulez-vous qu'avec lui je me fasse une affaire?

ALCESTE.

Vous avez des égards qui ne sauroient me plaire.

CÉLIMÈNE.

C'est un homme à jamais ne me le pardonner,
S'il savoit que sa vue eût pu m'importuner.

ALCESTE.

Et que vous fait cela, pour vous gêner de sorte?

CÉLIMÈNE.

Mon dieu! de ses pareils la bienveillance importe;
Et ce sont de ces gens qui, je ne sais comment,
Ont gagné, dans la cour, de parler hautement.
Dans tous les entretiens on les voit s'introduire :
Ils ne sauroient servir, mais ils peuvent vous nuire;
Et jamais, quelque appui qu'on puisse avoir d'ailleurs,
On ne doit se brouiller avec ces grands brailleurs.

ALCESTE.

Enfin, quoi qu'il en soit, et sur quoi qu'on se fonde,
Vous trouvez des raisons pour souffrir tout le monde;
Et les précautions de votre jugement...

SCÈNE IV.

ALCESTE, CÉLIMÈNE, BASQUE.

BASQUE.

Voici Clitandre encor, madame.

ALCESTE.

      Justement.

CÉLIMÈNE.

Où courez-vous?

ALCESTE.

   Je sors.

CÉLIMÈNE.

     Demeurez.

ALCESTE.

        Pour quoi faire?

CÉLIMÈNE.

Demeurez.

ACTE II, SCÈNE V.

ALCESTE.

Je ne puis.

CÉLIMÈNE.

Je le veux.

ALCESTE.

Point d'affaire :
Ces conversations ne font que m'ennuyer,
Et c'est trop que vouloir me les faire essuyer.

CÉLIMÈNE.

Je le veux, je le veux.

ALCESTE.

Non, il m'est impossible.

CÉLIMÈNE.

Hé bien, allez, sortez, il vous est tout loisible.

SCÈNE V.

ÉLIANTE, PHILINTE, ACASTE, CLITANDRE,
ALCESTE, CÉLIMÈNE, BASQUE.

ÉLIANTE, *à Célimène.*

Voici les deux marquis qui montent avec nous.
Vous l'est-on venu dire ?

CÉLIMÈNE.

(*à Basque.*)

Oui. Des siéges pour tous.

(*Basque donne des siéges, et sort.*)

(*à Alceste.*)

Vous n'êtes pas sorti ?

ALCESTE.

Non ; mais je veux, madame,

Ou pour eux, ou pour moi, faire expliquer votre ame.

CÉLIMÈNE.

Taisez-vous.

ALCESTE.

Aujourd'hui, vous vous expliquerez.

CÉLIMÈNE.

Vous perdez le sens.

ALCESTE.

Point. Vous vous déclarerez.

CÉLIMÈNE.

Ah !

ALCESTE.

Vous prendrez parti.

CÉLIMÈNE.

Vous vous moquez, je pense.

ALCESTE.

Non ; mais vous choisirez. C'est trop de patience.

CLITANDRE.

Parbleu ! je viens du Louvre, où Cléonte, au levé,
Madame, a bien paru ridicule achevé.
N'a-t-il point quelque ami qui pût sur ses manières
D'un charitable avis lui prêter les lumières?

CÉLIMÈNE.

Dans le monde, à vrai dire, il se barbouille fort.
Partout il porte un air qui saute aux yeux d'abord ;
Et lorsqu'on le revoit, après un peu d'absence,
On le retrouve encor plus plein d'extravagance.

ACASTE.

Parbleu ! s'il faut parler de gens extravagants,
Je viens d'en essuyer un des plus fatigants ;

ACTE II, SCÈNE V. 379

Damon le raisonneur, qui m'a, ne vous déplaise,
Une heure au grand soleil tenu hors de ma chaise.
CÉLIMÈNE.
C'est un parleur étrange, et qui trouve toujours
L'art de ne vous rien dire avec de grands discours :
Dans les propos qu'il tient on ne voit jamais goutte,
Et ce n'est que du bruit que tout ce qu'on écoute.
ÉLIANTE, *à Philinte.*
Ce début n'est pas mal ; et contre le prochain,
La conversation prend un assez bon train.
CLITANDRE.
Timante encor, madame, est un bon caractère.
CÉLIMÈNE.
C'est, de la tête aux pieds, un homme tout mystère,
Qui vous jette, en passant, un coup d'œil égaré,
Et, sans aucune affaire, est toujours affairé.
Tout ce qu'il vous débite en grimaces abonde ;
A force de façons il assomme le monde ;
Sans cesse il a tout bas, pour rompre l'entretien,
Un secret à vous dire, et ce secret n'est rien :
De la moindre vétille il fait une merveille,
Et, jusques au bonjour, il dit tout à l'oreille.
ACASTE.
Et Géralde, madame?
CÉLIMÈNE.
    O l'ennuyeux conteur!
Jamais on ne le voit sortir du grand seigneur.
Dans le brillant commerce il se mêle sans cesse,
Et ne cite jamais que duc, prince, ou princesse.
La qualité l'entête, et tous ses entretiens

Ne sont que de chevaux, d'équipage et de chiens :
Il tutaye, en parlant, ceux du plus haut étage,
Et le nom de monsieur est chez lui hors d'usage.

CLITANDRE.

On dit qu'avec Bélise il est du dernier bien.

CÉLIMÈNE.

Le pauvre esprit de femme, et le sec entretien!
Lorsqu'elle vient me voir je souffre le martyre :
Il faut suer sans cesse à chercher que lui dire ;
Et la stérilité de son expression
Fait mourir à tous coups la conversation.
En vain, pour attaquer son stupide silence,
De tous les lieux communs vous prenez l'assistance;
Le beau temps et la pluie, et le froid et le chaud,
Sont des fonds qu'avec elle on épuise bientôt.
Cependant sa visite, assez insupportable,
Traîne en une longueur encore épouvantable;
Et l'on demande l'heure, et l'on bâille vingt fois,
Qu'elle grouille aussi peu qu'une pièce de bois.

ACASTE.

Que vous semble d'Adraste?

CÉLIMÈNE.

Ah, quel orgueil extrême!
C'est un homme gonflé de l'amour de soi-même :
Son mérite jamais n'est content de la cour ;
Contre elle il fait métier de pester chaque jour;
Et l'on ne donne emploi, charge, ni bénéfice,
Qu'à tout ce qu'il se croit on ne fasse injustice.

CLITANDRE.

Mais le jeune Cléon, chez qui vont aujourd'hui

ACTE II, SCÈNE V.

Nos plus honnêtes gens, que dites-vous de lui?
CÉLIMÈNE.
Que de son cuisinier il s'est fait un mérite,
Et que c'est à sa table à qui l'on rend visite.
ÉLIANTE.
Il prend soin d'y servir des mets fort délicats.
CÉLIMÈNE.
Oui; mais je voudrois bien qu'il ne s'y servît pas:
C'est un fort méchant plat que sa sotte personne,
Et qui gâte, à mon goût, tous les repas qu'il donne.
PHILINTE.
On fait assez de cas de son oncle Damis;
Qu'en dites-vous, madame?
CÉLIMÈNE.
Il est de mes amis.
PHILINTE.
Je le trouve honnête homme, et d'un air assez sage.
CÉLIMÈNE.
Oui; mais il veut avoir trop d'esprit, dont j'enrage.
Il est guindé sans cesse; et, dans tous ses propos,
On voit qu'il se travaille à dire de bons mots.
Depuis que dans la tête il s'est mis d'être habile,
Rien ne touche son goût, tant il est difficile!
Il veut voir des défauts à tout ce qu'on écrit,
Et pense que louer n'est pas d'un bel esprit,
Que c'est être savant que trouver à redire,
Qu'il n'appartient qu'aux sots d'admirer et de rire,
Et qu'en n'approuvant rien des ouvrages du temps
Il se met au dessus de tous les autres gens.

Aux conversations même il trouve à reprendre :
Ce sont propos trop bas pour y daigner descendre;
Et, les deux bras croisés, du haut de son esprit,
Il regarde en pitié tout ce que chacun dit.

ACASTE.

Dieu me damne! voilà son portrait véritable.

CLITANDRE, *à Célimène.*

Pour bien peindre les gens vous êtes admirable.

ALCESTE.

Allons, ferme, poussez, mes bons amis de cour;
Vous n'en épargnez point, et chacun a son tour :
Cependant aucun d'eux à vos yeux ne se montre,
Qu'on ne vous voie, en hâte, aller à sa rencontre,
Lui présenter la main, et d'un baiser flatteur
Appuyer les serments d'être son serviteur.

CLITANDRE.

Pourquoi s'en prendre à nous? Si ce qu'on dit vous blesse,
Il faut que le reproche à madame s'adresse.

ALCESTE.

Non, morbleu! c'est à vous; et vos ris complaisants
Tirent de son esprit tous ces traits médisants.
Son humeur satirique est sans cesse nourrie
Par le coupable encens de votre flatterie;
Et son cœur à railler trouveroit moins d'appas
S'il avoit observé qu'on ne l'applaudît pas.
C'est ainsi qu'aux flatteurs on doit partout se prendre
Des vices où l'on voit les humains se répandre.

PHILINTE.

Mais pourquoi pour ces gens un intérêt si grand,

ACTE II, SCÈNE V.

Vous qui condamneriez ce qu'en eux on reprend?
CÉLIMÈNE.
Et ne faut-il pas bien que monsieur contredise?
A la commune voix veut-on qu'il se réduise,
Et qu'il ne fasse pas éclater en tous lieux
L'esprit contrariant qu'il a reçu des cieux?
Le sentiment d'autrui n'est jamais pour lui plaire :
Il prend toujours en main l'opinion contraire,
Et penseroit paroître un homme du commun,
Si l'on voyoit qu'il fût de l'avis de quelqu'un.
L'honneur de contredire a pour lui tant de charmes,
Qu'il prend contre lui-même assez souvent les armes;
Et ses vrais sentiments sont combattus par lui
Aussitôt qu'il les voit dans la bouche d'autrui.
ALCESTE.
Les rieurs sont pour vous, madame, c'est tout dire;
Et vous pouvez pousser contre moi la satire.
PHILINTE.
Mais il est véritable aussi que votre esprit
Se gendarme toujours contre tout ce qu'on dit;
Et que, par un chagrin que lui-même il avoue,
Il ne sauroit souffrir qu'on blâme ni qu'on loue.
ALCESTE.
C'est que jamais, morbleu! les hommes n'ont raison;
Que le chagrin contre eux est toujours de saison,
Et que je vois qu'ils sont, sur toutes les affaires,
Loueurs impertinents, ou censeurs téméraires.
CÉLIMÈNE.
Mais...

ALCESTE.

Non, madame, non, quand j'en devrois mourir,
Vous avez des plaisirs que je ne puis souffrir;
Et l'on a tort ici de nourrir dans votre ame
Ce grand attachement aux défauts qu'on y blâme.

CLITANDRE.

Pour moi, je ne sais pas; mais j'avouerai tout haut
Que j'ai cru jusqu'ici madame sans défaut.

ACASTE.

De graces et d'attraits je vois qu'elle est pourvue;
Mais les défauts qu'elle a ne frappent point ma vue.

ALCESTE.

Ils frappent tous la mienne; et, loin de m'en cacher,
Elle sait que j'ai soin de les lui reprocher.
Plus on aime quelqu'un, moins il faut qu'on le flatte;
A ne rien pardonner le pur amour éclate;
Et je bannirois, moi, tous ces lâches amants
Que je verrois soumis à tous mes sentiments,
Et dont, à tout propos, les molles complaisances
Donneroient de l'encens à mes extravagances.

CÉLIMÈNE.

Enfin, s'il faut qu'à vous s'en rapportent les cœurs,
On doit, pour bien aimer, renoncer aux douceurs,
Et du parfait amour mettre l'honneur suprême
A bien injurier les personnes qu'on aime.

ÉLIANTE.

L'amour, pour l'ordinaire, est peu fait à ces lois,
Et l'on voit les amants vanter toujours leur choix;
Jamais leur passion n'y voit rien de blâmable,

ACTE II, SCÈNE V.

Et dans l'objet aimé tout leur devient aimable;
Ils comptent les défauts pour des perfections,
Et savent y donner de favorables noms :
La pâle est aux jasmins en blancheur comparable;
La noire à faire peur, une brune adorable;
La maigre a de la taille et de la liberté;
La grasse est, dans son port, pleine de majesté,
La malpropre sur soi, de peu d'attraits chargée,
Est mise sous le nom de beauté négligée;
La géante paroît une déesse aux yeux;
La naine, un abrégé des merveilles des cieux;
L'orgueilleuse a le cœur digne d'une couronne;
La fourbe a de l'esprit; la sotte est toute bonne;
La trop grande parleuse est d'agréable humeur;
Et la muette garde une honnête pudeur.
C'est ainsi qu'un amant dont l'ardeur est extrême
Aime jusqu'aux défauts des personnes qu'il aime.

ALCESTE.

Et moi, je soutiens, moi...

CÉLIMÈNE.

Brisons là ce discours,
Et dans la galerie allons faire deux tours.
Quoi! vous vous en allez, messieurs?

CLITANDRE ET ACASTE.

Non pas, madame.

ALCESTE.

La peur de leur départ occupe fort votre ame!
Sortez quand vous voudrez, messieurs; mais j'avertis
Que je ne sors qu'après que vous serez sortis.

ACASTE.

A moins de voir madame en être importunée,
Rien ne m'appelle ailleurs de toute la journée.

CLITANDRE.

Moi, pourvu que je puisse être au petit couché,
Je n'ai point d'autre affaire où je sois attaché.

CÉLIMÈNE, *à Alceste*.

C'est pour rire, je crois.

ALCESTE.

Non, en aucune sorte.
Nous verrons si c'est moi que vous voudrez qui sorte.

SCÈNE VI.

ALCESTE, CÉLIMÈNE, ÉLIANTE, ACASTE, PHILINTE, CLITANDRE, BASQUE.

BASQUE, *à Alceste*.

Monsieur, un homme est là, qui voudroit vous parler
Pour affaire, dit-il, qu'on ne peut reculer.

ALCESTE.

Dis-lui que je n'ai point d'affaires si pressées.

BASQUE.

Il porte une jaquette à grand'basques plissées,
Avec du d'or dessus.

CÉLIMÈNE, *à Alceste*.

Allez voir ce que c'est,
Ou bien faites-le entrer.

SCÈNE VII

ALCESTE, CÉLIMÈNE, ÉLIANTE, ACASTE, PHILINTE, CLITANDRE, UN GARDE DE LA MARÉCHAUSSÉE.

ALCESTE, *allant au devant du garde.*
Qu'est-ce donc qu'il vous plaît ?
Venez, monsieur.

LE GARDE.
Monsieur, j'ai deux mots à vous dire.

ALCESTE.
Vous pouvez parler haut, monsieur, pour m'en instruire.

LE GARDE.
Messieurs les maréchaux, dont j'ai commandement,
Vous mandent de venir les trouver promptement,
Monsieur.

ALCESTE.
Qui ? moi, monsieur ?

LE GARDE.
Vous-même.

ALCESTE.
Et pour quoi faire ?

PHILINTE, *à Alceste.*
C'est d'Oronte et de vous la ridicule affaire.

CÉLIMÈNE, *à Philinte.*
Comment ?

PHILINTE.
Oronte et lui se sont tantôt bravés

Sur certains petits vers qu'il n'a pas approuvés;
Et l'on veut assoupir la chose en sa naissance.

ALCESTE.

Moi, je n'aurai jamais de lâche complaisance.

PHILINTE.

Mais il faut suivre l'ordre : allons, disposez-vous.

ALCESTE.

Quel accommodement veut-on faire entre nous?
La voix de ces messieurs me condamnera-t-elle
A trouver bons les vers qui font notre querelle?
Je ne me dédis point de ce que j'en ai dit,
Je les trouve méchants.

PHILINTE.

    Mais d'un plus doux esprit...

ALCESTE.

Je n'en démordrai point; les vers sont exécrables.

PHILINTE.

Vous devez faire voir des sentiments traitables.
Allons, venez.

ALCESTE.

   J'irai; mais rien n'aura pouvoir
De me faire dédire.

PHILINTE.

   Allons vous faire voir.

ALCESTE.

Hors qu'un commandement exprès du roi me vienne
De trouver bons les vers dont on se met en peine,
Je soutiendrai toujours, morbleu! qu'ils sont mauvais,
Et qu'un homme est pendable après les avoir faits.

ACTE II, SCÈNE VII.

(*A Clitandre et à Acaste, qui rient.*)
Par là sambleu! messieurs, je ne croyois pas être
Si plaisant que je suis.

CÉLIMÈNE.
Allez vite paroître
Où vous devez.

ALCESTE.
J'y vais, madame; et sur mes pas
Je reviens en ce lieu pour vider nos débats.

FIN DU SECOND ACTE.

ACTE TROISIÈME.

SCÈNE I.

CLITANDRE, ACASTE.

CLITANDRE.
Cher marquis, je te vois l'ame bien satisfaite;
Toute chose t'égaie, et rien ne t'inquiète.
En bonne foi, crois-tu, sans t'éblouir les yeux,
Avoir de grands sujets de paroître joyeux?
ACASTE.
Parbleu! je ne vois pas, lorsque je m'examine,
Où prendre aucun sujet d'avoir l'ame chagrine.
J'ai du bien, je suis jeune, et sors d'une maison
Qui se peut dire noble avec quelque raison;
Et je crois, par le rang que me donne ma race,
Qu'il est fort peu d'emplois dont je ne sois en passe.
Pour le cœur, dont surtout nous devons faire cas,
On sait, sans vanité, que je n'en manque pas;
Et l'on m'a vu pousser dans le monde une affaire
D'une assez vigoureuse et gaillarde manière.
Pour de l'esprit, j'en ai, sans doute, et du bon goût,
A juger sans étude et raisonner de tout,
A faire aux nouveautés, dont je suis idolâtre,

ACTE III, SCÈNE I.

Figure de savant sur les bancs du théâtre[1];
Y décider en chef, et faire du fracas
A tous les beaux endroits qui méritent des has!
Je suis assez adroit; j'ai bon air, bonne mine,
Les dents belles surtout, et la taille fort fine.
Quant à se mettre bien, je crois, sans me flatter,
Qu'on seroit mal venu de me le disputer.
Je me vois dans l'estime autant qu'on y puisse être,
Fort aimé du beau sexe, et bien auprès du maître.
Je crois qu'avec cela, mon cher marquis, je croi
Qu'on peut, par tous pays, être content de soi.

CLITANDRE.

Oui, mais trouvant ailleurs des conquêtes faciles,
Pourquoi pousser ici des soupirs inutiles?

ACASTE.

Moi? Parbleu! je ne suis de taille ni d'humeur
A pouvoir d'une belle essuyer la froideur.
C'est aux gens mal tournés, aux mérites vulgaires,
A brûler constamment pour des beautés sévères,
A languir à leurs pieds et souffrir leurs rigueurs,
A chercher le secours des soupirs et des pleurs,
Et tâcher, par des soins d'une très longue suite,
D'obtenir ce qu'on nie à leur peu de mérite.
Mais les gens de mon air, marquis, ne sont pas faits
Pour aimer à crédit, et faire tous les frais.
Quelque rare que soit le mérite des belles,

---

[1] Il y avoit autrefois pour les spectateurs des bancs sur le théâtre; ce qui nuisoit à l'illusion. En 1759, M. de Lauraguais engagea les comédiens à les supprimer, et se chargea de tous les frais qui furent la suite de cette suppression.

Je pense, Dieu merci, qu'on vaut son prix comme elles ;
Que, pour se faire honneur d'un cœur comme le mien,
Ce n'est pas la raison qui ne leur coûte rien ;
Et qu'au moins, à tout mettre en de justes balances,
Il faut qu'à frais communs se fassent les avances.

CLITANDRE.

Tu penses donc, marquis, être fort bien ici?

ACASTE.

J'ai quelque lieu, marquis, de le penser ainsi.

CLITANDRE.

Crois-moi, détache-toi de cette erreur extrême :
Tu te flattes, mon cher, et t'aveugles toi-même.

ACASTE.

Il est vrai, je me flatte, et m'aveugle en effet.

CLITANDRE.

Mais qui te fait juger ton bonheur si parfait?

ACASTE.

Je me flatte.

CLITANDRE.

  Sur quoi fonder tes conjectures?

ACASTE.

Je m'aveugle.

CLITANDRE.

  En as-tu des preuves qui soient sûres?

ACASTE.

Je m'abuse, te dis-je.

CLITANDRE.

   Est-ce que de ses vœux
Célimène t'a fait quelques secrets aveux?

ACASTE.

Non, je suis maltraité.

ACTE III, SCÈNE II.

CLITANDRE.
Réponds-moi, je te prie.

ACASTE.
Je n'ai que des rebuts.

CLITANDRE.
Laissons la raillerie,
Et me dis quel espoir on peut t'avoir donné.

ACASTE.
Je suis le misérable, et toi le fortuné ;
On a pour ma personne une aversion grande,
Et, quelqu'un de ces jours, il faut que je me pende.

CLITANDRE.
Oh çà, veux-tu, marquis, pour ajuster nos vœux,
Que nous tombions d'accord d'une chose tous deux ?
Que qui pourra montrer une marque certaine
D'avoir meilleure part au cœur de Célimène,
L'autre ici fera place au vainqueur prétendu,
Et le délivrera d'un rival assidu ?

ACASTE.
Ah, parbleu ! tu me plais avec un tel langage,
Et, du bon de mon cœur, à cela je m'engage.
Mais, chut !

SCÈNE II.

CÉLIMÈNE, ACASTE, CLITANDRE.

CÉLIMÈNE.
Encore ici ?

CLITANDRE.
L'amour retient nos pas.

CÉLIMÈNE.

Je viens d'ouïr entrer un carrosse là-bas.
Savez-vous qui c'est?

CLITANDRE.
Non.

SCÈNE III.

CÉLIMÈNE, ACASTE, CLITANDRE, BASQUE.

BASQUE.
Arsinoé, madame,
Monte ici pour vous voir.

CÉLIMÈNE.
Que me veut cette femme?

BASQUE.
Éliante là-bas est à l'entretenir.

CÉLIMÈNE.
De quoi s'avise-t-elle, et qui la fait venir?

ACASTE.
Pour prude consommée en tous lieux elle passe;
Et l'ardeur de son zèle...

CÉLIMÈNE.
Oui, oui, franche grimace!
Dans l'âme elle est du monde, et ses soins tentent tout
Pour accrocher quelqu'un sans en venir à bout.
Elle ne sauroit voir qu'avec un œil d'envie
Les amants déclarés dont une autre est suivie;
Et son triste mérite, abandonné de tous,
Contre le siècle aveugle est toujours en courroux.
Elle tâche à couvrir d'un faux voile de prude

Ce que chez elle on voit d'affreuse solitude ;
Et, pour sauver l'honneur de ses foibles appas,
Elle attache du crime au pouvoir qu'ils n'ont pas.
Cependant un amant plairoit fort à la dame ;
Et même, pour Alceste, elle a tendresse d'ame.
Ce qu'il me rend de soins outrage ses attraits,
Elle veut que ce soit un vol que je lui fais ;
Et son jaloux dépit, qu'avec peine elle cache,
En tous endroits, sous main, contre moi se détache.
Enfin je n'ai rien vu de si sot, à mon gré ;
Elle est impertinente au suprême degré,
Et...

SCÈNE IV.

ARSINOÉ, CÉLIMÈNE, CLITANDRE, ACASTE.

CÉLIMÈNE.

Ah ! quel heureux sort en ce lieu vous amène,
Madame ? sans mentir, j'étois de vous en peine.

ARSINOÉ.

Je viens pour quelque avis que j'ai cru vous devoir.

CÉLIMÈNE.

Ah, mon dieu ! que je suis contente de vous voir !
(*Clitandre et Acaste sortent en riant.*)

SCÈNE V.

ARSINOÉ, CÉLIMÈNE.

ARSINOÉ.

Leur départ ne pouvoit plus à propos se faire.

CÉLIMÈNE.

Voulons-nous nous asseoir?

ARSINOÉ.

Il n'est pas nécessaire.
Madame, l'amitié doit surtout éclater
Aux choses qui le plus nous peuvent importer:
Et comme il n'en est point de plus grande importance
Que celles de l'honneur et de la bienséance,
Je viens, par un avis qui touche votre honneur,
Témoigner l'amitié que pour vous a mon cœur.
Hier j'étois chez des gens de vertu singulière,
Où sur vous du discours on tourna la matière;
Et là, votre conduite, avec ses grands éclats,
Madame, eut le malheur qu'on ne la loua pas.
Cette foule de gens dont vous souffrez visite,
Votre galanterie, et les bruits qu'elle excite,
Trouvèrent des censeurs plus qu'il n'auroit fallu,
Et bien plus rigoureux que je n'eusse voulu.
Vous pouvez bien penser quel parti je sus prendre :
Je fis ce que je pus pour vous pouvoir défendre;
Je vous excusai fort sur votre intention,
Et voulus de votre ame être la caution.
Mais vous savez qu'il est des choses dans la vie
Qu'on ne peut excuser, quoiqu'on en ait envie;
Et je me vis contrainte à demeurer d'accord
Que l'air dont vous viviez vous faisoit un peu tort,
Qu'il prenoit dans le monde une méchante face,
Qu'il n'est conte fâcheux que partout on n'en fasse;
Et que, si vous vouliez, tous vos déportements
Pourroient moins donner prise aux mauvais jugements.

Non que j'y croie au fond l'honnêteté blessée :
Me préserve le ciel d'en avoir la pensée!
Mais aux ombres du crime on prête aisément foi,
Et ce n'est pas assez de bien vivre pour soi.
Madame, je vous crois l'ame trop raisonnable
Pour ne pas prendre bien cet avis profitable,
Et pour l'attribuer qu'aux mouvements secrets
D'un zèle qui m'attache à tous vos intérêts.

CÉLIMÈNE.

Madame, j'ai beaucoup de graces à vous rendre.
Un tel avis m'oblige; et, loin de le mal prendre,
J'en prétends reconnoître à l'instant la faveur
Par un avis aussi qui touche votre honneur;
Et comme je vous vois vous montrer mon amie
En m'apprenant les bruits que de moi l'on publie,
Je veux suivre à mon tour un exemple si doux
En vous avertissant de ce qu'on dit de vous.

En un lieu, l'autre jour, où je faisois visite,
Je trouvai quelques gens d'un très rare mérite,
Qui, parlant des vrais soins d'une ame qui vit bien,
Firent tomber sur vous, madame, l'entretien.
Là, votre pruderie et vos éclats de zèle
Ne furent pas cités comme un fort bon modèle;
Cette affectation d'un grave extérieur,
Vos discours éternels de sagesse et d'honneur,
Vos mines et vos cris aux ombres d'indécence
Que d'un mot ambigu peut avoir l'innocence,
Cette hauteur d'estime où vous êtes de vous,
Et ces yeux de pitié que vous jetez sur tous,
Vos fréquentes leçons et vos aigres censures

Sur des choses qui sont innocentes et pures;
Tout cela, si je puis vous parler franchement,
Madame, fut blâmé d'un commun sentiment.
« A quoi bon, disoient-ils, cette mine modeste,
« Et ce sage dehors que dément tout le reste?
« Elle est à bien prier exacte au dernier point!
« Mais elle bat ses gens, et ne les paye point.
« Dans tous les lieux dévots elle étale un grand zèle;
« Mais elle met du blanc, et veut paroître belle.
« Elle fait des tableaux couvrir les nudités;
« Mais elle a de l'amour pour les réalités. »
Pour moi, contre chacun je pris votre défense,
Et leur assurai fort que c'étoit médisance :
Mais tous les sentiments combattirent le mien,
Et leur conclusion fut que vous feriez bien
De prendre moins de soin des actions des autres,
Et de vous mettre un peu plus en peine des vôtres;
Qu'on doit se regarder soi-même un fort long temps
Avant que de songer à condamner les gens;
Qu'il faut mettre le poids d'une vie exemplaire
Dans les corrections qu'aux autres on veut faire;
Et qu'encor vaut-il mieux s'en remettre, au besoin,
A ceux à qui le ciel en a commis le soin.
Madame, je vous crois aussi trop raisonnable
Pour ne pas prendre bien cet avis profitable,
Et pour l'attribuer qu'aux mouvements secrets
D'un zèle qui m'attache à tous vos intérêts.

ARSINOÉ.

A quoi qu'en reprenant on soit assujettie,
Je ne m'attendois pas à cette repartie,

ACTE III, SCÈNE V.

Madame; et je vois bien, par ce qu'elle a d'aigreur,
Que mon sincère avis vous a blessée au cœur.

CÉLIMÈNE.

Au contraire, madame; et, si l'on étoit sage,
Ces avis mutuels seroient mis en usage.
On détruiroit par là, traitant de bonne foi,
Ce grand aveuglement où chacun est pour soi.
Il ne tiendra qu'à vous qu'avec le même zèle
Nous ne continuions cet office fidèle,
Et ne prenions grand soin de nous dire entre nous
Ce que nous entendrons, vous de moi, moi de vous.

ARSINOÉ.

Ah, madame! de vous je ne puis rien entendre;
C'est en moi que l'on peut trouver fort à reprendre.

CÉLIMÈNE.

Madame, on peut, je crois, louer et blâmer tout;
Et chacun a raison, suivant l'âge ou le goût.
Il est une saison pour la galanterie,
Il en est une aussi propre à la pruderie.
On peut, par politique, en prendre le parti,
Quand de nos jeunes ans l'éclat est amorti.
Cela sert à couvrir de fâcheuses disgraces.
Je ne dis pas qu'un jour je ne suive vos traces :
L'âge amènera tout; et ce n'est pas le temps,
Madame, comme on sait, d'être prude à vingt ans.

ARSINOÉ.

Certes, vous vous targuez d'un bien foible avantage,
Et vous faites sonner terriblement votre âge.
Ce que de plus que vous on en pourroit avoir
N'est pas un si grand cas pour s'en tant prévaloir;

Et je ne sais pourquoi votre ame ainsi s'emporte,
Madame, à me pousser de cette étrange sorte.

CÉLIMÈNE.

Et moi, je ne sais pas, madame, aussi pourquoi
On vous voit en tous lieux vous déchaîner sur moi.
Faut-il de vos chagrins sans cesse à moi vous prendre?
Et puis-je mais des soins qu'on ne va pas vous rendre?
Si ma personne aux gens inspire de l'amour,
Et si l'on continue à m'offrir chaque jour
Des vœux que votre cœur peut souhaiter qu'on m'ôte,
Je n'y saurois que faire, et ce n'est pas ma faute;
Vous avez le champ libre, et je n'empêche pas
Que, pour les attirer, vous n'ayez des appas.

ARSINOÉ.

Hélas! et croyez-vous que l'on se mette en peine
De ce nombre d'amants dont vous faites la vaine,
Et qu'il ne nous soit pas fort aisé de juger
A quel prix aujourd'hui l'on peut les engager?
Pensez-vous faire croire, à voir comme tout roule,
Que votre seul mérite attire cette foule,
Qu'ils ne brûlent pour vous que d'un honnête amour,
Et que pour vos vertus ils vous font tous la cour?
On ne s'aveugle pas par de vaines défaites;
Le monde n'est point dupe; et j'en vois qui sont faites
A pouvoir inspirer de tendres sentiments,
Qui chez elles pourtant ne fixent point d'amants :
Et de là nous pouvons tirer des conséquences [ces;
Qu'on n'acquiert point leurs cœurs sans de grandes avan-
Qu'aucun pour nos beaux yeux n'est notre soupirant,
Et qu'il faut acheter tous les soins qu'on nous rend.

ACTE III, SCÈNE VI.

Ne vous enflez donc point d'une si grande gloire
Pour les petits brillants d'une foible victoire,
Et corrigez un peu l'orgueil de vos appas,
De traiter pour cela les gens de haut en bas.
Si nos yeux envioient les conquêtes des vôtres,
Je pense qu'on pourroit faire comme les autres,
Ne se point ménager, et vous faire bien voir
Que l'on a des amants quand on en veut avoir.

CÉLIMÈNE.

Ayez-en donc, madame, et voyons cette affaire;
Par ce rare secret efforcez-vous de plaire;
Et sans...

ARSINOÉ.

Brisons, madame, un pareil entretien;
Il pousseroit trop loin votre esprit et le mien;
Et j'aurois pris déja le congé qu'il faut prendre,
Si mon carrosse encor ne m'obligeoit d'attendre.

CÉLIMÈNE.

Autant qu'il vous plaira vous pouvez arrêter,
Madame, et là dessus rien ne doit vous hâter.
Mais, sans vous fatiguer de ma cérémonie,
Je m'en vais vous donner meilleure compagnie;
Et monsieur, qu'à propos le hasard fait venir,
Remplira mieux ma place à vous entretenir.

SCÈNE VI.

ALCESTE, CÉLIMÈNE, ARSINOÉ.

CÉLIMÈNE.

Alceste, il faut que j'aille écrire un mot de lettre,

Que, sans me faire tort, je ne saurois remettre.
Soyez avec madame : elle aura la bonté
D'excuser aisément mon incivilité.

SCÈNE VII.

ALCESTE, ARSINOÉ.

ARSINOÉ.
Vous voyez, elle veut que je vous entretienne,
Attendant un moment que mon carrosse vienne;
Et jamais tous ses soins ne pouvoient m'offrir rien
Qui me fût plus charmant qu'un pareil entretien.
En vérité, les gens d'un mérite sublime
Entraînent de chacun et l'amour et l'estime;
Et le vôtre, sans doute, a des charmes secrets
Qui font entrer mon cœur dans tous vos intérêts.
Je voudrois que la cour, par un regard propice,
A ce que vous valez rendît plus de justice.
Vous avez à vous plaindre; et je suis en courroux
Quand je vois chaque jour qu'on ne fait rien pour vous.

ALCESTE.
Moi, madame! et sur quoi pourrois-je en rien prétendre?
Quel service à l'état est-ce qu'on m'a vu rendre?
Qu'ai-je fait, s'il vous plaît, de si brillant de soi,
Pour me plaindre à la cour qu'on ne fait rien pour moi?

ARSINOÉ.
Tous ceux sur qui la cour jette des yeux propices
N'ont pas toujours rendu de ces fameux services.
Il faut l'occasion ainsi que le pouvoir :

ACTE III, SCÈNE VII.

Et le mérite, enfin, que vous nous faites voir
Devroit...

ALCESTE.

Mon dieu! laissons mon mérite, de grace;
De quoi voulez-vous là que la cour s'embarrasse?
Elle auroit fort à faire, et ses soins seroient grands
D'avoir à déterrer le mérite des gens.

ARSINOÉ.

Un mérite éclatant se déterre lui-même.
Du vôtre, en bien des lieux, on fait un cas extrême;
Et vous saurez de moi qu'en deux forts bons endroits
Vous fûtes hier loué par des gens d'un grand poids.

ALCESTE.

Hé, madame! l'on loue aujourd'hui tout le monde,
Et le siècle par là n'a rien qu'on ne confonde.
Tout est d'un grand mérite également doué;
Ce n'est plus un honneur que de se voir loué:
D'éloges on regorge, à la tête on les jette,
Et mon valet de chambre est mis dans la gazette.

ARSINOÉ.

Pour moi, je voudrois bien que, pour vous montrer
Une charge à la cour vous pût frapper les yeux. [mieux,
Pour peu que d'y songer vous nous fassiez les mines,
On peut, pour vous servir, remuer des machines;
Et j'ai des gens en main, que j'emploierai pour vous,
Qui vous feront à tout un chemin assez doux.

ALCESTE.

Et que voudriez-vous, madame, que j'y fisse?
L'humeur dont je me sens veut que je m'en bannisse;
Le ciel ne m'a point fait, en me donnant le jour,

Une ame compatible avec l'air de la cour.
Je ne me trouve point les vertus nécessaires
Pour y bien réussir et faire mes affaires :
Être franc et sincère est mon plus grand talent :
Je ne sais point jouer les hommes en parlant ;
Et qui n'a pas le don de cacher ce qu'il pense
Doit faire en ce pays fort peu de résidence.
Hors de la cour, sans doute, on n'a pas cet appui
Et ces titres d'honneur qu'elle donne aujourd'hui ;
Mais on n'a pas aussi, perdant ces avantages,
Le chagrin de jouer de fort sots personnages ;
On n'a point à souffrir mille rebuts cruels ;
On n'a point à louer les vers de messieurs tels,
A donner de l'encens à madame une telle,
Et de nos francs marquis essuyer la cervelle.

ARSINOÉ.

Laissons, puisqu'il vous plaît, ce chapitre de cour :
Mais il faut que mon cœur vous plaigne en votre amour ;
Et, pour vous découvrir là dessus mes pensées,
Je souhaiterois fort vos ardeurs mieux placées.
Vous méritez sans doute un sort beaucoup plus doux,
Et celle qui vous charme est indigne de vous.

ALCESTE.

Mais, en disant cela, songez-vous, je vous prie,
Que cette personne est, madame, votre amie ?

ARSINOÉ.

Oui ; mais ma conscience est blessée en effet
De souffrir plus long-temps le tort que l'on vous fait.
L'état où je vous vois afflige trop mon ame,
Et je vous donne avis qu'on trahit votre flamme.

ALCESTE.

C'est me montrer, madame, un tendre mouvement;
Et de pareils avis obligent un amant.

ARSINOÉ.

Oui, toute mon amie, elle est, et je la nomme,
Indigne d'asservir le cœur d'un galant homme;
Et le sien n'a pour vous que de feintes douceurs.

ALCESTE.

Cela se peut, madame; on ne voit pas les cœurs;
Mais votre charité se seroit bien passée
De jeter dans le mien une telle pensée.

ARSINOÉ.

Si vous ne voulez pas être désabusé,
Il faut ne vous rien dire; il est assez aisé.

ALCESTE.

Non; mais sur ce sujet, quoi que l'on nous expose,
Les doutes sont fâcheux plus que toute autre chose;
Et je voudrois, pour moi, qu'on ne me fît savoir
Que ce qu'avec clarté l'on peut me faire voir.

ARSINOÉ.

Hé bien, c'est assez dit; et sur cette matière
Vous allez recevoir une pleine lumière.
Oui, je veux que de tout vos yeux vous fassent foi.
Donnez-moi seulement la main jusque chez moi;
Là, je vous ferai voir une preuve fidèle
De l'infidélité du cœur de votre belle;
Et si pour d'autres yeux le vôtre peut brûler,
On pourra vous offrir de quoi vous consoler.

FIN DU TROISIÈME ACTE.

ACTE QUATRIÈME.

SCÈNE I.

ÉLIANTE, PHILINTE.

PHILINTE.

Non, l'on n'a point vu d'ame à manier si dure,
Ni d'accommodement plus pénible à conclure :
En vain de tous côtés on l'a voulu tourner,
Hors de son sentiment on n'a pu l'entraîner ;
Et jamais différent si bizarre, je pense,
N'avoit de ces messieurs occupé la prudence.
« Non, messieurs, disoit-il, je ne me dédis point,
« Et tomberai d'accord de tout, hors de ce point.
« De quoi s'offense-t-il, et que veut-il me dire ?
« Y va-t-il de sa gloire à ne pas bien écrire ?
« Que lui fait mon avis, qu'il a pris de travers ?
« On peut être honnête homme, et faire mal des vers :
« Ce n'est point à l'honneur que touchent ces matières.
« Je le tiens galant homme en toutes les manières,
« Homme de qualité, de mérite et de cœur,
« Tout ce qu'il vous plaira, mais fort méchant auteur.
« Je louerai, si l'on veut, son train et sa dépense,
« Son adresse à cheval, aux armes, à la danse :
« Mais, pour louer ses vers, je suis son serviteur ;
« Et lorsque d'en mieux faire on n'a pas le bonheur,
« On ne doit de rimer avoir aucune envie,

« Qu'on n'y soit condamné sur peine de la vie. »
Enfin toute la grace et l'accommodement
Où s'est avec effort plié son sentiment,
C'est de dire, croyant adoucir bien son style :
« Monsieur, je suis fâché d'être si difficile,
« Et pour l'amour de vous, je voudrois de bon cœur,
« Avoir trouvé tantôt votre sonnet meilleur. »
Et dans une embrassade on leur a, pour conclure,
Fait vite envelopper toute la procédure.

ÉLIANTE.

Dans ses façons d'agir il est fort singulier :
Mais j'en fais, je l'avoue, un cas particulier;
Et la sincérité dont son ame se pique
A quelque chose en soi de noble et d'héroïque.
C'est une vertu rare au siècle d'aujourd'hui,
Et je la voudrois voir partout comme chez lui.

PHILINTE.

Pour moi, plus je le vois, plus surtout je m'étonne
De cette passion où son cœur s'abandonne.
De l'humeur dont le ciel a voulu le former,
Je ne sais pas comment il s'avise d'aimer;
Et je sais moins encor comment votre cousine
Peut être la personne où son penchant l'incline.

ÉLIANTE.

Cela fait assez voir que l'amour, dans les cœurs,
N'est pas toujours produit par un rapport d'humeurs;
Et toutes ces raisons de douces sympathies,
Dans cet exemple-ci, se trouvent démenties.

PHILINTE. [voir?

Mais croyez-vous qu'on l'aime, aux choses qu'on peut

ÉLIANTE.

C'est un point qu'il n'est pas fort aisé de savoir.
Comment pouvoir juger s'il est vrai qu'elle l'aime?
Son cœur de ce qu'il sent n'est pas bien sûr lui-même;
Il aime quelquefois sans qu'il le sache bien,
Et croit aimer aussi, parfois, qu'il n'en est rien

PHILINTE.

Je crois que notre ami, près de cette cousine,
Trouvera des chagrins plus qu'il ne s'imagine;
Et, s'il avoit mon cœur, à dire vérité,
Il tourneroit ses vœux tout d'un autre côté;
Et par un choix plus juste, on le verroit, madame,
Profiter des bontés que lui montre votre ame.

ÉLIANTE.

Pour moi, je n'en fais point de façons; et je croi
Qu'on doit sur de tels points être de bonne foi.
Je ne m'oppose point à toute sa tendresse:
Au contraire, mon cœur pour elle s'intéresse;
Et si c'étoit qu'à moi la chose pût tenir,
Moi-même à ce qu'il aime on me verroit l'unir.
Mais si, dans un tel choix, comme tout se peut faire,
Son amour éprouvoit quelque destin contraire,
S'il falloit que d'un autre on couronnât les feux,
Je pourrois me résoudre à recevoir ses vœux;
Et le refus, souffert en pareille occurrence,
Ne m'y feroit trouver aucune répugnance.

PHILINTE.

Et moi, de mon côté, je ne m'oppose pas,
Madame, à ces bontés qu'ont pour lui vos appas;
Et lui-même, s'il veut, il peut bien vous instruire

De ce que là dessus j'ai pris soin de lui dire.
Mais si, par un hymen qui les joindroit eux deux,
Vous étiez hors d'état de recevoir ses vœux,
Tous les miens tenteroient la faveur éclatante
Qu'avec tant de bonté votre ame lui présente :
Heureux si, quand son cœur s'y pourra dérober,
Elle pouvoit sur moi, madame, retomber !

ÉLIANTE.

Vous vous divertissez, Philinte.

PHILINTE.

Non, madame,
Et je vous parle ici du meilleur de mon ame.
J'attends l'occasion de m'offrir hautement,
Et de tous mes souhaits j'en presse le moment.

SCÈNE II.

ALCESTE, ÉLIANTE, PHILINTE.

ALCESTE.

Ah ! faites-moi raison, madame, d'une offense
Qui vient de triompher de toute ma constance.

ÉLIANTE.

Qu'est-ce donc? qu'avez-vous qui vous puisse émouvoir?

ALCESTE.

J'ai ce que, sans mourir, je ne puis concevoir;
Et le déchaînement de toute la nature
Ne m'accableroit pas comme cette aventure.
C'en est fait... mon amour... je ne saurois parler.

ÉLIANTE.

Que votre esprit, un peu, tâche à se rappeler.

ALCESTE.
O juste ciel! faut-il qu'on joigne à tant de graces
Les vices odieux des ames les plus basses!
ÉLIANTE.
Mais encor, qui vous peut...
ALCESTE.
Ah! tout est ruiné;
Je suis, je suis trahi, je suis assassiné!
Célimène... eût-on pu croire cette nouvelle?
Célimène me trompe, et n'est qu'une infidèle.
ÉLIANTE.
Avez-vous, pour le croire, un juste fondement?
PHILINTE.
Peut-être est-ce un soupçon conçu légèrement;
Et votre esprit jaloux prend parfois des chimères...
ALCESTE.
Ah, morbleu! mêlez-vous, monsieur, de vos affaires.
(*à Éliante.*)
C'est de sa trahison n'être que trop certain
Que l'avoir, dans ma poche, écrite de sa main.
Oui, madame, une lettre écrite pour Oronte
A produit à mes yeux ma disgrace et sa honte;
Oronte, dont j'ai cru qu'elle fuyoit les soins,
Et que de mes rivaux je redoutois le moins!
PHILINTE.
Une lettre peut bien tromper par l'apparence,
Et n'est pas quelquefois si coupable qu'on pense.
ALCESTE.
Monsieur, encore un coup, laissez-moi, s'il vous plaît,
Et ne prenez souci que de votre intérêt.

ACTE IV, SCÈNE II.

ÉLIANTE.

Vous devez modérer vos transports : et l'outrage...

ALCESTE.

Madame, c'est à vous qu'appartient cet ouvrage;
C'est à vous que mon cœur a recours aujourd'hui
Pour pouvoir s'affranchir de son cuisant ennui.
Vengez-moi d'une ingrate et perfide parente
Qui trahit lâchement une ardeur si constante;
Vengez-moi de ce trait qui doit vous faire horreur.

ÉLIANTE.

Moi, vous venger ! comment ?

ALCESTE.

      En recevant mon cœur.
Acceptez-le, madame, au lieu de l'infidèle :
C'est par là que je puis prendre vengeance d'elle,
Et je la veux punir par les sincères vœux,
Par le profond amour, les soins respectueux,
Les devoirs empressés et l'assidu service,
Dont ce cœur va vous faire un ardent sacrifice.

ÉLIANTE.

Je compatis, sans doute, à ce que vous souffrez,
Et ne méprise point le cœur que vous m'offrez;
Mais peut-être le mal n'est pas si grand qu'on pense,
Et vous pourrez quitter ce désir de vengeance.
Lorsque l'injure part d'un objet plein d'appas,
On fait force desseins qu'on n'exécute pas;
On a beau voir, pour rompre, une raison puissante,
Une coupable aimée est bientôt innocente :
Tout le mal qu'on lui veut se dissipe aisément,
Et l'on sait ce que c'est qu'un courroux d'un amant.

ALCESTE.

Non, non, madame, non; l'offense est trop mortelle;
Il n'est point de retour, et je romps avec elle :
Rien ne sauroit changer le dessein que j'en fais,
Et je me punirois de l'estimer jamais.
La voici. Mon courroux redouble à cette approche.
Je vais de sa noirceur lui faire un vif reproche,
Pleinement la confondre, et vous porter après
Un cœur tout dégagé de ses trompeurs attraits.

SCÈNE III.

CÉLIMÈNE, ALCESTE.

ALCESTE, *à part.*

O ciel! de mes transports puis-je être ici le maître?

CÉLIMÈNE.

(*à part.*) (*à Alceste.*)
Ouais! quel est donc le trouble où je vous vois paroître?
Et que me veulent dire et ces soupirs poussés,
Et ces sombres regards que sur moi vous lancez?

ALCESTE.

Que toutes les horreurs dont une ame est capable
A vos déloyautés n'ont rien de comparable;
Que le sort, les démons, et le ciel en courroux,
N'ont jamais rien produit de si méchant que vous.

CÉLIMÈNE.

Voilà certainement des douceurs que j'admire.

ALCESTE.

Ah! ne plaisantez point; il n'est pas temps de rire :

ACTE IV, SCÈNE III.

Rougissez bien plutôt, vous en avez raison;
Et j'ai de sûrs témoins de votre trahison.
Voilà ce que marquoient les troubles de mon ame :
Ce n'étoit pas en vain que s'alarmoit ma flamme.
Par ces fréquents soupçons qu'on trouvoit odieux,
Je cherchois le malheur qu'ont rencontré mes yeux;
Et malgré tous vos soins et votre adresse à feindre,
Mon astre me disoit ce que j'avois à craindre.
Mais ne présumez pas que, sans être vengé,
Je souffre le dépit de me voir outragé.
Je sais que sur les vœux on n'a point de puissance,
Que l'amour veut partout naître sans dépendance,
Que jamais par la force on n'entra dans un cœur,
Et que toute ame est libre à nommer son vainqueur :
Aussi ne trouverois-je aucun sujet de plainte,
Si pour moi votre bouche avoit parlé sans feinte;
Et, rejetant mes vœux dès le premier abord,
Mon cœur n'auroit eu droit de s'en prendre qu'au sort.
Mais d'un aveu trompeur voir ma flamme applaudie,
C'est une trahison, c'est une perfidie,
Qui ne sauroit trouver de trop grands châtiments;
Et je puis tout permettre à mes ressentiments.
Oui, oui, redoutez tout après un tel outrage;
Je ne suis plus à moi, je suis tout à la rage;
Percé d'un coup mortel dont vous m'assassinez,
Mes sens par la raison ne sont plus gouvernés;
Je cède aux mouvements d'une juste colère,
Et je ne réponds pas de ce que je puis faire.

CÉLIMÈNE.

D'où vient donc, je vous prie, un tel emportement?

Avez-vous, dites-moi, perdu le jugement?

ALCESTE.

Oui, oui, je l'ai perdu, lorsque dans votre vue
J'ai pris, pour mon malheur, le poison qui me tue,
Et que j'ai cru trouver quelque sincérité
Dans les traîtres appas dont je fus enchanté.

CÉLIMÈNE.

De quelle trahison pouvez-vous donc vous plaindre?

ALCESTE.

Ah, que ce cœur est double, et sait bien l'art de feindre!
Mais, pour le mettre à bout, j'ai des moyens tout prêts.
Jetez ici les yeux, et connoissez vos traits;
Ce billet découvert suffit pour vous confondre,
Et, contre ce témoin, on n'a rien à répondre.

CÉLIMÈNE.

Voilà donc le sujet qui vous trouble l'esprit?

ALCESTE.

Vous ne rougissez pas en voyant cet écrit!

CÉLIMÈNE.

Et par quelle raison faut-il que j'en rougisse?

ALCESTE.

Quoi, vous joignez ici l'audace à l'artifice!
Le désavouerez-vous pour n'avoir point de seing?

CÉLIMÈNE.

Pourquoi désavouer un billet de ma main?

ALCESTE.

Et vous pouvez le voir sans demeurer confuse
Du crime dont vers moi son style vous accuse!

CÉLIMÈNE.

Vous êtes, sans mentir, un grand extravagant!

ALCESTE.

Quoi, vous bravez ainsi ce témoin convaincant !
Et ce qu'il m'a fait voir de douceur pour Oronte
N'a donc rien qui m'outrage et qui vous fasse honte ?

CÉLIMÈNE.

Oronte ! qui vous dit que la lettre est pour lui ?

ALCESTE.

Les gens qui dans mes mains l'ont remise aujourd'hui.
Mais je veux consentir qu'elle soit pour un autre,
Mon cœur en a-t-il moins à se plaindre du vôtre ?
En serez-vous vers moi moins coupable en effet ?

CÉLIMÈNE.

Mais si c'est une femme à qui va ce billet,
En quoi vous blesse-t-il, et qu'a-t-il de coupable ?

ALCESTE.

Ah, le détour est bon, et l'excuse admirable !
Je ne m'attendois pas, je l'avoue, à ce trait,
Et me voilà par là convaincu tout-à-fait.
Osez-vous recourir à ces ruses grossières ?
Et croyez-vous les gens si privés de lumières ?
Voyons, voyons un peu par quel biais, de quel air
Vous voulez soutenir un mensonge si clair ;
Et comment vous pourrez tourner pour une femme
Tous les mots d'un billet qui montre tant de flamme.
Ajustez, pour couvrir un manquement de foi,
Ce que je m'en vais lire...

CÉLIMÈNE.

Il ne me plaît pas, moi.
Je vous trouve plaisant d'user d'un tel empire,
Et de me dire au nez ce que vous m'osez dire.

ALCESTE.

Non, non, sans s'emporter, prenez un peu souci
De me justifier les termes que voici.

CÉLIMÈNE.

Non, je n'en veux rien faire; et, dans cette occurrence,
Tout ce que vous croirez m'est de peu d'importance.

ALCESTE.

De grace, montrez-moi, je serai satisfait,
Qu'on peut pour une femme expliquer ce billet.

CÉLIMÈNE.

Non, il est pour Oronte; et je veux qu'on le croie.
Je reçois tous ses soins avec beaucoup de joie,
J'admire ce qu'il dit, j'estime ce qu'il est,
Et je tombe d'accord de tout ce qu'il vous plaît.
Faites, prenez parti, que rien ne vous arrête,
Et ne me rompez pas davantage la tête.

ALCESTE, *à part.*

Ciel! rien de plus cruel peut-il être inventé?
Et jamais cœur fut-il de la sorte traité?
Quoi, d'un juste courroux je suis ému contre elle,
C'est moi qui me viens plaindre; et c'est moi qu'on que-
On pousse ma douleur et mes soupçons à bout; [relle!
On me laisse tout croire; on fait gloire de tout :
Et cependant mon cœur est encore assez lâche
Pour ne pouvoir briser la chaîne qui l'attache
Et pour ne pas s'armer d'un généreux mépris
Contre l'ingrat objet dont il est trop épris!

(*à Célimène.*)

Ah! que vous savez bien ici contre moi-même,
Perfide, vous servir de ma foiblesse extrême,

Et ménager pour vous l'excès prodigieux
De ce fatal amour né de vos traîtres yeux!
Défendez-vous au moins d'un crime qui m'accable,
Et cessez d'affecter d'être envers moi coupable.
Rendez-moi, s'il se peut, ce billet innocent;
A vous prêter les mains ma tendresse consent:
Efforcez-vous ici de paroître fidèle,
Et je m'efforcerai, moi, de vous croire telle.

CÉLIMÈNE.

Allez, vous êtes fou dans vos transports jaloux,
Et ne méritez pas l'amour qu'on a pour vous.
Je voudrois bien savoir qui pourroit me contraindre
A descendre pour vous aux bassesses de feindre;
Et pourquoi, si mon cœur penchoit d'autre côté,
Je ne le dirois pas avec sincérité!
Quoi! de mes sentiments l'obligeante assurance
Contre tous vos soupçons ne prend pas ma défense?
Auprès d'un tel garant sont-ils de quelque poids?
N'est-ce pas m'outrager que d'écouter leur voix?
Et puisque notre cœur fait un effort extrême
Lorsqu'il peut se résoudre à confesser qu'il aime,
Puisque l'honneur du sexe, ennemi de nos feux,
S'oppose fortement à de pareils aveux,
L'amant qui voit pour lui franchir un tel obstacle
Doit-il impunément douter de cet oracle?
Et n'est-il pas coupable en ne s'assurant pas
A ce qu'on ne dit point qu'après de grands combats?
Allez, de tels soupçons méritent ma colère,
Et vous ne valez pas que l'on vous considère.
Je suis sotte, et veux mal à ma simplicité

De conserver encor pour vous quelque bonté ;
Je devrois autre part attacher mon estime,
Et vous faire un sujet de plainte légitime.
ALCESTE.
Ah, traîtresse ! mon foible est étrange pour vous ;
Vous me trompez, sans doute, avec des mots si doux
Mais il n'importe, il faut suivre ma destinée :
A votre foi mon ame est tout abandonnée ;
Je veux voir jusqu'au bout quel sera votre cœur,
Et si de me trahir il aura la noirceur.
CÉLIMÈNE.
Non, vous ne m'aimez point comme il faut que l'on aime.
ALCESTE.
Ah ! rien n'est comparable à mon amour extrême ;
Et dans l'ardeur qu'il a de se montrer à tous,
Il va jusqu'à former des souhaits contre vous.
Oui, je voudrois qu'aucun ne vous trouvât aimable ;
Que vous fussiez réduite en un sort misérable ;
Que le ciel, en naissant, ne vous eût donné rien ;
Que vous n'eussiez ni rang, ni naissance, ni bien,
Afin que de mon cœur l'éclatant sacrifice
Vous pût d'un pareil sort réparer l'injustice,
Et que j'eusse la joie et la gloire en ce jour
De vous voir tenir tout des mains de mon amour.
CÉLIMÈNE.
C'est me vouloir du bien d'une étrange manière !
Me préserve le ciel que vous ayez matière...
Voici monsieur Dubois plaisamment figuré.

SCÈNE IV.

CÉLIMÈNE, ALCESTE, DUBOIS.

ALCESTE.

Que veut cet équipage et cet air effaré?
Qu'as-tu?

DUBOIS.

Monsieur...

ALCESTE.

Hé bien?

DUBOIS.

Voici bien des mystères.

ALCESTE.

Qu'est-ce?

DUBOIS.

Nous sommes mal, monsieur, dans nos affaires.

ALCESTE.

Quoi?

DUBOIS.

Parlerai-je haut?

ALCESTE.

Oui, parle, et promptement.

DUBOIS.

N'est-il point là quelqu'un?

ALCESTE.

Ah, que d'amusement!
Veux-tu parler?

DUBOIS.

Monsieur, il faut faire retraite.

ALCESTE.

Comment?

DUBOIS.

Il faut d'ici déloger sans trompette.

ALCESTE.

Et pourquoi?

DUBOIS.

Je vous dis qu'il faut quitter ce lieu.

ALCESTE.

La cause?

DUBOIS.

Il faut partir, monsieur, sans dire adieu.

ALCESTE.

Mais par quelle raison me tiens-tu ce langage?

DUBOIS.

Par la raison, monsieur, qu'il faut plier bagage.

ALCESTE.

Ah! je te casserai la tête assurément,
Si tu ne veux, maraud, t'expliquer autrement.

DUBOIS.

Monsieur, un homme noir et d'habit et de mine
Est venu nous laisser, jusque dans la cuisine,
Un papier griffonné d'une telle façon,
Qu'il faudroit pour le lire être pis que démon.
C'est de votre procès, je n'en fais aucun doute;
Mais le diable d'enfer, je crois, n'y verroit goutte.

ALCESTE.

Hé bien! quoi? ce papier, qu'a-t-il à démêler,
Traître, avec le départ dont tu viens me parler?

ACTE IV, SCÈNE IV.

DUBOIS.

C'est pour vous dire ici, monsieur, qu'une heure ensuite
Un homme, qui souvent vous vient rendre visite,
Est venu vous chercher avec empressement,
Et ne vous trouvant pas, m'a chargé doucement,
Sachant que je vous sers avec beaucoup de zèle,
De vous dire... Attendez, comme est-ce qu'il s'appelle?

ALCESTE.

Laisse là son nom, traître, et dis ce qu'il t'a dit.

DUBOIS.

C'est un de vos amis enfin, cela suffit.
Il m'a dit que d'ici votre péril vous chasse,
Et que d'être arrêté le sort vous y menace.

ALCESTE.

Mais quoi! n'a-t-il voulu te rien spécifier?

DUBOIS.

Non. Il m'a demandé de l'encre et du papier,
Et vous a fait un mot, où vous pourrez, je pense,
Du fond de ce mystère avoir la connoissance.

ALCESTE.

Donne-le donc.

CÉLIMÈNE.

Que peut envelopper ceci?

ALCESTE.

Je ne sais; mais j'aspire à m'en voir éclairci.
Auras-tu bientôt fait, impertinent au diable?

DUBOIS, *après avoir long-temps cherché le billet.*

Ma foi, je l'ai, monsieur, laissé sur votre table.

ALCESTE.

Je ne sais qui me tient...

CÉLIMÈNE.

     Ne vous emportez pas,
Et courez démêler un pareil embarras.

ALCESTE.

Il semble que le sort, quelque soin que je prenne,
Ait juré d'empêcher que je vous entretienne :
Mais pour en triompher, souffrez à mon amour
De vous revoir, madame, avant la fin du jour.

FIN DU QUATRIÈME ACTE.

ACTE CINQUIÈME.

SCÈNE I.
ALCESTE, PHILINTE.

ALCESTE.
La résolution en est prise, vous dis-je.
PHILINTE.
Mais, quel que soit ce coup, faut-il qu'il vous oblige...
ALCESTE.
Non, vous avez beau faire et beau me raisonner,
Rien de ce que je dis ne me peut détourner :
Trop de perversité règne au siècle où nous sommes,
Et je veux me tirer du commerce des hommes.
Quoi! contre ma partie on voit tout à la fois
L'honneur, la probité, la pudeur et les lois;
On publie en tous lieux l'équité de ma cause;
Sur la foi de mon droit mon ame se repose :
Cependant je me vois trompé par le succès,
J'ai pour moi la justice, et je perds mon procès!
Un traître, dont on sait la scandaleuse histoire,
Est sorti triomphant d'une fausseté noire!
Toute la bonne foi cède à sa trahison!
Il trouve, en m'égorgeant, moyen d'avoir raison!
Le poids de sa grimace, où brille l'artifice,
Renverse le bon droit, et tourne la justice!
Il fait par un arrêt couronner son forfait!

Et non content encor du tort que l'on me fait,
Il court parmi le monde un livre abominable,
Et de qui la lecture est même condamnable,
Un livre à mériter la dernière rigueur,
Dont le fourbe a le front de me faire l'auteur!
Et là dessus on voit Oronte qui murmure,
Et tâche méchamment d'appuyer l'imposture!
Lui, qui d'un honnête homme à la cour tient le rang,
A qui je n'ai rien fait qu'être sincère et franc,
Qui me vient, malgré moi, d'une ardeur empressée,
Sur des vers qu'il a faits demander ma pensée;
Et parce que j'en use avec honnêteté,
Et ne le veux trahir, lui ni la vérité,
Il aide à m'accabler d'un crime imaginaire!
Le voilà devenu mon plus grand adversaire!
Et jamais de son cœur je n'aurai le pardon,
Pour n'avoir pas trouvé que son sonnet fût bon!
Et les hommes, morbleu! sont faits de cette sorte!
C'est à ces actions que la gloire les porte!
Voilà la bonne foi, le zèle vertueux,
La justice et l'honneur que l'on trouve chez eux!
Allons, c'est trop souffrir les chagrins qu'on nous forge,
Tirons-nous de ce bois et de ce coupe-gorge.
Puisque entre humains ainsi vous vivez en vrais loups,
Traîtres, vous ne m'aurez de ma vie avec vous.

PHILINTE.

Je trouve un peu bien prompt le dessein où vous êtes;
Et tout le mal n'est pas si grand que vous le faites.
Ce que votre partie ose vous imputer
N'a point eu le crédit de vous faire arrêter;

On voit son faux rapport lui-même se détruire,
Et c'est une action qui pourroit bien lui nuire.

ALCESTE.

Lui ? de semblables tours il ne craint point l'éclat :
Il a permission d'être franc scélérat;
Et loin qu'à son crédit nuise cette aventure,
On l'en verra demain en meilleure posture.

PHILINTE.

Enfin il est constant qu'on n'a point trop donné
Au bruit que contre vous sa malice a tourné;
De ce côté déja vous n'avez rien à craindre :
Et pour votre procès, dont vous pouvez vous plaindre,
Il vous est en justice aisé d'y revenir,
Et contre cet arrêt...

ALCESTE.

Non, je veux m'y tenir.
Quelque sensible tort qu'un tel arrêt me fasse,
Je me garderai bien de vouloir qu'on le casse;
On y voit trop à plein le bon droit maltraité,
Et je veux qu'il demeure à la postérité,
Comme une marque insigne, un fameux témoignage
De la méchanceté des hommes de notre âge.
Ce sont vingt mille francs qu'il m'en pourra coûter;
Mais pour vingt mille francs j'aurai droit de pester
Contre l'iniquité de la nature humaine,
Et de nourrir pour elle une immortelle haine.

PHILINTE.

Mais enfin...

ALCESTE.

Mais enfin vos soins sont superflus.

Que pouvez-vous, monsieur, me dire là dessus?
Aurez-vous bien le front de me vouloir en face
Excuser les horreurs de tout ce qui se passe?

PHILINTE.

Non, je tombe d'accord de tout ce qu'il vous plaît :
Tout marche par cabale et par pur intérêt;
Ce n'est plus que la ruse aujourd'hui qui l'emporte,
Et les hommes devroient être faits d'autre sorte.
Mais est-ce une raison que leur peu d'équité,
Pour vouloir se tirer de leur société?
Tous ces défauts humains nous donnent, dans la vie,
Des moyens d'exercer notre philosophie;
C'est le plus bel emploi que trouve la vertu :
Et si de probité tout étoit revêtu,
Si tous les cœurs étoient francs, justes, et dociles,
La plupart des vertus nous seroient inutiles,
Puisqu'on en met l'usage à pouvoir sans ennui
Supporter dans nos droits l'injustice d'autrui;
Et de même qu'un cœur d'une vertu profonde...

ALCESTE.

Je sais que vous parlez, monsieur, le mieux du monde;
En beaux raisonnements vous abondez toujours;
Mais vous perdez le temps et tous vos beaux discours.
La raison, pour mon bien, veut que je me retire :
Je n'ai point sur ma langue un assez grand empire;
De ce que je dirois je ne répondrois pas,
Et je me jetterois cent choses sur les bras.
Laissez-moi, sans dispute, attendre Célimène.
Il faut qu'elle consente au dessein qui m'amène;
Je vais voir si son cœur a de l'amour pour moi;

Et c'est ce moment-ci qui doit m'en faire foi.
PHILINTE.
Montons chez Éliante, attendant sa venue.
ALCESTE.
Non; de trop de soucis je me sens l'ame émue.
Allez-vous-en la voir, et me laissez enfin
Dans ce petit coin sombre avec mon noir chagrin.
PHILINTE.
C'est une compagnie étrange pour attendre;
Et je vais obliger Éliante à descendre.

SCÈNE II.

CÉLIMÈNE, ORONTE, ALCESTE.

ORONTE.
Oui, c'est à vous de voir si, par des nœuds si doux,
Madame, vous voulez m'attacher tout à vous.
Il me faut de votre ame une pleine assurance :
Un amant là dessus n'aime point qu'on balance.
Si l'ardeur de mes feux a pu vous émouvoir,
Vous ne devez point feindre à me le faire voir;
Et la preuve, après tout, que je vous en demande,
C'est de ne plus souffrir qu'Alceste vous prétende;
De le sacrifier, madame, à mon amour,
Et de chez vous enfin le bannir dès ce jour.
CÉLIMÈNE.
Mais quel sujet si grand contre lui vous irrite,
Vous à qui j'ai tant vu parler de son mérite?
ORONTE.
Madame, il ne faut point ces éclaircissements;

Il s'agit de savoir quels sont vos sentiments.
Choisissez, s'il vous plaît, de garder l'un ou l'autre;
Ma résolution n'attend rien que la vôtre.

ALCESTE, *sortant du coin où il étoit.*

Oui, monsieur a raison : madame, il faut choisir;
Et sa demande ici s'accorde à mon désir.
Pareille ardeur me presse, et même soin m'amène;
Mon amour veut du vôtre une marque certaine :
Les choses ne sont plus pour traîner en longueur,
Et voici le moment d'expliquer votre cœur.

ORONTE.

Je ne veux point, monsieur, d'une flamme importune,
Troubler aucunement votre bonne fortune.

ALCESTE.

Je ne veux point, monsieur, jaloux ou non jaloux,
Partager de son cœur rien du tout avec vous.

ORONTE.

Si votre amour au mien lui semble préférable...

ALCESTE.

Si du moindre penchant elle est pour vous capable...

ORONTE.

Je jure de n'y rien prétendre désormais.

ALCESTE.

Je jure hautement de ne la voir jamais.

ORONTE.

Madame, c'est à vous de parler sans contrainte.

ALCESTE.

Madame, vous pouvez vous expliquer sans crainte.

ORONTE.

Vous n'avez qu'à nous dire où s'attachent vos vœux.

ALCESTE.

Vous n'avez qu'à trancher, et choisir de nous deux.

ORONTE.

Quoi! sur un pareil choix vous semblez être en peine?

ALCESTE.

Quoi! votre ame balance, et paroît incertaine?

CÉLIMÈNE.

Mon dieu, que cette instance est là hors de saison!
Et que vous témoignez tous deux peu de raison!
Je sais prendre parti sur cette préférence,
Et ce n'est pas mon cœur maintenant qui balance :
Il n'est point suspendu, sans doute, entre vous deux;
Et rien n'est sitôt fait que le choix de nos vœux.
Mais je souffre, à vrai dire, une gêne trop forte
A prononcer en face un aveu de la sorte :
Je trouve que ces mots, qui sont désobligeants,
Ne se doivent point dire en présence des gens;
Qu'un cœur de son penchant donne assez de lumière,
Sans qu'on nous fasse aller jusqu'à rompre en visière,
Et qu'il suffit enfin que de plus doux témoins
Instruisent un amant du malheur de ses soins.

ORONTE.

Non, non, un franc aveu n'a rien que j'appréhende,
J'y consens pour ma part.

ALCESTE.

Et moi, je le demande;
C'est son éclat surtout qu'ici j'ose exiger,
Et je ne prétends point vous voir rien ménager.
Conserver tout le monde est votre grande étude :
Mais plus d'amusement, et plus d'incertitude;

Il vous faut expliquer nettement là dessus,
Ou bien pour un arrêt je prends votre refus;
Je saurai, de ma part, expliquer ce silence,
Et me tiendrai pour dit tout le mal que j'en pense.

ORONTE.

Je vous sais fort bon gré, monsieur, de ce courroux,
Et je lui dis ici même chose que vous.

CÉLIMÈNE.

Que vous me fatiguez avec un tel caprice!
Ce que vous demandez a-t-il de la justice?
Et ne vous dis-je pas quel motif me retient?
J'en vais prendre pour juge Éliante qui vient.

SCÈNE III.

ÉLIANTE, PHILINTE, CÉLIMÈNE, ORONTE, ALCESTE.

CÉLIMÈNE.

Je me vois, ma cousine, ici persécutée
Par des gens dont l'humeur y paroît concertée.
Ils veulent l'un et l'autre, avec même chaleur,
Que je prononce entre eux le choix que fait mon cœur;
Et que par un arrêt, qu'en face il me faut rendre,
Je défende à l'un d'eux tous les soins qu'il peut prendre.
Dites-moi si jamais cela se fait ainsi.

ÉLIANTE.

N'allez point là dessus me consulter ici :
Peut-être y pourriez-vous être mal adressée,
Et je suis pour les gens qui disent leur pensée.

ORONTE.

Madame, c'est en vain que vous vous défendez.

ALCESTE.

Tous vos détours ici seront mal secondés.

ORONTE.

Il faut, il faut parler, et lâcher la balance.

ALCESTE.

Il ne faut que poursuivre à garder le silence.

ORONTE.

Je ne veux qu'un seul mot pour finir nos débats.

ALCESTE.

Et moi, je vous entends si vous ne parlez pas.

SCÈNE IV.

ARSINOÉ, CÉLIMÈNE, ÉLIANTE, ALCESTE, PHILINTE, ACASTE, CLITANDRE, ORONTE.

ACASTE, *à Célimène.*

Madame, nous venons tous deux, sans vous déplaire,
Éclaircir avec vous une petite affaire.

CLITANDRE, *à Oronte et à Alceste.*

Fort à propos, messieurs, vous vous trouvez ici;
Et vous êtes mêlés dans cette affaire aussi.

ARSINOÉ, *à Célimène.*

Madame, vous serez surprise de ma vue.
Mais ce sont ces messieurs qui causent ma venue:
Tous deux ils m'ont trouvée, et se sont plaints à moi
D'un trait à qui mon cœur ne sauroit prêter foi.
J'ai du fond de votre ame une trop haute estime

Pour vous croire jamais capable d'un tel crime ;
Mes yeux ont démenti leurs témoins les plus forts,
Et l'amitié passant sur de petits discords,
J'ai bien voulu chez vous leur faire compagnie
Pour vous voir vous laver de cette calomnie.

ACASTE.

Oui, madame, voyons d'un esprit adouci
Comment vous vous prendrez à soutenir ceci.
Cette lettre par vous est écrite à Clitandre.

CLITANDRE.

Vous avez pour Acaste écrit ce billet tendre.

ACASTE, *à Oronte et à Alceste.*

Messieurs, ces traits pour vous n'ont point d'obscurité,
Et je ne doute pas que sa civilité
A connoître sa main n'ait trop su vous instruire.
Mais ceci vaut assez la peine de le lire :

« Vous êtes un étrange homme, Clitandre, de con-
« damner mon enjouement, et de me reprocher que
« je n'ai jamais tant de joie que lorsque je ne suis pas
« avec vous. Il n'y a rien de plus injuste ; et si vous ne
« venez bien vite me demander pardon de cette offense,
« je ne vous pardonnerai de ma vie. Notre grand flan-
« drin de vicomte... »

Il devroit être ici.

« Notre grand flandrin de vicomte, par qui vous con-
« mencez vos plaintes, est un homme qui ne sauroit
« me revenir ; et depuis que je l'ai vu, trois quarts
« d'heure durant, cracher dans un puits pour faire

« des ronds, je n'ai pu jamais prendre bonne opinion
« de lui. Pour le petit marquis...

C'est moi-même, messieurs, sans nulle vanité.

« Pour le petit marquis, qui me tint hier long-temps
« la main, je trouve qu'il n'y a rien de si mince que
« toute sa personne, et ce sont de ces mérites qui
« n'ont que la cape et l'épée. Pour l'homme aux ru-
« bans verts...

(à Alceste.)
A vous le dé, monsieur.

« Pour l'homme aux rubans verts, il me divertit quel-
« quefois avec ses brusqueries et son chagrin bourru ;
« mais il est cent moments où je le trouve le plus fâ-
« cheux du monde. Et pour l'homme à la veste...

(à Oronte.)
Voici votre paquet.

« Et pour l'homme à la veste, qui s'est jeté dans le
« bel esprit, et veut être auteur malgré tout le monde,
« je ne puis me donner la peine d'écouter ce qu'il dit;
« et sa prose me fatigue autant que ses vers. Mettez-
« vous donc en tête que je ne me divertis pas toujours
« si bien que vous pensez; que je vous trouve à dire,
« plus que je ne voudrois, dans toutes les parties où
« l'on m'entraîne; et que c'est un merveilleux assai-
« sonnement aux plaisirs qu'on goûte que la présence
« des gens qu'on aime.

CLITANDRE.

Me voici maintenant, moi.

« Votre Clitandre, dont vous me parlez, et qui fait
« tant le doucereux, est le dernier des hommes pour
« qui j'aurois de l'amitié. Il est extravagant de se
« persuader qu'on l'aime, et vous l'êtes de croire
« qu'on ne vous aime pas. Changez, pour être raison-
« nable, vos sentiments contre les siens; et voyez-
« moi le plus que vous pourrez, pour m'aider à por-
« ter le chagrin d'en être obsédée. »

D'un fort beau caractère on voit là le modèle,
Madame, et vous savez comment cela s'appelle.
Il suffit. Nous allons, l'un et l'autre, en tous lieux
Montrer de votre cœur le portrait glorieux.

ACASTE.

J'aurois de quoi vous dire, et belle est la matière :
Mais je ne vous tiens pas digne de ma colère;
Et je vous ferai voir que les petits marquis
Ont pour se consoler des cœurs du plus haut prix.

SCÈNE V.

CÉLIMÈNE, ÉLIANTE, ARSINOÉ, ALCESTE, ORONTE, PHILINTE.

ORONTE.

Quoi! de cette façon je vois qu'on me déchire,
Après tout ce qu'à moi je vous ai vu m'écrire!
Et votre cœur, paré de beaux semblants d'amour,

A tout le genre humain se promet tour à tour !
Allez, j'étois trop dupe, et je vais ne plus l'être ;
Vous me faites un bien, me faisant vous connoître :
J'y profite d'un cœur qu'ainsi vous me rendez,
Et trouve ma vengeance en ce que vous perdez.
(*à Alceste.*)
Monsieur, je ne fais plus d'obstacle à votre flamme,
Et vous pouvez conclure affaire avec madame.

SCÈNE VI.

CÉLIMÈNE, ÉLIANTE, ARSINOÉ, ALCESTE, PHILINTE.

ARSINOÉ, *à Célimène.*
Certes, voilà le trait du monde le plus noir ;
Je ne m'en saurois taire, et me sens émouvoir.
Voit-on des procédés qui soient pareils aux vôtres ?
Je ne prends point de part aux intérêts des autres ;
(*montrant Alceste.*)
Mais monsieur, que chez vous fixoit votre bonheur,
Un homme comme lui, de mérite et d'honneur,
Et qui vous chérissoit avec idolâtrie,
Devoit-il...

ALCESTE.
Laissez-moi, madame, je vous prie,
Vider mes intérêts moi-même là dessus ;
Et ne vous chargez point de ces soins superflus.
Mon cœur a beau vous voir prendre ici sa querelle,
Il n'est point en état de payer ce grand zèle ;

Et ce n'est pas à vous que je pourrai songer,
Si par un autre choix je cherche à me venger.

ARSINOÉ.

Hé! croyez-vous, monsieur, qu'on ait cette pensée,
Et que de vous avoir on soit tant empressée?
Je vous trouve un esprit bien plein de vanité,
Si de cette créance [1] il peut s'être flatté.
Le rebut de madame est une marchandise
Dont on auroit grand tort d'être si fort éprise.
Détrompez-vous, de grace, et portez-le moins haut.
Ce ne sont pas des gens comme moi qu'il vous faut :
Vous ferez bien encor de soupirer pour elle;
Et je brûle de voir une union si belle.

SCÈNE VII.

CÉLIMÈNE, ÉLIANTE, ALCESTE, PHILINTE.

ALCESTE, *à Célimène.*

Hé bien, je me suis tu, malgré ce que je voi,
Et j'ai laissé parler tout le monde avant moi.
Ai-je pris sur moi-même un assez long empire?
Et puis-je maintenant...

CÉLIMÈNE.

        Oui, vous pouvez tout dire;
Vous en êtes en droit, lorsque vous vous plaindrez,
Et de me reprocher tout ce que vous voudrez.
J'ai tort, je le confesse, et mon ame confuse

---

[1] *Créance* est ici pour *croyance*.

Ne cherche à vous payer d'aucune vaine excuse.
J'ai des autres ici méprisé le courroux;
Mais je tombe d'accord de mon crime envers vous.
Votre ressentiment, sans doute, est raisonnable;
Je sais combien je dois vous paroître coupable,
Que toute chose dit que j'ai pu vous trahir,
Et qu'enfin vous avez sujet de me haïr :
Faites-le, j'y consens.

ALCESTE.

Hé! le puis-je, traîtresse?
Puis-je ainsi triompher de toute ma tendresse?
Et, quoique avec ardeur je veuille vous haïr,
Trouvé-je un cœur en moi tout prêt à m'obéir?
(à Éliante et à Philinte.)
Vous voyez ce que peut une indigne tendresse,
Et je vous fais tous deux témoins de ma foiblesse.
Mais, à vous dire vrai, ce n'est pas encor tout,
Et vous allez me voir la pousser jusqu'au bout,
Montrer que c'est à tort que sages on nous nomme,
Et que, dans tous les cœurs, il est toujours de l'homme.
(à Célimène.)
Oui, je veux bien, perfide, oublier vos forfaits;
J'en saurai, dans mon ame, excuser tous les traits,
Et me les couvrirai du nom d'une foiblesse
Où le vice du temps porte votre jeunesse,
Pourvu que votre cœur veuille donner les mains
Au dessein que j'ai fait de fuir tous les humains,
Et que, dans mon désert, où j'ai fait vœu de vivre,
Vous soyez, sans tarder, résolue à me suivre.
C'est par là seulement que, dans tous les esprits,

Vous pouvez réparer le mal de vos écrits,
Et qu'après cet éclat, qu'un noble cœur abhorre,
Il peut m'être permis de vous aimer encore.

CÉLIMÈNE.

Moi, renoncer au monde avant que de vieillir ;
Et dans votre désert aller m'ensevelir !

ALCESTE.

Et, s'il faut qu'à mes feux votre flamme réponde,
Que vous doit importer tout le reste du monde ?
Vos désirs avec moi ne sont-ils pas contents ?

CÉLIMÈNE.

La solitude effraie une ame de vingt ans.
Je ne sens point la mienne assez grande, assez forte,
Pour me résoudre à prendre un dessein de la sorte.
Si le don de ma main peut contenter vos vœux,
Je pourrai me résoudre à serrer de tels nœuds,
Et l'hymen...

ALCESTE.

Non, mon cœur à présent vous déteste,
Et ce refus, lui seul, fait plus que tout le reste.
Puisque vous n'êtes point, en des liens si doux,
Pour trouver tout en moi, comme moi tout en vous,
Allez, je vous refuse ; et ce sensible outrage
De vos indignes fers pour jamais me dégage.

SCÈNE VIII.

ÉLIANTE, ALCESTE, PHILINTE.

ALCESTE, *à Éliante.*
Madame, cent vertus ornent votre beauté,
Et je n'ai vu qu'en vous de la sincérité;
De vous, depuis long-temps, je fais un cas extrême;
Mais laissez-moi toujours vous estimer de même;
Et souffrez que mon cœur, dans ses troubles divers,
Ne se présente point à l'honneur de vos fers :
Je m'en sens trop indigne, et commence à connoître
Que le ciel pour ce nœud ne m'avoit point fait naître,
Que ce seroit pour vous un hommage trop bas
Que le rebut d'un cœur qui ne vous valoit pas;
Et qu'enfin...

ÉLIANTE.
      Vous pouvez suivre cette pensée :
Ma main de se donner n'est pas embarrassée;
Et voilà votre ami, sans trop m'inquiéter,
Qui, si je l'en priois, la pourroit accepter.

PHILINTE.
Ah! cet honneur, madame, est toute mon envie.

ALCESTE.
Puissiez-vous, pour goûter de vrais contentements,
L'un pour l'autre à jamais garder ces sentiments!
Trahi de toutes parts, accablé d'injustices,
Je vais sortir d'un gouffre où triomphent les vices,

Et chercher sur la terre un endroit écarté,
Où d'être homme d'honneur on ait la liberté.

PHILINTE.

Allons, madame, allons, employer toute chose
Pour rompre le dessein que son cœur se propose.

FIN DU MISANTHROPE.

LE MÉDECIN
MALGRÉ LUI,

COMÉDIE EN TROIS ACTES ET EN PROSE,

Représentée à Paris, sur le théâtre du Palais-Royal,
le 9 août 1666.

PERSONNAGES.

GÉRONTE, père de Lucinde.
LUCINDE, fille de Géronte.
LÉANDRE, amant de Lucinde.
SGANARELLE, mari de Martine.
MARTINE, femme de Sganarelle.
MONSIEUR ROBERT, voisin de Sganarelle.
VALÈRE, domestique de Géronte.
LUCAS, mari de Jacqueline, domestique de Géronte.
JACQUELINE, nourrice chez Géronte et femme de Lucas.
THIBAUT, père de Perrin, } paysans.
PERRIN, fils de Thibaut,

La scène est à la campagne.

LE MÉDECIN MALGRÉ LUI.

ACTE PREMIER.

SCÈNE I.

SGANARELLE, MARTINE.

SGANARELLE.

Non, je te dis que je n'en veux rien faire, et que c'est à moi de parler et d'être le maître.

MARTINE.

Et je te dis, moi, que je veux que tu vives à ma fantaisie, et que je ne me suis point mariée avec toi pour souffrir tes fredaines.

SGANARELLE.

O la grande fatigue que d'avoir une femme, et qu'Aristote a bien raison quand il dit qu'une femme est pire qu'un démon!

MARTINE.

Voyez un peu l'habile homme avec son benêt d'Aristote!

SGANARELLE.

Oui, habile homme. Trouve-moi un faiseur de fagots qui sache comme moi raisonner des choses, qui ait servi six ans un fameux médecin, et qui ait su dans son jeune âge son rudiment par cœur.

MARTINE.

Peste du fou fieffé!

SGANARELLE.

Peste de la carogne!

MARTINE.

Que maudits soient l'heure et le jour où je m'avisai d'aller dire oui!

SGANARELLE.

Que maudit soit le bec cornu de notaire qui me fit signer ma ruine!

MARTINE.

C'est bien à toi, vraiment, à te plaindre de cette affaire! Devrois-tu être un seul moment sans rendre grace au ciel de m'avoir pour ta femme? et méritois-tu d'épouser une personne comme moi?

SGANARELLE.

Il est vrai que tu me fis trop d'honneur, et que j'eus lieu de me louer la première nuit de nos noces! Hé, morbleu! ne me fais point parler là dessus; je dirois de certaines choses...

MARTINE.

Quoi! que dirois-tu?

SGANARELLE.

Baste, laissons là ce chapitre. Il suffit que nous savons ce que nous savons, et que tu fus bien heureuse de me trouver.

MARTINE.

Qu'appelles-tu bien heureuse de te trouver? Un

homme qui me réduit à l'hôpital; un débauché, un traître, qui me mange tout ce que j'ai...

SGANARELLE.

Tu as menti, j'en bois une partie.

MARTINE.

Qui me vend pièce à pièce tout ce qui est dans le logis...

SGANARELLE.

C'est vivre de ménage.

MARTINE.

Qui m'a ôté jusqu'au lit que j'avois...

SGANARELLE.

Tu t'en lèveras plus matin.

MARTINE.

Enfin, qui ne laisse aucun meuble dans toute la maison...

SGANARELLE.

On en déménage plus aisément.

MARTINE.

Et qui, du matin jusqu'au soir, ne fait que jouer et que boire...

SGANARELLE.

C'est pour ne me point ennuyer.

MARTINE.

Et que veux-tu, pendant ce temps, que je fasse avec ma famille?

SGANARELLE.

Tout ce qu'il te plaira.

MARTINE.

J'ai quatre pauvres petits enfants sur les bras.

SGANARELLE.

Mets-les à terre.

MARTINE.

Qui demandent à toute heure du pain.

SGANARELLE.

Donne-leur le fouet. Quand j'ai bien bu et bien mangé, je veux que tout le monde soit soûl dans ma maison.

MARTINE.

Et tu prétends, ivrogne, que les choses aillent toujours de même?

SGANARELLE.

Ma femme, allons tout doucement, s'il vous plaît.

MARTINE.

Que j'endure éternellement tes insolences et tes débauches...

SGANARELLE.

Ne nous emportons point, ma femme.

MARTINE.

Et que je ne sache pas trouver moyen de te ranger à ton devoir?

SGANARELLE.

Ma femme, vous savez que je n'ai pas l'ame endurante, et que j'ai le bras assez bon.

MARTINE.

Je me moque de tes menaces.

SGANARELLE.

Ma petite femme, ma mie, votre peau vous démange à votre ordinaire.

ACTE I, SCÈNE I.

MARTINE.

Je te montrerai bien que je ne te crains nullement.

SGANARELLE.

Ma chère moitié, vous avez envie de me dérober quelque chose.

MARTINE.

Crois-tu que je m'épouvante de tes paroles?

SGANARELLE.

Doux objet de mes vœux, je vous frotterai les oreilles.

MARTINE.

Ivrogne que tu es!

SGANARELLE.

Je vous battrai.

MARTINE.

Sac à vin!

SGANARELLE.

Je vous rosserai.

MARTINE.

Infame!

SGANARELLE.

Je vous étrillerai.

MARTINE.

Traître! insolent! trompeur! lâche! coquin! pendard! gueux! belître! fripon! maraud! voleur...

SGANARELLE.

Ah! vous en voulez donc?

(*Sganarelle prend un bâton, et bat sa femme.*)

MARTINE, *criant*.

Ah, ah, ah, ah!

SGANARELLE.

Voilà le vrai moyen de vous apaiser.

SCÈNE II.

Monsieur ROBERT, SGANARELLE, MARTINE.

MONSIEUR ROBERT.

Holà, holà, holà! Fi! Qu'est-ce ci? Quelle infamie! Peste soit le coquin de battre ainsi sa femme!

MARTINE, *à M. Robert.*

Et je veux qu'il me batte, moi.

MONSIEUR ROBERT.

Ah! j'y consens de tout mon cœur.

MARTINE.

De quoi vous mêlez-vous?

MONSIEUR ROBERT.

J'ai tort.

MARTINE.

Est-ce là votre affaire?

MONSIEUR ROBERT.

Vous avez raison.

MARTINE.

Voyez un peu cet impertinent qui veut empêcher les maris de battre leurs femmes!

MONSIEUR ROBERT.

Je me rétracte.

MARTINE.

Qu'avez-vous à voir là dessus?

ACTE I, SCÈNE II.

MONSIEUR ROBERT.

Rien.

MARTINE.

Est-ce à vous d'y mettre le nez ?

MONSIEUR ROBERT.

Non.

MARTINE.

Mêlez-vous de vos affaires.

MONSIEUR ROBERT.

Je ne dis plus mot.

MARTINE.

Il me plaît d'être battue.

MONSIEUR ROBERT.

D'accord.

MARTINE.

Ce n'est pas à vos dépens.

MONSIEUR ROBERT.

Il est vrai.

MARTINE.

Et vous êtes un sot de venir vous fourrer où vous n'avez que faire. (*Elle lui donne un soufflet.*)

MONSIEUR ROBERT, *à Sganarelle.*

Compère, je vous demande pardon de tout mon cœur. Faites; rossez, battez comme il faut votre femme; je vous aiderai, si vous le voulez.

SGANARELLE.

Il ne me plaît pas, moi.

MONSIEUR ROBERT.

Ah ! c'est une autre chose.

SGANARELLE.

Je la veux battre, si je le veux; et ne la veux pas battre, si je ne le veux pas.

MONSIEUR ROBERT.

Fort bien.

SGANARELLE.

C'est ma femme, et non pas la vôtre.

MONSIEUR ROBERT.

Sans doute.

SGANARELLE.

Vous n'avez rien à me commander.

MONSIEUR ROBERT.

D'accord.

SGANARELLE.

Je n'ai que faire de votre aide.

MONSIEUR ROBERT.

Très volontiers.

SGANARELLE.

Et vous êtes un impertinent de vous ingérer des affaires d'autrui. Apprenez que Cicéron dit qu'entre l'arbre et le doigt il ne faut point mettre l'écorce.

(*Il bat M. Robert, et le chasse.*)

SCÈNE III.

SGANARELLE, MARTINE.

SGANARELLE.

Oh çà! faisons la paix nous deux. Touche là.

MARTINE.

Oui, après m'avoir battue!

SGANARELLE.

Cela n'est rien. Touche.

MARTINE.

Je ne veux pas.

SGANARELLE.

Hé!

MARTINE.

Non.

SGANARELLE.

Ma petite femme!

MARTINE.

Point.

SGANARELLE.

Allons, te dis-je.

MARTINE.

Je n'en ferai rien.

SGANARELLE.

Viens, viens, viens.

MARTINE.

Non, je veux être en colère.

SGANARELLE.

Fi! c'est une bagatelle. Allons, allons.

MARTINE.

Laisse-moi, la.

SGANARELLE.

Touche, te dis-je.

MARTINE.

Tu m'as trop maltraitée.

SGANARELLE.

Hé bien, va, je te demande pardon, mets là ta main.

MARTINE.

Je te pardonne, (*bas, à part.*) mais tu me le paieras.

SGANARELLE.

Tu es folle de prendre garde à cela; ce sont petites choses qui sont de temps en temps nécessaires dans l'amitié; et cinq ou six coups de bâton entre gens qui s'aiment ne font que ragaillardir l'affection. Va, je m'en vais au bois, et je te promets aujourd'hui plus d'un cent de fagots.

SCÈNE IV.

MARTINE.

Va, quelque mine que je fasse, je n'oublierai pas mon ressentiment; et je brûle en moi-même de trouver les moyens de te punir des coups que tu m'as donnés. Je sais bien qu'une femme a toujours dans les mains de quoi se venger d'un mari; mais c'est une punition trop délicate pour mon pendard : je veux une vengeance qui se fasse un peu mieux sentir; et ce n'est pas contentement pour l'injure que j'ai reçue.

SCÈNE V.

VALÈRE, LUCAS, MARTINE.

LUCAS, *à Valère, sans voir Martine.*

Parguienne! j'avons pris là tous deux une gueble de commission; et je ne sais pas, moi, ce que je pensons attraper.

VALÈRE, *à Lucas, sans voir Martine.*

Que veux-tu, mon pauvre nourricier? il faut bien obéir à notre maître; et puis nous avons intérêt, l'un et l'autre, à la santé de sa fille, notre maîtresse; et sans doute son mariage, différé par sa maladie, nous vaudra quelque récompense. Horace, qui est libéral, a bonne part aux prétentions qu'on peut avoir sur sa personne; et quoiqu'elle ait fait voir de l'amitié pour un certain Léandre, tu sais bien que son père n'a jamais voulu consentir à le recevoir pour son gendre.

MARTINE, *rêvant à part, se croyant seule.*

Ne puis-je point trouver quelque invention pour me venger?

LUCAS, *à Valère.*

Mais quelle fantaisie s'est-il boutée là dans la tête, puisque les médecins y avont tous pardu leur latin?

VALÈRE, *à Lucas.*

On trouve quelquefois, à force de chercher, ce qu'on ne trouve pas d'abord; et souvent en de simples lieux...

MARTINE, *se croyant toujours seule.*

Oui, il faut que je m'en venge à quelque prix que ce soit. Ces coups de bâton me reviennent au cœur, je ne les saurois digérer; et... (*heurtant Valère et Lucas.*) Ah, messieurs! je vous demande pardon; je ne vous voyois pas, et cherchois dans ma tête quelque chose qui m'embarrasse.

VALÈRE.

Chacun a ses soins dans le monde, et nous cherchons aussi ce que nous voudrions bien trouver.

MARTINE.

Seroit-ce quelque chose où je vous puisse aider?

VALÈRE.

Cela se pourroit faire, et nous tâchons de rencontrer quelque habile homme, quelque médecin particulier, qui pût donner quelque soulagement à la fille de notre maître, attaquée d'une maladie qui lui a ôté tout d'un coup l'usage de la langue. Plusieurs médecins ont déja épuisé toute leur science après elle : mais on trouve parfois des gens avec des secrets admirables, de certains remèdes particuliers, qui font, le plus souvent, ce que les autres n'ont su faire; et c'est là ce que nous cherchons.

MARTINE, *bas, à part.*

Ah, que le ciel m'inspire une admirable invention pour me venger de mon pendard! (*haut.*) Vous ne pouviez jamais vous mieux adresser pour rencontrer ce que vous cherchez; et nous avons un homme, le plus merveilleux homme du monde pour les maladies désespérées.

ACTE I, SCÈNE V.

VALÈRE.

Hé, de grâce! où pouvons-nous le rencontrer?

MARTINE.

Vous le trouverez maintenant vers ce petit lieu que voilà, qui s'amuse à couper du bois.

LUCAS.

Un médecin qui coupe du bois!

VALÈRE.

Qui s'amuse à cueillir des simples, voulez-vous dire?

MARTINE.

Non, c'est un homme extraordinaire qui se plaît à cela, fantasque, bizarre, quinteux, et que vous ne prendriez jamais pour ce qu'il est : il va vêtu d'une façon extravagante, affecte quelquefois de paroître ignorant, tient sa science renfermée, et ne fuit rien tant tous les jours que d'exercer les merveilleux talents qu'il a eus du ciel pour la médecine.

VALÈRE.

C'est une chose admirable, que tous les grands hommes ont toujours du caprice, quelque petit grain de folie mêlé à leur science.

MARTINE.

La folie de celui-ci est plus grande qu'on ne peut croire, car elle va parfois jusqu'à vouloir être battu pour demeurer d'accord de sa capacité; et je vous donne avis que vous n'en viendrez pas à bout, qu'il n'avouera jamais qu'il est médecin, s'il se le met en fantaisie, que vous ne preniez chacun un bâton, et ne le réduisiez, à force de coups, à vous confesser à la fin ce qu'il vous cachera d'abord. C'est ainsi que nous en usons quand nous avons besoin de lui.

VALÈRE.

Voilà une étrange folie!

MARTINE.

Il est vrai; mais après cela, vous verrez qu'il fait des merveilles.

VALÈRE.

Comment s'appelle-t-il?

MARTINE.

Il s'appelle Sganarelle. Mais il est aisé à connoître: c'est un homme qui a une large barbe noire, et qui porte une fraise, avec un habit jaune et vert.

LUCAS.

Un habit jaune et vart! c'est donc le médecin des parroquets?

VALÈRE.

Mais est-il bien vrai qu'il soit si habile que vous le dites?

MARTINE.

Comment! c'est un homme qui fait des miracles. Il y a six mois qu'une femme fut abandonnée de tous les autres médecins; on la tenoit morte il y avoit déja six heures, et l'on se disposoit à l'ensevelir, lorsqu'on y fit venir de force l'homme dont nous parlons; il lui mit, l'ayant vue, une petite goutte de je ne sais quoi dans la bouche, et dans le même instant elle se leva de son lit, et se mit aussitôt à se promener dans sa chambre comme si de rien n'eût été.

ACTE I, SCÈNE V.

LUCAS.

Ah!

VALÈRE.

Il falloit que ce fût quelque goutte d'or potable.

MARTINE.

Cela pourroit bien être. Il n'y a pas trois semaines encore qu'un jeune enfant de douze ans tomba du haut du clocher en bas, et se brisa sur le pavé la tête, les bras et les jambes. On n'y eut pas plutôt amené notre homme, qu'il le frotta par tout le corps d'un certain onguent qu'il sait faire, et l'enfant aussitôt se leva sur ses pieds, et courut jouer à la fossette.

LUCAS.

Ah!

VALÈRE.

Il faut que cet homme-là ait la médecine universelle.

MARTINE.

Qui en doute?

LUCAS.

Tétigué! v'là justement l'homme qu'il nous faut. Allons vite le charcher.

VALÈRE.

Nous vous remercions du plaisir que vous nous faites.

MARTINE.

Mais souvenez-vous bien au moins de l'avertissement que je vous ai donné.

LUCAS.

Hé, morguienne! laissez-nous faire; s'il ne tient qu'à battre, la vache est à nous.

VALÈRE, *à Lucas.*

Nous sommes bien heureux d'avoir fait cette rencontre; et j'en conçois pour moi la meilleure espérance du monde.

SCÈNE VI.

SGANARELLE, VALÈRE, LUCAS.

SGANARELLE, *chantant derrière le théâtre.*

La, la, la.

VALÈRE.

J'entends quelqu'un qui chante, et qui coupe du bois.

SGANARELLE, *entrant sur le théâtre, avec une bouteille à sa main, sans apercevoir Valère et Lucas.*

La, la, la... Ma foi, c'est assez travailler pour boire un coup. Prenons un peu d'haleine. (*après avoir bu.*) Voilà du bois qui est salé comme tous les diables. (*Il chante.*)

Qu'ils sont doux,
Bouteille jolie,
Qu'ils sont doux,
Vos petits glougloux !
Mais mon sort feroit bien des jaloux
Si vous étiez toujours remplie.
Ah, bouteille, ma mie !
Pourquoi vous videz-vous ?

Allons, morbleu! il ne faut point engendrer de mélancolie.

ACTE I, SCÈNE VI.

VALÈRE, *bas, à Lucas.*

Le voilà lui-même.

LUCAS, *bas, à Valère.*

Je pense que vous dites vrai, et que j'avons bouté le nez dessus.

VALÈRE.

Voyons de près.

SGANARELLE, *embrassant sa bouteille.*

Ah, ma petite friponne! que je t'aime, mon petit bouchon!

(*Il chante.*) (*Apercevant Valère et Lucas qui l'examinent, il baisse la voix.*)

Mais mon sort... feroit... bien des... jaloux
Si...

(*Voyant qu'on l'examine de plus près.*)
Que diable! à qui en veulent ces gens-là?

VALÈRE, *à Lucas.*

C'est lui assurément.

LUCAS, *à Valère.*

Le v'là tout craché comme on nous l'a défiguré.

(*Sganarelle pose la bouteille à terre; et Valère se baissant pour le saluer, comme il croit que c'est à dessein de la prendre, il la met de l'autre côté; Lucas faisant la même chose que Valère, Sganarelle reprend sa bouteille et la tient contre son estomac, avec divers gestes qui font un jeu de théâtre.*)

SGANARELLE, *à part.*

Ils consultent en me regardant : quel dessein auroient-ils ?

VALÈRE.

Monsieur, n'est-ce pas vous qui vous appelez Sganarelle ?

SGANARELLE.

Hé quoi ?

VALÈRE.

Je vous demande si ce n'est pas vous qui se nomme Sganarelle ?

SGANARELLE, *se tournant vers Valère, puis vers Lucas.*

Oui et non, selon ce que vous lui voulez.

VALÈRE.

Nous ne voulons que lui faire toutes les civilités que nous pourrons.

SGANARELLE.

En ce cas, c'est moi qui se nomme Sganarelle.

VALÈRE.

Monsieur, nous sommes ravis de vous voir. On nous a adressés à vous pour ce que nous cherchons ; et nous venons implorer votre aide, dont nous avons besoin.

SGANARELLE.

Si c'est quelque chose, messieurs, qui dépende de mon petit négoce, je suis tout prêt à vous rendre service.

VALÈRE.

Monsieur, c'est trop de grace que vous nous faites.

ACTE I, SCÈNE VI.

Mais, monsieur, couvrez-vous, s'il vous plaît; le soleil pourroit vous incommoder.

LUCAS.

Monsieu, boutez dessus.

SGANARELLE, *à part.*

Voici des gens bien pleins de cérémonies.

(*Il se couvre.*)

VALÈRE.

Monsieur, il ne faut pas trouver étrange que nous venions à vous; les habiles gens sont toujours recherchés; et nous sommes instruits de votre capacité.

SGANARELLE.

Il est vrai, messieurs, que je suis le premier homme du monde pour faire des fagots.

VALÈRE.

Ah, monsieur!

SGANARELLE.

Je n'y épargne aucune chose, et les fais d'une façon qu'il n'y a rien à dire.

VALÈRE.

Monsieur, ce n'est pas cela dont il est question.

SGANARELLE.

Mais aussi je les vends cent dix sous le cent.

VALÈRE.

Ne parlons point de cela, s'il vous plaît.

SGANARELLE.

Je vous promets que je ne saurois les donner à moins.

VALÈRE.

Monsieur, nous savons les choses.

SGANARELLE.

Si vous savez les choses, vous savez que je les vends cela.

VALÈRE.

Monsieur, c'est se moquer que...

SGANARELLE.

Je ne me moque point, je n'en puis rien rabattre.

VALÈRE.

Parlons d'autre façon, de grace.

SGANARELLE.

Vous en pourrez trouver autre part à moins; il y a fagots et fagots; mais pour ceux que je fais...

VALÈRE.

Hé, monsieur! laissons là ce discours.

SGANARELLE.

Je vous jure que vous ne les auriez pas s'il s'en falloit un double.

VALÈRE.

Hé, fi!

SGANARELLE.

Non, en conscience; vous en paierez cela. Je vous parle sincèrement, et ne suis pas homme à surfaire.

VALÈRE.

Faut-il, monsieur, qu'une personne comme vous s'amuse à ces grossières feintes, s'abaisse à parler de la sorte! qu'un homme si savant, un fameux médecin comme vous êtes, veuille se déguiser aux yeux du monde, et tenir enterrés les beaux talents qu'il a!

SGANARELLE, *à part.*

Il est fou.

ACTE I, SCÈNE VI.

VALÈRE.

De grace, monsieur, ne dissimulez point avec nous.

SGANARELLE.

Comment?

LUCAS.

Tout ce tripotage ne sart de rian; je savons cen que je savons.

SGANARELLE.

Quoi donc? que me voulez-vous dire? pour qui me prenez-vous?

VALÈRE.

Pour ce que vous êtes, pour un grand médecin.

SGANARELLE.

Médecin vous-même! je ne le suis point, et je ne l'ai jamais été.

VALÈRE, *bas.*

Voilà sa folie qui le tient. (*haut.*) Monsieur, ne veuillez point nier les choses davantage, et n'en venons point, s'il vous plaît, à de fâcheuses extrémités.

SGANARELLE.

A quoi donc?

VALÈRE.

A de certaines choses dont nous serions marris.

SGANARELLE.

Parbleu! venez-en à tout ce qu'il vous plaira; je ne suis point médecin, et je ne sais ce que vous me voulez dire.

VALÈRE, *bas.*

Je vois bien qu'il faut se servir du remède. (*haut.*)

Monsieur, encore un coup, je vous prie d'avouer ce que vous êtes.

LUCAS.

Hé, tétigué! ne lantiponnez point davantage, et confessez à la franquette que v's êtes médecin.

SGANARELLE, *à part.*

J'enrage.

VALÈRE.

A quoi bon nier ce qu'on sait?

LUCAS.

Pourquoi toutes ces fraimes-là? à quoi est-ce que ça vous sart?

SGANARELLE.

Messieurs, en un mot autant qu'en deux mille, je vous dis que je ne suis point médecin.

VALÈRE.

Vous n'êtes point médecin?

SGANARELLE.

Non.

LUCAS.

V' n'êtes pas médecin?

SGANARELLE.

Non, vous dis-je.

VALÈRE.

Puisque vous le voulez, il faut bien s'y résoudre. (*Ils prennent chacun un bâton, et le frappent.*)

SGANARELLE.

Ah, ah, ah! messieurs, je suis tout ce qu'il vous plaira.

ACTE I, SCÈNE VI.

VALÈRE.

Pourquoi, monsieur, nous obligez-vous à cette violence?

LUCAS.

A quoi bon nous bailler la peine de vous battre?

VALÈRE.

Je vous assure que j'en ai tous les regrets du monde.

LUCAS.

Par ma figué! j'en sis fâché, franchement.

SGANARELLE.

Que diable est-ce ci, messieurs? De grace, est-ce pour rire, ou si tous deux vous extravaguez, de vouloir que je sois médecin?

VALÈRE.

Quoi! vous ne vous rendez pas encore, et vous vous défendez d'être médecin?

SGANARELLE.

Diable emporte si je le suis!

LUCAS.

Il n'est pas vrai que vous sayez médecin?

SGANARELLE.

Non, la peste m'étouffe! (*Ils recommencent à le battre.*) Ah, ah! Hé bien, messieurs, oui, puisque vous le voulez, je suis médecin, je suis médecin; apothicaire encore, si vous le trouvez bon. J'aime mieux consentir à tout que de me faire assommer.

VALÈRE.

Ah! voilà qui va bien, monsieur; je suis ravi de vous voir raisonnable.

LUCAS.

Vous me boutez la joie au cœur, quand je vous vois parler comme ça.

VALÈRE.

Je vous demande pardon de toute mon ame.

LUCAS.

Je vous demandons excuse de la libarté que j'avons prise.

SGANARELLE, *à part.*

Ouais! seroit-ce bien moi qui me tromperois, et serois-je devenu médecin sans m'en être aperçu?

VALÈRE.

Monsieur, vous ne vous repentirez pas de nous montrer ce que vous êtes; et vous verrez assurément que vous en serez satisfait.

SGANARELLE.

Mais, messieurs, dites-moi, ne vous trompez-vous point vous-mêmes? Est-il bien assuré que je sois médecin?

LUCAS.

Oui, par ma figué!

SGANARELLE.

Tout de bon?

VALÈRE.

Sans doute.

SGANARELLE.

Diable emporte si je le savois!

VALÈRE.

Comment! vous êtes le plus habile médecin du monde.

ACTE I, SCÈNE VI.

SGANARELLE.

Ah, ah!

LUCAS.

Un médecin qui a guari je ne sais combien de maladies.

SGANARELLE.

Tudieu!

VALÈRE.

Une femme étoit tenue pour morte il y avoit six heures; elle étoit prête à ensevelir, lors qu'avec une goutte de quelque chose vous la fîtes revenir et marcher d'abord par la chambre.

SGANARELLE.

Peste!

LUCAS.

Un petit enfant de douze ans se laissit choir du haut d'un clocher; de quoi il eut la tête, les jambes et les bras cassés; et vous, avec je ne sais quel onguent, vous fîtes qu'aussitôt il se relevit sur ses pieds, et s'en fut jouer à la fossette.

SGANARELLE.

Diantre!

VALÈRE.

Enfin, monsieur, vous aurez contentement avec nous, et vous gagnerez ce que vous voudrez en vous laissant conduire où nous prétendons vous mener.

SGANARELLE.

Je gagnerai ce que je voudrai?

VALÈRE.

Oui.

SGANARELLE.

Ah! je suis médecin, sans contredit. Je l'avois oublié; mais je m'en ressouviens. De quoi est-il question? Où faut-il se transporter?

VALÈRE.

Nous vous conduirons. Il est question d'aller voir une fille qui a perdu la parole.

SGANARELLE.

Ma foi, je ne l'ai pas trouvée.

VALÈRE, *bas à Lucas.*

Il aime à rire. (*à Sganarelle.*) Allons, monsieur.

SGANARELLE.

Sans une robe de médecin?

VALÈRE.

Nous en prendrons une.

SGANARELLE, *présentant sa bouteille à Valère.*

Tenez cela, vous : voilà où je mets mes juleps. (*puis se tournant vers Lucas en crachant.*) Vous, marchez là dessus, par ordonnance du médecin.

LUCAS.

Palsanguenne! v'là un médecin qui me plaît, je pense qu'il réussira, car il est bouffon.

FIN DU PREMIER ACTE.

ACTE SECOND.

SCÈNE I.

GÉRONTE, VALÈRE, LUCAS, JACQUELINE.

VALÈRE.

Oui, monsieur, je crois que vous serez satisfait; et nous vous avons amené le plus grand médecin du monde.

LUCAS.

Oh, morguienne! il faut tirer l'échelle après ceti-là; et tous les autres ne sont pas dignes de lui déchausser ses souliers.

VALÈRE.

C'est un homme qui a fait des cures merveilleuses.

LUCAS.

Qui a guari des gens qui étiant morts.

VALÈRE.

Il est un peu capricieux, comme je vous ai dit; et parfois il a des moments où son esprit s'échappe et ne paroît pas ce qu'il est.

LUCAS.

Oui, il aime à bouffonner, et l'an diroit parfois, ne v's en déplaise, qu'il a quelque petit coup de hache à la tête.

VALÈRE.

Mais, dans le fond, il est toute science; et bien souvent il dit des choses tout-à-fait relevées.

LUCAS.

Quand il s'y boute, il parle tout fin drait comme s'il lisoit dans un livre.

VALÈRE.

Sa réputation s'est déja répandue ici, et tout le monde vient à lui.

GÉRONTE.

Je meurs d'envie de le voir : faites-le-moi vite venir.

VALÈRE.

Je le vais querir.

SCÈNE II.

GÉRONTE, JACQUELINE, LUCAS.

JACQUELINE.

Par ma fi, monsieu, ceti-ci fera justement ce quant fait les autres. Je pense que ce sera queussi-queumi; et la meilleure médeçaine que l'an pourroit bailler à votre fille, ce seroit, selon moi, un biau et bon mari, pour qui alle eût de l'amiquié.

GÉRONTE.

Ouais ? nourrice ma mie, vous vous mêlez de bien des choses!

LUCAS.

Taisez-vous, notre minagère Jacquelaine; ce n'est pas à vous à bouter là votre nez.

ACTE II, SCÈNE II.

JACQUELINE.

Je vous dis et vous douze que tous ces médecins n'y feront rian que de l'iau claire; que votre fille a besoin d'autre chose que de ribarbe et de séné, et qu'un mari est un emplâtre qui garit tous les maux des filles.

GÉRONTE.

Est-elle en état maintenant qu'on s'en voulût charger avec l'infirmité qu'elle a? et lorsque j'ai été dans le dessein de la marier, ne s'est-elle pas opposée à mes volontés ?

JACQUELINE.

Je le crois bian; vous li vouliez bailler eun homme qu'alle n'aime point. Que ne preniais-vous ce monsieu Liandre, qui li touchoit au cœur? alle auroit été fort obéissante; et je m'en vais gager qu'il la prendroit, li, comme alle est, si vous la li vouillais donner.

GÉRONTE.

Ce Léandre n'est pas ce qu'il lui faut; il n'a pas du bien comme l'autre.

JACQUELINE.

Il a eun oncle qui est si riche, dont il est hériquié !

GÉRONTE.

Tous ces biens à venir me semblent autant de chansons. Il n'est rien tel que ce qu'on tient; et l'on court grand risque de s'abuser, lorsque l'on compte sur le bien qu'un autre vous garde. La mort n'a pas toujours les oreilles ouvertes aux vœux et aux prières de messieurs les héritiers; et l'on a le temps d'avoir les dents longues lorsqu'on attend, pour vivre, le trépas de quelqu'un.

JACQUELINE.

Enfin, j'ai toujours ouï dire qu'en mariage, comme ailleurs, contentement passe richesse. Les pères et les mères ont cette maudite coutume de demander toujours : Qu'a-t-il ? et Qu'a-t-elle ? Et le compère Piarre a marié sa fille Simonette au gros Thomas pour un quarquié de vaigne qu'il avoit davantage que le jeune Robin, où elle avoit bouté son amiquié; et v'là que la pauvre criature en est devenue jaune comme eun coing, et n'a point profité tout depuis ce temps-là. C'est un bel exemple pour vous, monsieur. On n'a que son plaisir en ce monde; et j'aimerois mieux bailler à ma fille eun bon mari qui li fût agriable, que toutes les rentes de la Biausse.

GÉRONTE.

Peste ! madame la nourrice, comme vous dégoisez ! Taisez-vous, je vous prie; vous prenez trop de soin, et vous échauffez votre lait.

LUCAS, *frappant, à chaque phrase qu'il dit, sur l'épaule de Géronte.*

Morgué, tais-toi ! tu es une impartinente. Monsieu n'a que faire de tes discours, et il sait ce qu'il a à faire. Mêle-toi de donner à téter à ton enfant, sans tant faire la raisonneuse. Monsieu est le père de sa fille; et il est bon et sage pour voir ce qu'il li faut.

GÉRONTE.

Tout doux ! Oh, tout doux !

LUCAS, *frappant encore sur l'épaule de Géronte.*

Monsieu, je veux un peu la mortifier, et li apprendre le respect qu'alle vous doit.

GÉRONTE.

Oui; mais ces gestes ne sont pas nécessaires.

SCÈNE III.

VALÈRE, SGANARELLE, GÉRONTE, LUCAS, JACQUELINE.

VALÈRE.

Monsieur, préparez-vous. Voici votre médecin qui entre.

GÉRONTE, *à Sganarelle.*

Monsieur, je suis ravi de vous voir chez moi, et nous avons grand besoin de vous.

SGANARELLE, *en robe de médecin avec un chapeau des plus pointus.*

Hippocrate dit... que nous nous couvrions tous deux.

GÉRONTE.

Hippocrate dit cela?

SGANARELLE.

Oui.

GÉRONTE.

Dans quel chapitre, s'il vous plaît?

SGANARELLE.

Dans son chapitre... des chapeaux.

GÉRONTE.

Puisque Hippocrate le dit, il le faut faire.

SGANARELLE.

Monsieur le médecin, ayant appris les merveilleuses choses...

GÉRONTE.

A qui parlez-vous, de grace?

SGANARELLE.

A vous.

GÉRONTE.

Je ne suis pas médecin.

SGANARELLE.

Vous n'êtes pas médecin?

GÉRONTE.

Non, vraiment.

SGANARELLE.

Tout de bon?

GÉRONTE.

Tout de bon.
(*Sganarelle prend un bâton, et frappe Géronte.*)
Ah, ah, ah!

SGANARELLE.

Vous êtes médecin maintenant; je n'ai jamais eu d'autres licences.

GÉRONTE, *à Valère.*

Quel diable d'homme m'avez-vous là amené?

VALÈRE.

Je vous ai bien dit que c'étoit un médecin goguenard.

GÉRONTE.

Oui : mais je l'envoierois promener avec ses goguenarderies.

LUCAS.

Ne prenez pas garde à ça, monsieu; ce n'est que pour rire.

GÉRONTE.

Cette raillerie ne me plaît pas.

SGANARELLE.

Monsieur, je vous demande pardon de la liberté que j'ai prise.

GÉRONTE.

Monsieur, je suis votre serviteur.

SGANARELLE.

Je suis fâché...

GÉRONTE.

Cela n'est rien.

SGANARELLE.

Des coups de bâton...

GÉRONTE.

Il n'y a pas de mal.

SGANARELLE.

Que j'ai eu l'honneur de vous donner.

GÉRONTE.

Ne parlons plus de cela. Monsieur, j'ai une fille qui est tombée dans une étrange maladie.

SGANARELLE.

Je suis ravi, monsieur, que votre fille ait besoin de moi; et je souhaiterois de tout mon cœur que vous en eussiez besoin aussi, vous, et toute votre famille, pour vous témoigner l'envie que j'ai de vous servir.

GÉRONTE.

Je vous suis obligé de ces sentiments.

SGANARELLE.

Je vous assure que c'est du meilleur de mon ame que je vous parle.

GÉRONTE.

C'est trop d'honneur que vous me faites.

SGANARELLE.

Comment s'appelle votre fille?

GÉRONTE.

Lucinde.

SGANARELLE.

Lucinde! Ah, beau nom à médicamenter! Lucinde!

GÉRONTE.

Je m'en vais voir un peu ce qu'elle fait.

SGANARELLE.

Qui est cette grande femme-là?

GÉRONTE.

C'est la nourrice d'un petit enfant que j'ai.

SCÈNE IV.

SGANARELLE, JACQUELINE, LUCAS.

SGANARELLE, *à part*.

Peste, le joli meuble que voilà! (*haut.*) Ah, nourrice! charmante nourrice, ma médecine est la très humble esclave de votre nourricerie; et je voudrois bien être le petit poupon fortuné qui tétât le lait de

ACTE II, SCÈNE IV.

vos bonnes graces. (*Il lui porte la main sur le sein.*) Tous mes remèdes, toute ma science, toute ma capacité est à votre service; et...

LUCAS.

Avec votre parmission, monsieu le médecin, laissez là ma femme, je vous prie.

SGANARELLE.

Quoi! elle est votre femme?

LUCAS.

Oui.

SGANARELLE.

Ah! vraiment, je ne savais pas cela, et je m'en réjouis pour l'amour de l'un et de l'autre.

(*Il fait semblant de vouloir embrasser Lucas, et embrasse la nourrice.*)

LUCAS, *tirant Sganarelle, et se remettant entre lui et sa femme.*

Tout doucement, s'il vous plaît.

SGANARELLE.

Je vous assure que je suis ravi que vous soyez unis ensemble; je la félicite d'avoir un mari comme vous; et je vous félicite, vous, d'avoir une femme si belle, si sage, si bien faite comme elle est.

(*Il fait encore semblant d'embrasser Lucas, qui lui tend les bras; Sganarelle passe dessous, et embrasse encore la nourrice.*)

LUCAS, *le tirant encore.*

Hé, tétigué! point tant de compliments, je vous supplie.

SGANARELLE.

Ne voulez-vous pas que je me réjouisse avec vous d'un si bel assemblage?

LUCAS.

Avec moi, tant qu'il vous plaira; mais avec ma femme, trève de sarimonie.

SGANARELLE.

Je prends part également au bonheur de tous deux; et si je vous embrasse pour vous en témoigner ma joie, je l'embrasse de même pour lui en témoigner aussi. (*Il continue le même jeu.*)

LUCAS, *le tirant pour la troisième fois.*

Ah, vartigué! monsieu le médecin, que de lantiponages!

SCÈNE V.

GÉRONTE, SGANARELLE, LUCAS, JACQUELINE.

GÉRONTE.

Monsieur, voici tout-à-l'heure ma fille qu'on va vous amener.

SGANARELLE.

Je l'attends, monsieur, avec toute la médecine.

GÉRONTE.

Où est-elle?

SGANARELLE, *se touchant le front.*

Là dedans.

ACTE II, SCÈNE V.

GÉRONTE.

Fort bien.

SGANARELLE.

Mais comme je m'intéresse à toute votre famille, il faut que j'essaie un peu le lait de votre nourrice, et que je visite son sein.

(*Il s'approche de Jacqueline.*)

LUCAS, *le tirant, et lui faisant faire la pirouette.*

Nannain, nannain! je n'avons que faire de ça.

SGANARELLE.

C'est l'office du médecin, de voir les tétons des nourrices.

LUCAS.

Il gnia office qui quienne, je sis votre sarviteur.

SGANARELLE.

As-tu bien la hardiesse de t'opposer au médecin? Hors de là.

LUCAS.

Je me moque de ça.

SGANARELLE, *en le regardant de travers.*

Je te donnerai la fièvre.

JACQUELINE, *prenant Lucas par le bras, et lui faisant faire une pirouette.*

Ote-toi de là aussi ; est-ce que je ne sis pas assez grande pour me défendre moi-même, s'ii me fait queuque chose qui ne soit pas à faire?

LUCAS.

Je ne veux pas qu'il te tâte, moi.

SGANARELLE.

Fi, le vilain, qui est jaloux de sa femme!

GÉRONTE.

Voici ma fille.

SCÈNE VI.

LUCINDE, GÉRONTE, SGANARELLE, VALÈRE, LUCAS, JACQUELINE.

SGANARELLE.

Est-ce là la malade?

GÉRONTE.

Oui. Je n'ai qu'elle de fille; et j'aurois tous les regrets du monde si elle venoit à mourir.

SGANARELLE.

Qu'elle s'en garde bien! Il ne faut pas qu'elle meure sans l'ordonnance du médecin.

GÉRONTE.

Allons, un siége.

SGANARELLE, *assis entre Géronte et Lucinde.*

Voilà une malade qui n'est pas tant dégoûtante, et je tiens qu'un homme bien sain s'en accommoderoit assez.

GÉRONTE.

Vous l'avez fait rire, monsieur.

SGANARELLE.

Tant mieux! Lorsque le médecin fait rire le malade, c'est le meilleur signe du monde. (*à Lucinde.*) Hé bien! de quoi est-il question? qu'avez-vous? quel est le mal que vous sentez?

LUCINDE, *portant sa main à sa bouche, à sa tête et sous son menton.*

Han, hi, hon, han.

SCANARELLE.

Hé ! que dites-vous ?

LUCINDE *continue les mêmes gestes.*

Han, hi, hon, han, han, hi, hon.

SGANARELLE.

Quoi ?

LUCINDE.

Han, hi, hon.

SGANARELLE.

Han, hi, hon, han, ha. Je ne vous entends point. Quel diable de langage est-ce là ?

GÉRONTE.

Monsieur, c'est là sa maladie. Elle est devenue muette, sans que jusqu'ici on en ait pu savoir la cause; et c'est un accident qui a fait reculer son mariage.

SGANARELLE.

Et pourquoi ?

GÉRONTE.

Celui qu'elle doit épouser veut attendre sa guérison pour conclure les choses.

SGANARELLE.

Et qui est ce sot-là, qui ne veut pas que sa femme soit muette ? Plût à Dieu que la mienne eût cette maladie ! je me garderois bien de la vouloir guérir.

GÉRONTE.

Enfin, monsieur, nous vous prions d'employer tous vos soins pour la soulager de son mal.

SGANARELLE.

Ah, ne vous mettez pas en peine! Dites-moi un peu : ce mal l'oppresse-t-il beaucoup?

GÉRONTE.

Oui, monsieur.

SGANARELLE.

Tant mieux. Sent-elle de grandes douleurs?

GÉRONTE.

Fort grandes.

SGANARELLE.

C'est fort bien fait. Va-t-elle où vous savez?

GÉRONTE.

Oui.

SGANARELLE.

Copieusement?

GÉRONTE.

Je n'entends rien à cela.

SGANARELLE.

La matière est-elle louable?

GÉRONTE.

Je ne me connois pas à ces choses.

SGANARELLE, *à Lucinde.*

Donnez moi votre bras. (*à Géronte.*) Voilà un pouls qui marque que votre fille est muette.

GÉRONTE.

Hé! oui, monsieur, c'est là son mal; vous l'avez trouvé tout du premier coup.

SGANARELLE.

Ah, ah!

JACQUELINE.

Voyez comme il a deviné sa maladie!

SGANARELLE.

Nous autres grands médecins, nous connoissons d'abord les choses. Un ignorant auroit été embarrassé, et vous eût été dire : C'est ceci, c'est cela : mais, moi, je touche au but du premier coup, et je vous apprends que votre fille est muette.

GÉRONTE.

Oui : mais je voudrois bien que vous me pussiez dire d'où cela vient.

SGANARELLE.

Il n'est rien de plus aisé; cela vient de ce qu'elle a perdu la parole.

GÉRONTE.

Fort bien! Mais la cause, s'il vous plaît, qui fait qu'elle a perdu la parole?

SGANARELLE.

Tous nos meilleurs auteurs vous diront que c'est l'empêchement de l'action de sa langue.

GÉRONTE.

Mais encore, vos sentiments sur cet empêchement de l'action de sa langue?

SGANARELLE.

Aristote, là dessus, dit... de fort belles choses.

GÉRONTE.

Je le crois.

SGANARELLE.

Ah, c'étoit un grand homme!

GÉRONTE.

Sans doute.

SGANARELLE.

Grand homme tout-à-fait; (*levant le bras depuis le coude.*) un homme qui étoit plus grand que moi de tout cela. Pour revenir donc à notre raisonnement, je tiens que cet empêchement de l'action de sa langue est causé par de certaines humeurs, qu'entre nous autres savants nous appelons humeurs peccantes; peccantes, c'est-à-dire... humeurs peccantes; d'autant que les vapeurs formées par les exhalaisons des influences qui s'élèvent dans la région des maladies, venant... pour ainsi dire... à... Entendez-vous le latin?

GÉRONTE.

En aucune façon.

SGANARELLE, *se levant brusquement.*

Vous n'entendez point le latin?

GÉRONTE.

Non.

SGANARELLE, *avec enthousiasme.*

Cabricias arci thuram, catalamus, singulariter, nominativo; hæc musa, la muse; *bonus, bona, bonum. Deus sanctus, estne oratio latinas? Etiam.* Oui. *Quare?* Pourquoi? *Quia substantivo, et adjectivum, concordat in generi, numerum, et casus.*

GÉRONTE.

Ah, que n'ai-je étudié!

JACQUELINE.

L'habile homme que v'là!

ACTE II, SCÈNE VI.

LUCAS.

Oui, ça est si biau que je n'y entends goutte.

SGANARELLE.

Or, ces vapeurs dont je vous parle venant à passer, du côté gauche où est le foie, au côté droit où est le cœur, il se trouve que le poumon, que nous appelons en latin *armyan*, ayant communication avec le cerveau, que nous nommons en grec *nasmus*, par le moyen de la veine cave, que nous appelons en hébreu *cubile*, rencontre en son chemin lesdites vapeurs qui remplissent les ventricules de l'omoplate; et parce que lesdites vapeurs... Comprenez bien ce raisonnement, je vous prie... et parce que lesdites vapeurs ont certaines malignités... écoutez bien ceci, je vous conjure...

GÉRONTE.

Oui.

SGANARELLE.

Ont une certaine malignité qui est causée... soyez attentif, s'il vous plaît.

GÉRONTE.

Je le suis.

SGANARELLE.

Qui est causée par l'âcreté des humeurs engendrées dans la concavité du diaphragme, il arrive que ces vapeurs... *Ossabandus, nequeis, nequer, potarinum, quipsa milus*. Voilà justement ce qui fait que votre fille est muette.

JACQUELINE.

Ah! que ça est bian dit, notre homme!

LUCAS.

Que n'ai-je la langue aussi bian pendue !

GÉRONTE.

On ne peut pas mieux raisonner, sans doute. Il n'y a qu'une seule chose qui m'a choqué : c'est l'endroit du foie et du cœur. Il me semble que vous les placez autrement qu'ils ne sont, que le cœur est du côté gauche, et le foie du côté droit.

SGANARELLE.

Oui, cela étoit autrefois ainsi : mais nous avons changé tout cela, et nous faisons maintenant la médecine d'une méthode toute nouvelle.

GÉRONTE.

C'est ce que je ne savois pas, et je vous demande pardon de mon ignorance.

SGANARELLE.

Il n'y a pas de mal ; et vous n'êtes pas obligé d'être aussi habile que nous.

GÉRONTE.

Assurément. Mais, monsieur, que croyez-vous qu'il faille faire à cette maladie ?

SGANARELLE.

Ce que je crois qu'il faille faire ?

GÉRONTE.

Oui.

SGANARELLE.

Mon avis est qu'on la remette sur son lit, et qu'on lui fasse prendre pour remède quantité de pain trempé dans du vin.

ACTE II, SCÈNE VII.

GÉRONTE.

Pourquoi cela, monsieur?

SGANARELLE.

Parce qu'il y a dans le vin et le pain, mêlés ensemble, une vertu sympathique qui fait parler. Ne voyez-vous pas bien qu'on ne donne autre chose aux perroquets, et qu'ils apprennent à parler en mangeant de cela?

GÉRONTE.

Cela est vrai. Ah, le grand homme! Vite, quantité de pain et de vin.

SGANARELLE.

Je reviendrai voir sur le soir en quel état elle sera.

SCÈNE VII.

GÉRONTE, SGANARELLE, JACQUELINE.

SGANARELLE.

(à Jacqueline.) (à Géronte.)
Doucement, vous. Monsieur, voilà une nourrice à laquelle il faut que je fasse quelques petits remèdes.

JACQUELINE.

Qui? moi? Je me porte le mieux du monde.

SGANARELLE.

Tant pis, nourrice; tant pis! Cette grande santé est à craindre, et il ne sera pas mauvais de vous faire quelque petite saignée amiable, de vous donner quelque petit clystère dulcifiant.

GÉRONTE.

Mais, monsieur, voilà une mode que je ne comprends point. Pourquoi s'aller faire saigner quand on n'a point de maladie?

SGANARELLE.

Il n'importe; la mode en est salutaire; et, comme on boit pour la soif à venir, il faut aussi se faire saigner pour la maladie à venir.

JACQUELINE, *en s'en allant.*

Ma fi! je me moque de ça, et je ne veux point faire de mon corps une boutique d'apothicaire.

SGANARELLE.

Vous êtes rétive aux remèdes; mais nous saurons vous soumettre à la raison.

SCÈNE VIII.

GÉRONTE, SGANARELLE.

SGANARELLE.

Je vous donne le bonjour.

GÉRONTE.

Attendez un peu, s'il vous plaît.

SGANARELLE.

Que voulez-vous faire?

GÉRONTE.

Vous donner de l'argent, monsieur.

SGANARELLE, *tendant sa main par derrière, tandis que Géronte ouvre sa bourse.*

Je n'en prendrai pas, monsieur.

ACTE II, SCÈNE VIII.

GÉRONTE.

Monsieur...

SGANARELLE.

Point du tout.

GÉRONTE.

Un petit moment.

SGANARELLE.

En aucune façon.

GÉRONTE.

De grace!

SGANARELLE.

Vous vous moquez.

GÉRONTE.

Voilà qui est fait.

SGANARELLE.

Je n'en ferai rien.

GÉRONTE.

Hé!

SGANARELLE.

Ce n'est pas l'argent qui me fait agir.

GÉRONTE.

Je le crois.

SGANARELLE, *après avoir pris l'argent*.

Cela est-il de poids?

GÉRONTE.

Oui, monsieur.

SGANARELLE.

Je ne suis pas un médecin mercenaire.

GÉRONTE.

Je le sais bien.

SGANARELLE.

L'intérêt ne me gouverne point.

GÉRONTE.

Je n'ai pas cette pensée.

SGANARELLE, *seul, regardant l'argent qu'il a reçu.*

Ma foi, cela ne va pas mal! et pourvu que...

SCÈNE IX.

LÉANDRE, SGANARELLE.

LÉANDRE.

Monsieur, il y a long-temps que je vous attends; et je viens implorer votre assistance.

SGANARELLE, *lui tâtant le pouls.*

Voilà un pouls qui est fort mauvais.

LÉANDRE.

Je ne suis point malade, monsieur, et ce n'est pas pour cela que je viens à vous.

SGANARELLE.

Si vous n'êtes pas malade, que diable ne le dites-vous donc?

LÉANDRE.

Non. Pour vous dire la chose en deux mots, je m'appelle Léandre, qui suis amoureux de Lucinde, que vous venez de visiter; et comme, par la mauvaise humeur de son père, toute sorte d'accès m'est fermée auprès d'elle, je me hasarde à vous prier de vouloir servir mon amour, et de me donner lieu d'exécuter un stratagème que j'ai trouvé pour lui pouvoir dire deux

ACTE II, SCÈNE IX.

mots, d'où dépendent absolument mon bonheur et ma vie.

SGANARELLE.

Pour qui me prenez-vous? Comment! oser vous adresser à moi pour vous servir dans votre amour, et vouloir ravaler la dignité de médecin à des emplois de cette nature!

LÉANDRE.

Monsieur, ne faites point de bruit.

SGANARELLE, *en le faisant reculer.*

J'en veux faire, moi. Vous êtes un impertinent.

LÉANDRE.

Hé, monsieur, doucement!

SGANARELLE.

Un mal avisé.

LÉANDRE.

De grace!

SGANARELLE.

Je vous apprendrai que je ne suis point homme à cela, et que c'est une insolence extrême...

LÉANDRE, *tirant une bourse.*

Monsieur...

SGANARELLE.

De vouloir m'employer... (*recevant la bourse.*) Je ne parle pas pour vous, car vous êtes honnête homme; et je serois ravi de vous rendre service : mais il y a de certains impertinents au monde qui viennent prendre les gens pour ce qu'ils ne sont pas; et je vous avoue que cela me met en colère.

LÉANDRE.

Je vous demande pardon, monsieur, de la liberté que...

SGANARELLE.

Vous vous moquez. De quoi est-il question?

LÉANDRE.

Vous saurez donc, monsieur, que cette maladie que vous voulez guérir est une feinte maladie. Les médecins ont raisonné là dessus comme il faut; et ils n'ont pas manqué de dire que cela procédoit, qui du cerveau, qui des entrailles, qui de la rate, qui du foie; mais il est certain que l'amour en est la véritable cause, et que Lucinde n'a trouvé cette maladie que pour se délivrer d'un mariage dont elle étoit importunée. Mais, de crainte qu'on ne nous voie ensemble, retirons-nous d'ici; et je vous dirai en marchant ce que je souhaite de vous.

SGANARELLE.

Allons, monsieur : vous m'avez donné pour votre amour une tendresse qui n'est pas concevable, et j'y perdrai toute ma médecine, ou la malade crèvera, ou bien elle sera à vous.

FIN DU SECOND ACTE.

ACTE TROISIÈME.

SCÈNE I.

LÉANDRE, SGANARELLE.

LÉANDRE.

Il me semble que je ne suis pas mal ainsi pour un apothicaire; et, comme le père ne m'a guère vu, ce changement d'habit et de perruque est assez capable, je crois, de me déguiser à ses yeux.

SGANARELLE.

Sans doute.

LÉANDRE.

Tout ce que je souhaiterois, seroit de savoir cinq ou six grands mots de médecine pour parer mon discours et me donner l'air d'habile homme.

SGANARELLE.

Allez, allez, tout cela n'est pas nécessaire; il suffit de l'habit : et je n'en sais pas plus que vous.

LÉANDRE.

Comment !

SGANARELLE.

Diable emporte, si j'entends rien en médecine ! Vous êtes honnête homme, et je veux bien me confier à vous comme vous vous confiez à moi.

LÉANDRE.

Quoi ! vous n'êtes pas effectivement...

SGANARELLE.

Non, vous dis-je; ils m'ont fait médecin malgré mes dents. Je ne m'étois jamais mêlé d'être si savant que cela; et toutes mes études n'ont été que jusqu'en sixième. Je ne sais pas sur quoi cette imagination leur est venue; mais quand j'ai vu qu'à toute force ils vouloient que je fusse médecin, je me suis résolu de l'être aux dépens de qui il appartiendra. Cependant vous ne sauriez croire comment l'erreur s'est répandue, et de quelle façon chacun est endiablé à me croire habile homme. On me vient chercher de tous les côtés; et, si les choses vont toujours de même, je suis d'avis de m'en tenir toute ma vie à la médecine. Je trouve que c'est le métier le meilleur de tous; car, soit qu'on fasse bien, ou soit qu'on fasse mal, on est toujours payé de même sorte. La méchante besogne ne retombe jamais sur notre dos; et nous taillons comme il nous plaît sur l'étoffe où nous travaillons. Un cordonnier, en faisant des souliers, ne sauroit gâter un morceau de cuir qu'il n'en paie les pots cassés; mais ici l'on peut gâter un homme sans qu'il en coûte rien. Les bévues ne sont point pour nous, et c'est toujours la faute de celui qui meurt. Enfin, le bon de cette profession est qu'il y a parmi les morts une honnêteté, une discrétion la plus grande du monde; et jamais on n'en voit se plaindre du médecin qui l'a tué.

LÉANDRE.

Il est vrai que les morts sont fort honnêtes gens sur cette matière.

SGANARELLE, *voyant des hommes qui viennent à lui.*

Voilà des gens qui ont la mine de me venir consulter. (*à Léandre.*) Allez toujours m'attendre auprès du logis de votre maîtresse.

SCÈNE II.

THIBAUT, PERRIN, SGANARELLE.

THIBAUT.

Monsieu, je venons vous charcher, mon fils Perrin et moi.

SGANARELLE.

Qu'y a-t-il?

THIBAUT.

Sa pauvre mère, qui a nom Parette, est dans un lit, malade il y a six mois.

SGANARELLE, *tendant la main comme pour recevoir de l'argent.*

Que voulez-vous que j'y fasse?

THIBAUT.

Je voudrois, monsieu, que vous nous baillissiez queuque petite drôlerie pour la garir.

SGANARELLE.

Il faut voir de quoi est-ce qu'elle est malade.

THIBAUT.

Alle est malade d'hypocrisie, monsieu.

SGANARELLE.

D'hypocrisie?

THIBAUT.

Oui, c'est-à-dire qu'alle est enflée partout; et l'an

dit que c'est quantité de sériosités qu'alle a dans le corps, et que son foie, son ventre ou sa rate, comme vous voudrois l'appeler, au glieu de faire du sang, ne fait plus que de liau. Alle a, deux jours l'un, la fièvre quotiguienne, avec des lassitudes et des douleurs dans les mufles des jambes. On entend, dans sa gorge, des fleumes qui sont tout prêts à l'étouffer; et parfois il li prend des syncoles et des conversions, que je crayons qu'alle est passée. J'avons dans notre village un apothicaire, révérence parler, qui li a donné je ne sais combien d'histoires; et il m'en coûte plus d'eune douzaine de bons écus en lavements, ne v's en déplaise, en aposthumes qu'on li a fait prendre, en infection de jacinthe et en portions cordales. Mais tout ça, comme dit l'autre, n'a été que de l'onguent mitonmitaine. Il veloit li bailler d'une certaine drogue que l'on appelle du vin amétile; mais j'ai-z-eu peur franchement que ça l'envoyît *a patres;* et l'an dit que ces gros médecins tuont je ne sais combien de monde avec cette invention-là.

SGANARELLE, *tendant toujours la main.*
Venons au fait, mon ami, venons au fait.

THIBAUT.
Le fait est, monsieur, que je venons vous prier de nous dire ce qu'il faut que je fassions.

SGANARELLE.
Je ne vous entends point du tout.

PERRIN.
Monsieu, ma mère est malade; et v'là deux écus que je vous apportons pour nous bailler queuque remède.

ACTE III, SCÈNE II.

SGANARELLE.

Ah! je vous entends, vous. Voilà un garçon qui parle clairement, et qui s'explique comme il faut. Vous dites que votre mère est malade d'hydropisie, qu'elle est enflée par tout le corps, qu'elle a la fièvre, avec des douleurs dans les jambes, et qu'il lui prend parfois des syncopes et des convulsions, c'est-à-dire des évanouissements?

PERRIN.

Hé, oui, monsieu! c'est justement ça.

SGANARELLE.

J'ai compris d'abord vos paroles. Vous avez un père qui ne sait ce qu'il dit. Maintenant vous me demandez un remède?

PERRIN.

Oui, monsieu.

SGANARELLE.

Un remède pour la guérir?

PERRIN.

C'est comme je l'entendons.

SGANARELLE.

Tenez; voilà un morceau de fromage, qu'il faut que vous lui fassiez prendre.

PERRIN.

Du fromage, monsieu?

SGANARELLE.

Oui, c'est un fromage préparé, où il entre de l'or, du corail et des perles, et quantité d'autres choses précieuses.

PERRIN.

Monsieu, je vous sommes bien obligés, et j'allons li faire prendre ça tout-à-l'heure.

SGANARELLE.

Allez. Si elle meurt, ne manquez pas de la faire enterrer du mieux que vous pourrez.

SCÈNE III.

JACQUELINE, SGANARELLE, LUCAS,
dans le fond du théâtre.

SGANARELLE.

Voici la belle nourrice. Ah, nourrice de mon cœur! je suis ravi de cette rencontre; et votre vue est la rhubarbe, la casse et le séné qui purgent toute la mélancolie de mon ame.

JACQUELINE.

Par ma figué! monsieu le médecin, ça est trop bian dit pour moi, et je n'entends rian à tout votre latin.

SGANARELLE.

Devenez malade, nourrice, je vous prie; devenez malade pour l'amour de moi. J'aurois toutes les joies du monde de vous guérir.

JACQUELINE.

Je sis votre sarvante; j'aime bian mieux qu'an ne me garisse pas.

SGANARELLE.

Que je vous plains, belle nourrice, d'avoir un mari jaloux et fâcheux comme celui que vous avez!

ACTE III, SCÈNE III.

JACQUELINE.

Que velez-vous, monsieu ? C'est pour la pénitence de mes fautes ; et là où la chèvre est liée, il faut bian qu'alle y broute.

SGANARELLE.

Comment ! un rustre comme cela ! Un homme qui vous observe toujours, et ne veut pas que personne vous parle !

JACQUELINE.

Hélas ! vous n'avez rian vu encore ; et ce n'est qu'un petit échantillon de sa mauvaise himeur.

SGANARELLE.

Est-il possible qu'un homme ait l'ame assez basse pour maltraiter une personne comme vous? Ah, que j'en sais, belle nourrice, et qui ne sont pas loin d'ici, qui se tiendroient heureux de baiser seulement les petits bouts de vos petons ! Pourquoi faut-il qu'une personne si bien faite soit tombée en de telles mains? et qu'un franc animal, un brutal, un stupide, un sot... Pardonnez-moi, nourrice, si je parle ainsi de votre mari...

JACQUELINE.

Hé, monsieu ! je sais bian qu'il mérite tous ces noms-là.

SGANARELLE.

Oui, sans doute, nourrice, il les mérite, et il mériteroit encore que vous lui missiez quelque chose sur la tête, pour le punir des soupçons qu'il a.

JACQUELINE.

Il est bian vrai que, si je n'avois devant les yeux

que son intérêt, il pourroit m'obliger à queuque étrange chose.

SGANARELLE.

Ma foi, vous ne feriez pas mal de vous venger de lui avec quelqu'un. C'est un homme, je vous le dis, qui mérite bien cela; et, si j'étois assez heureux, belle nourrice, pour être choisi pour...

(*Dans le temps que Sganarelle tend les bras pour embrasser Jacqueline, Lucas passe sa tête par dessous, et se met entre eux deux. Sganarelle et Jacqueline regardent Lucas, et sortent chacun de leur côté.*)

SCÈNE IV.

GÉRONTE, LUCAS.

GÉRONTE.

Holà, Lucas! n'as-tu point vu ici notre médecin?

LUCAS.

Et oui, de par tous les diantres, je l'ai vu, et ma femme aussi.

GÉRONTE.

Où est-ce donc qu'il peut être?

LUCAS.

Je ne sais; mais je voudrois qu'il fût à tous les guebles.

GÉRONTE.

Va-t'en voir un peu ce que fait ma fille.

SCÈNE V.

SGANARELLE, LÉANDRE, GÉRONTE.

GÉRONTE.

Ah, monsieur! je demandois où vous étiez.

SGANARELLE.

Je m'étois amusé dans votre cour à expulser le superflu de la boisson. Comment se porte la malade?

GÉRONTE.

Un peu plus mal depuis votre remède.

SGANARELLE.

Tant mieux; c'est signe qu'il opère.

GERONTE.

Oui; mais en opérant je crains qu'il ne l'étouffe.

SGANARELLE.

Ne vous mettez pas en peine : j'ai des remèdes qui se moquent de tout, et je l'attends à l'agonie.

GÉRONTE, *montrant Léandre.*

Qui est cet homme-là que vous amenez?

SGANARELLE, *faisant des signes avec la main pour montrer que c'est un apothicaire.*

C'est...

GÉRONTE.

Quoi?

SGANARELLE.

Celui...

GÉRONTE.

Hé!

SGANARELLE.
Qui...
GÉRONTE.
Je vous entends.
SGANARELLE.
Votre fille en aura besoin.

SCÈNE VI.

LUCINDE, GÉRONTE, LÉANDRE, JACQUELINE, SGANARELLE.

JACQUELINE.
Monsieu, v'là votre fille qui veut un peu marcher.
SGANARELLE.
Cela lui fera du bien. Allez-vous-en, monsieur l'apothicaire, tâter un peu son pouls, afin que je raisonne tantôt avec vous de sa maladie.
(*Sganarelle tire Géronte dans un coin du théâtre, et lui passe un bras sur les épaules pour l'empêcher de tourner la tête du côté où sont Léandre et Lucinde.*)
Monsieur, c'est une grande et subtile question entre les docteurs, de savoir si les femmes sont plus faciles à guérir que les hommes. Je vous prie d'écouter ceci, s'il vous plaît. Les uns disent que non; les autres disent que oui; et moi je dis que oui et non : d'autant que l'incongruité des humeurs opaques qui se rencontrent au tempérament naturel des femmes,

ACTE III, SCÈNE VI.

étant cause que la partie brutale veut toujours prendre empire sur la sensitive, on voit que l'inégalité de leurs opinions dépend du mouvement oblique du cercle de la lune; et comme le soleil, qui darde ses rayons sur la concavité de la terre, trouve...

LUCINDE, *à Léandre.*

Non, je ne suis point du tout capable de changer de sentiment.

GÉRONTE.

Voilà ma fille qui parle! O grande vertu du remède! O admirable médecin! Que je vous suis obligé, monsieur, de cette guérison merveilleuse! Et que puis-je faire pour vous, après un tel service?

SGANARELLE, *se promenant sur le théâtre, et s'éventant avec son chapeau.*

Voilà une maladie qui m'a bien donné de la peine!

LUCINDE.

Oui, mon père, j'ai recouvré la parole; mais je l'ai recouvrée pour vous dire que je n'aurai jamais d'autre époux que Léandre; et que c'est inutilement que vous voulez me donner Horace.

GÉRONTE.

Mais...

LUCINDE.

Rien n'est capable d'ébranler la résolution que j'ai prise.

GÉRONTE.

Quoi...

LUCINDE.

Vous m'opposerez en vain de belles raisons.

GÉRONTE.
Si...
LUCINDE.
Tous vos discours ne serviront de rien.
GÉRONTE.
Je...
LUCINDE.
C'est une chose où je suis déterminée.
GÉRONTE.
Mais...
LUCINDE.
Il n'est puissance paternelle qui me puisse obliger à me marier malgré moi.
GÉRONTE.
J'ai...
LUCINDE.
Vous avez beau faire tous vos efforts.
GÉRONTE.
Il...
LUCINDE.
Mon cœur ne sauroit se soumettre à cette tyrannie.
GÉRONTE.
La...
LUCINDE.
Et je me jetterai plutôt dans un couvent que d'épouser un homme que je n'aime point.
GÉRONTE.
Mais...
LUCINDE, *avec vivacité.*
Non. En aucune façon. Point d'affaires. Vous per-

dez le temps. Je n'en ferai rien. Cela est résolu.
GÉRONTE.
Ah, quelle impétuosité de paroles ! Il n'y a pas moyen d'y résister. (*à Sganarelle.*) Monsieur, je vous prie de la faire redevenir muette.
SGANARELLE.
C'est une chose qui m'est impossible. Tout ce que je puis faire pour votre service est de vous rendre sourd, si vous voulez.
GÉRONTE.
Je vous remercie. (*à Lucinde.*) Penses-tu donc...
LUCINDE.
Non, toutes vos raisons ne gagneront rien sur mon ame.
GÉRONTE.
Tu épouseras Horace dès ce soir.
LUCINDE.
J'épouserai plutôt la mort.
SGANARELLE, *à Géronte.*
Mon dieu, arrêtez-vous ! laissez-moi médicamenter cette affaire. C'est une maladie qui la tient, et je sais le remède qu'il y faut apporter.
GÉRONTE.
Seroit-il possible, monsieur, que vous pussiez aussi guérir cette maladie d'esprit ?
SGANARELLE.
Oui ; laissez-moi faire ; j'ai des remèdes pour tout, et notre apothicaire nous servira pour cette cure. (*à Léandre.*) Un mot. Vous voyez que l'ardeur qu'elle a pour ce Léandre est tout-à-fait contraire aux volontés

du père; qu'il n'y a point de temps à perdre; que les humeurs sont fort aigries, et qu'il est nécessaire de trouver promptement un remède à ce mal, qui pourroit empirer par le retardement. Pour moi, je n'y en vois qu'un seul, qui est une prise de fuite purgative, que vous mêlerez comme il faut avec deux dragmes de matrimonium en pilules. Peut-être fera-t-elle quelque difficulté à prendre ce remède; mais, comme vous êtes habile homme dans votre métier, c'est à vous de l'y résoudre, et de lui faire avaler la chose du mieux que vous pourrez. Allez-vous-en lui faire faire un petit tour de jardin, afin de préparer les humeurs, tandis que j'entretiendrai ici son père; mais surtout ne perdez point de temps. Au remède, vite! au remède spécifique!

SCÈNE VII.

GÉRONTE, SGANARELLE.

GÉRONTE.

Quelles drogues, monsieur, sont celles que vous venez de dire? Il me semble que je ne les ai jamais ouï nommer.

SGANARELLE.

Ce sont drogues dont on se sert dans les nécessités urgentes.

GÉRONTE.

Avez-vous jamais vu une insolence pareille à la sienne?

ACTE III, SCÈNE VII.

SGANARELLE.

Les filles sont quelquefois un peu têtues.

GÉRONTE.

Vous ne sauriez croire comme elle est affolée de ce Léandre.

SGANARELLE.

La chaleur du sang fait cela dans les jeunes esprits.

GÉRONTE.

Pour moi, dès que j'ai eu découvert la violence de cet amour, j'ai su tenir toujours ma fille renfermée.

SGANARELLE.

Vous avez fait sagement.

GÉRONTE.

Et j'ai bien empêché qu'il n'aient eu communication ensemble.

SGANARELLE.

Fort bien.

GÉRONTE.

Il seroit arrivé quelque folie, si j'avois souffert qu'ils se fussent vus.

SGANARELLE.

Sans doute.

GÉRONTE.

Et je crois qu'elle auroit été fille à s'en aller avec lui.

SGANARELLE.

C'est prudemment raisonné.

GÉRONTE.

On m'avertit qu'il fait tous ses efforts pour lui parler.

SGANARELLE.

Quel drôle!

GÉRONTE.

Mais il perdra son temps.

SGANARELLE.

Ha, ha!

GÉRONTE.

Et j'empêcherai bien qu'il ne la voie.

SGANARELLE.

Il n'a pas affaire à un sot; et vous savez des rubriques qu'il ne sait pas. Plus fin que vous n'est pas bête.

SCÈNE VIII.

LUCAS, GÉRONTE, SGANARELLE.

LUCAS.

Ah, palsanguenne, monsieu, vaici bian du tintamarre; votre fille s'en est enfuie avec son Liandre. C'étoit lui qui étoit l'apothicaire; et v'là monsieu le médecin qui a fait cette belle opération-là.

GÉRONTE.

Comment! m'assassiner de la façon! Allons, un commissaire; et qu'on empêche qu'il ne sorte. Ah, traître! je vous ferai punir par la justice.

LUCAS.

Ah, par ma fi, monsieu le médecin, vous serez pendu : ne bougez de là seulement.

SCÈNE IX.

MARTINE, SGANARELLE, LUCAS.

MARTINE, *à Lucas.*

Ah, mon dieu ! que j'ai eu de peine à trouver ce logis ! Dites-moi un peu des nouvelles du médecin que je vous ai donné.

LUCAS.

Le v'là qui va être pendu.

MARTINE.

Quoi, mon mari pendu ! Hélas ! Et qu'a-t-il fait pour cela ?

LUCAS.

Il a fait enlever la fille à notre maître.

MARTINE.

Hélas, mon cher mari ! est-il bien vrai qu'on te va pendre ?

SGANARELLE.

Tu vois. Ah !

MARTINE.

Faut-il que tu te laisses mourir en présence de tant de gens !

SGANARELLE.

Que veux-tu que j'y fasse ?

MARTINE.

Encore, si tu avois achevé de couper notre bois, je pourrois prendre quelque consolation.

SGANARELLE.

Retire-toi de là ; tu me fends le cœur !

MARTINE.

Non, je veux demeurer pour t'encourager à la mort; et je ne te quitterai point que je ne t'aie vu pendu.

SGANARELLE.

Ah!

SCÈNE X.

GÉRONTE, SGANARELLE, MARTINE.

GÉRONTE, *à Sganarelle.*

Le commissaire viendra bientôt; et l'on s'en va vous mettre en lieu où l'on me répondra de vous.

SGANARELLE, *à genoux.*

Hélas! cela ne se peut-il point changer en quelques coups de bâton?

GÉRONTE.

Non, non; la justice en ordonnera. Mais que vois-je!

SCÈNE XI.

GÉRONTE, LÉANDRE, LUCINDE, SGANARELLE, LUCAS, MARTINE.

LÉANDRE.

Monsieur, je viens faire paroître Léandre à vos yeux, et remettre Lucinde en votre pouvoir. Nous avons eu dessein de prendre la fuite nous deux, et de nous aller marier ensemble; mais cette entreprise a fait place à un procédé plus honnête. Je ne prétends

ACTE III, SCÈNE XI.

point vous voler votre fille, et ce n'est que de votre main que je veux la recevoir. Ce que je vous dirai, monsieur, c'est que je viens tout-à-l'heure de recevoir des lettres par où j'apprends que mon oncle est mort, et que je suis héritier de tous ses biens.

GÉRONTE.

Monsieur, votre vertu m'est tout-à-fait considérable; et je vous donne ma fille avec la plus grande joie du monde.

SGANARELLE, *à part.*

La médecine l'a échappé belle!

MARTINE.

Puisque tu ne seras point pendu, rends-moi grace d'être médecin, car c'est moi qui t'ai procuré cet honneur.

SGANARELLE.

Oui, c'est toi qui m'as procuré je ne sais combien de coups de bâton.

LÉANDRE, *à Sganarelle.*

L'effet en est trop beau pour en garder du ressentiment.

SGANARELLE.

Soit. (*à Martine.*) Je te pardonne ces coups de bâton en faveur de la dignité où tu m'as élevé; mais prépare-toi désormais à vivre dans un grand respect avec un homme de ma conséquence; et songe que la colère d'un médecin est plus à craindre qu'on ne peut croire.

FIN DU MÉDECIN MALGRÉ LUI.

TABLE

DES PIÈCES CONTENUES DANS CE VOLUME.

La Princesse d'Élide, comédie-ballet en cinq actes. Page 1
Prologue. 5
Les Plaisirs de l'ile enchantée. 81
Le Mariage forcé, comédie en un acte et en prose. 133
Le Mariage forcé, ballet du roi. 179
Don Juan, ou le Festin de Pierre, comédie en cinq actes et en prose. 191
L'Amour médecin, comédie-ballet en trois actes et en prose. 295
Le Misanthrope, comédie en cinq actes et en vers. 345
Le Médecin malgré lui, comédie en trois actes et en prose. 441

FIN DE LA TABLE DU TROISIÈME VOLUME.

www.ingramcontent.com/pod-product-compliance
Lightning Source LLC
Chambersburg PA
CBHW071617230426
43669CB00012B/1963